“十三五”江苏省重点出版规划项目
教育部人文社会科学重点研究基地重大招标课题：
中国德育数据库建设［18JJD880002］的阶段性成果
资助单位：南京师范大学道德教育研究所　南京师范大学立德树人协同创新中心

中国儿童道德发展报告系列

孙彩平　主编

湖北省
儿童道德发展报告
10到18岁

耿少萍　孙　玮　杨小龙　编著

南京师范大学出版社
NANJING NORMAL UNIVERSITY PRESS

图书在版编目(CIP)数据

湖北省儿童道德发展报告. 10到18岁 / 耿少萍，孙玮，杨小龙编著. — 南京 ：南京师范大学出版社，2019.3
(中国儿童道德发展报告系列)
ISBN 978-7-5651-3873-7

Ⅰ. ①湖… Ⅱ. ①耿… ②孙… ③杨… Ⅲ. ①儿童教育—德育—研究报告—湖北 Ⅳ. ①G41

中国版本图书馆CIP数据核字(2018)第242276号

丛 书 名	中国儿童道德发展报告系列
策划编辑	姜爱萍 翟桂叶
丛书主编	孙彩平
书 名	湖北省儿童道德发展报告(10到18岁)
编 著	耿少萍 孙 玮 杨小龙
责任编辑	仝玉林
出版发行	南京师范大学出版社
地 址	江苏省南京市后宰门西村9号(邮编:210016)
电 话	(025)83598919(总编办) 83598412(营销部) 83598297(邮购部)
网 址	http://press.njnu.edu.cn
电子信箱	nspzbb@163.com
印 刷	南京玉河印刷厂
开 本	718毫米×1000毫米 1/16
印 张	12.5
字 数	198千
版 次	2019年3月第1版 2019年3月第1次印刷
书 号	ISBN 978-7-5651-3873-7
定 价	39.80元
出 版 人	彭志斌

序　言

调查目的

当前，中国正处于历史发展的新时期，开放、多元化、全球化、信息化成了中国社会的典型特征，社会的伦理精神和道德生活也出现了新的转变。文化多元、阶层隔阂、社会分化的情况加剧，极端个人主义、功利主义和盲目攀比、追求奢华生活等价值观念借助新媒体等技术手段，对核心价值观与传统价值观形成了新的挑战。

那么，当代中国儿童的道德发展状况如何？儿童是否保留着对中华传统美德的尊敬，是否认同社会主义核心价值观，是否关注公共生活的文明与秩序？他们的道德发展状况存在着什么样的趋势与阶段性特点？什么是他们道德成长中的限制性影响因素以及他们喜欢什么样的道德教育方式？对中国儿童道德发展的根本与关键问题的深刻关切，融合着家庭对后代的殷切希望、教育对儿童的成长责任，也包含着国家与社会对未来的期许。

长期以来，由于缺乏基本可靠的数据支撑，中国道德教育理论研究长于哲学思辨，失于对中国儿童道德发展的现实问题的深入分析与把握，致使理论研究对问题解决的力度不足。

基于时代与研究的需要，更基于中国儿童道德发展的需要，南京师范大学道德教育研究所与立德树人协同创新中心启动中国儿童道德发展的数据采集工作，以期建立中国儿童道德发展的国家样本库，为中国道德教育理论研究的深化提供支撑；为中国道德教育现实问题的解决提供支撑；为国家德育课程、教学及教材改革提供支撑；为中国精神文明建设和伦理道德发展提供支撑；为国际社会准确了解中国儿童道德发展状况提供支撑。

道德是一种文化—心理结构，儿童道德是儿童与他所在的社会文化环境（包括学校生活与家庭生活）相互作用的结果。这意味着儿童的道德成长是社会性的，在特定的社会与特定的时期，儿童的道德成长状况可能在整体上不同于其他的社会与其他的时期，儿童所认同的价值观念，形成的道德情感，进行道德判断的依据乃至道德行为倾向，既会呈现出一些整体性的特点，也会存在一些整体性的问题。本调查的基本目的，正是了解与把握这些整体情况、倾向与问题。

调查内容

关于中国儿童道德发展状况的实证研究，在国际和国内并没有被普遍认可的综合性量表或调查问卷，尽管国际道德教育研究领域有经典的道德认知发展学派的两难故事法测验及其变式确定问题测验（Defining Issues Test，DIT），国内有顾海根、李伯黍老师的上海地区道德判断的常模研究，卢家楣老师的全国范围的道德情况测验，但这些研究都是针对儿童道德发展的某一个指标——道德判断或者道德情感，以此为基础设计的问卷，并不是针对道德发展的综合性问卷。

在道德发展理论中，知、情、行是道德教育理论普遍认可的人的品德的三个基本构成要素，分别对应道德观念、道德情感与道德行为，也有人把道德意志和道德信念列为人的品德的第四和第五要素。同时，在20世纪的道德发展心理学中，道德判断备受关注，成为道德发展理论和德育理论关注的重要内容，因为学界普遍认为道德判断与道德行为间有着更密切的相关性。德育理论界一直认为，品德中某一因素的发展状况，即使再精确，也很难说明品德发展的整体状况。为了对中国儿童道德发展的整体状况有全面的了解，我们采用了自编问卷的方式，将道德观念、道德情感、道德理性和道德行为作为考察当代中国儿童道德发展的四个核心要素，同时调查当代儿童对学校德育方式的看法，以及影响其成长的困扰性因素。

此调查核心目的在于了解当代儿童道德发展的整体状况及其随年龄变化的发展趋势，同时了解影响儿童道德成长的关键因素，因此，在自然情况分类中，包括年龄、性别、区域、城乡、家庭生活方式（是否长期与父母、祖辈生活在一起，是否单亲或者离异家庭）、生活满意度、民族。需要说明的是，这些要素，是回应社会关注视角，在逻辑上不是完全并列的关系。

由此，本调查报告提供中国 10 到 18 岁儿童（2016 年 7 月为止）道德观念、道德情感、道德理性、道德行为、德育方式、成长困扰 6 个指标的整体状况，以及其年龄、性别、区域、城乡、家庭生活方式、生活满意度和民族因素的相关情况，以此把握 2016 年中国儿童道德发展的整体情况、趋势特点与影响因素。整体结构如下图所示：

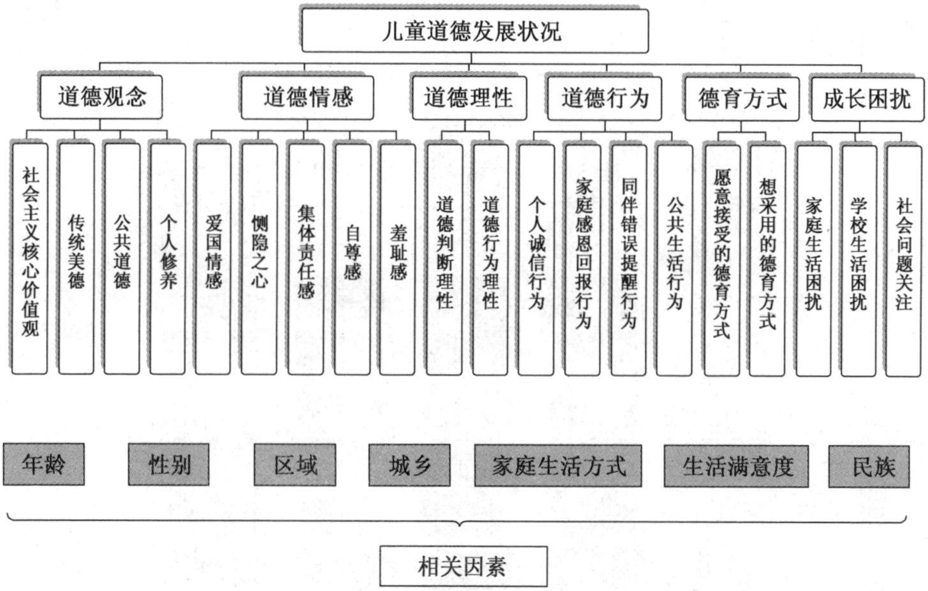

中国儿童道德发展状况整体结构图

调查对象

包含道德观念、道德情感、道德理性、道德行为、德育方式及成长困扰因素在内的综合性问卷，不同于标准化的测验，也不同于心理学的量表，而是更接近于社会调查，因此，其调查的信度与效度，跟样本选取的代表性与普遍性有着密切的关系。

为最大限度了解中国儿童道德发展的整体面貌，我们在取样时选择了分组分层相结合的取样方式。本次调查取样以全国七大行政区东北、西北、华北、华中、华东、西南、华南为分组，每个大行政区选择一个省份（自治区、直辖市）（华南地区选择了两个）作为一层样本，每省（自治区、直辖市）选择一个地级市作为二层样本，各市选择城市中心区（城市）、城市新兴区（城乡接合部）、一个县（农村）作为三层样本，各区（县）选择优质、普通及薄弱小学、初中、高中各一所作为四层样本，各学校以年级为单位，以 7 个班为年级班数上限进行采样，作为五层样本。此次调查样本总量涵盖 7 个省（自治区、直辖市）、21 个区（县），189 所学校，对象为小学四年级到高中三年级（4～12 年级）儿童，分别对应 10 到 18 岁儿童。

具体图示如下：

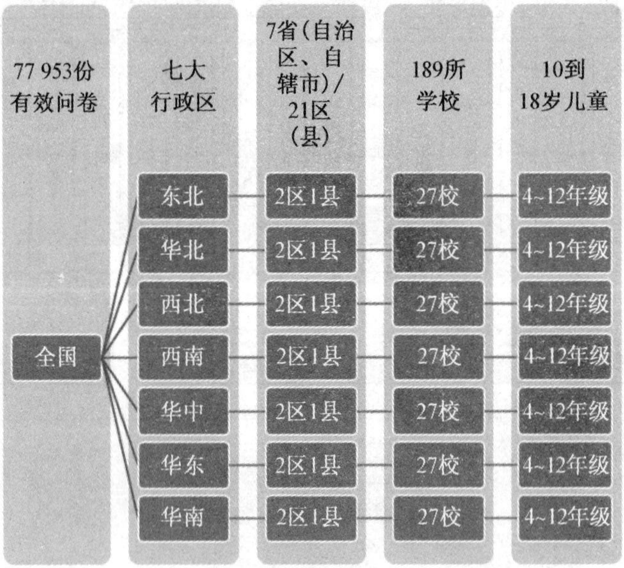

全国七大行政区分组分层取样详情图

其中，黑龙江省作为东北地区取样代表，河北省作为华北地区取样代表，宁夏回族自治区作为西北地区取样代表，重庆市作为西南地区取样代表，湖北省作为华中地区取样代表，浙江省作为华东地区取样代表；考虑到华南地区内部发展差异较大的现实情况，取深圳市作为华南地区城市发展样本代表，海南省作为华南地区一般发展样本代表。此套丛书即以此次数据采集为依据，是上述各省（自治区、直辖市）再加上江苏省的儿童道德发展报告的单行本的合辑。为方便大家了解各省（自治区、直辖市）与全国儿童道德发展状况的比较，每个分册在基本结论部分提供了相应的全国数据。

解读说明

这是首次全国范围大样本的儿童道德发展状况调查，在问卷编写、取样设计与结果处理中都面临着重大的困难，虽多方努力，但仍存在着一定的不足，如取样不能在各个维度上与人口学样本完全一致，问卷调查的方法对了解儿童道德发展状况的有效性有待验证，类别变量差异检验因样本量过大而且不均衡可能存在偏差等。存在不足，知道不足，不断克服与改进这些不足，需要我们长期的努力，也提醒我们对调查结果本身保持应有的理性。由此，课题组明确以下几个方面的问题，提请大家在阅读与使用本丛书时注意。

首先，此调查报告提供当代儿童的整体状况，不适用于个体道德状况的诊断。

由于道德发展本身的社会情境性、长期性以及道德动机的内隐性特征，道德测评至今在理论上与现实中都还是难题。小样本的个案跟踪可以提供个案的深入细致的道德发展过程，发现道德成长的特殊文化机制与困境，有望对个体道德发展状况做较准确的判断，但因其个体化特征，无法对群体的整体状况做出推断；而大样本的问卷调查（如此次调查）难以对个体道德成长进行深入了解，但在了解当代中国儿童道德发展的整体特征以及发展趋势上有着其他方法不能媲美的优势，也可以呈现不同群体间的整体差异与变化。例如，高中生、初中生和小学生的道德发展差异，不同家庭生活方式的儿童，如留守儿童与跟父母一起生活的儿童道德成长的整体差异等。把握整体情况与群体差异及整体趋势与倾向，才可能超越个体经验与个案的视野，制定各自适宜的教育策略，避免以偏概全。此调查报告属于大样本的问卷调查，因而适宜以此了解当代儿童道德发展的整体情况与趋势，不能作为个体道德成长判断的依据；可以以此了解不同群体儿童道德发展的整体状况，但也要注意避免将其中的结论当作特定群体的道德标签。如调查发现，留守儿童群体在道德发展上面临更大的困境，是当前道德发展的弱势群体。这个结论意味着相对于与父母一起生活的儿童而言，留守儿童整体上感受到成长困扰的比例更高，在更多方面表现出值得关注的道德发展倾向，但不意味着每个留守儿童都如此，也不意味着所有留守儿童在道德成长上都处于弱势状态。多数留守儿童在道德成长上是健康的，只是这样的儿童在留守儿童中的比例，明显低于与父母一起生活的儿童群体中的相应比例。因而，不可以以此作为留守儿童个体或者群体的道德成长标签，但只有了解此情况，国家和相关区域才可能采取相应的针对性策略，与学校教育一起帮助更多的留守儿童走出困扰，健康成长。

其次，道德是一种综合性极强的实践智慧，对道德发展状况的理解必须是整体性的、综合性的，不能只考虑单一因素或者将各因素简单相加。

理论上品德包括知、情、行三因素或者知、情、意、行四因素，同时强调这些因素间的相互影响、相互制约的关系，因而，知行脱离或者知行不一长期以来被当作道德教育要解决的难题。道德发展状况的研究，要特别关注几个因素间的内在联系和一致性。为了了解儿童道德发展的多因素状况，此次调查内容涉及儿童的价值观念、道德情感、道德判断以及道德行为表现等几个方面。结果显示，知行不一的问题，并非当代儿童道德成长中的普遍状况。在某些方面，儿童的价值观、情感与行为表现出高度的内在统一性，如对孝敬和诚信，儿童既在观念上有较高的认同度，也在行为上表现出跨越年龄的高度普遍性，而对规则的认可，也在道德判断与道德行为中有着较突出的一致性。由此可见，孝敬、诚信和守规则是当代儿童较为稳定的道德品质。而在另一些方面，如关心他人，90％以上的儿童对弱势群体有着关怀的情感，但只有不到一半的儿童会真的施以援手，其他儿童仅限于同情，在行为上，一方面寄希望于有好心人去帮助他们，另一方面担心自己惹上麻烦而选择观望或者避开，可见，在关心他人方面儿童存在着某种程度的情感与行为间的不一致性，说明这一品质在当代儿童身上还不稳定，或者出于多方面条件的限制，还有较大的提升空间。综合地考察儿童道德发展的各个因素，尤其是注意各个因素间的一致性状况，从而发现儿童的稳定性道德品质，以及尚需要注意培养的品质，特别是发现不同年龄儿童道德成长的不稳定层面，才能制定针对性的学习内容和培养方案。

再次，道德是一种“中庸”的状况，“持续增长”的发展观念不适用于理解儿童的道德发展。

受现代化发展观的影响，很多人已经习惯把“增长”看作发展的表现，将“下降”理解为退步的象征，这一观念，在道德发展中并不适用。中西方传统哲学有着很大的差异，但亚里士多德和孔子，都将“中庸”作为德性的特点。孔子强调“过犹不及”“君子中庸”，亚里士多德则认为“德性是适度”，这是道德品质的特殊性。依据这样的观念，道德情感过度强烈与不彰都不是美德的内在要求，与美德相宜的，是“中”，是恰到好处。依据儿童道德发展报告的结果，儿童的爱国情感、集体责任感、恻隐之心、自尊感以及羞耻感，都在不同程度上表现出随年龄增长而下降的趋势，但不能由此简单地认为这是一种道德发展的下滑或者后退的标志。年龄小的儿童思虑简单，情感表现单纯强烈，容易出现冲动的行为反应，从道德是一种慎思后的表现以及中庸的视角看，这不是道德成熟或较高水平的表现。进一步的数据分析可以印证这一点。道德情感的强度，由于加入了不同的原因（理性或者思虑）而表现出消减，如将国际比赛中的成绩归因于个人荣誉比例的小幅上升导致了爱国情感随年龄增长的小幅下降；将当众批评归因于他人过错比例的上升导致了羞耻感的明显下滑。同时，也要注意一些细微的内在变化。如，虽然整体上恻隐之心的比例没有出现随着年龄增长的明显下降，但儿童的内心感受却发生着微妙的变化：随着年龄的增长，更多儿童限于同情的感受，寄希望于好心人对弱势者履行帮助，而非亲自施以援手。这看上去是同情的强度发生了变化，或者处理同情心的方式发生了变化，而这种变化，部分应源于基于现实情况的慎思——多数儿童在经济上不独立，直接助人的能力有限，部分则可能源于个体功利的道德思维倾向。

最后，当代儿童的道德成长是文化社会性的，也是时代性的。

儿童的道德发展是普遍性的，还是具有文化和社会的特殊性？这在理论上依然是有争议性的话题。到目前为止，国际上尚没有公认的常模，也没有较为权威的整体道德发展量表。此次调查发现，在道德认知发展形式上，中国 10 到 18 岁儿童表现出完全不同于西方经典理论（科尔伯格道德认知发展的三水平六阶段理论）的发展模式。中国儿童的道德认知判断理由，呈现多元并存状态，且呈现一种非阶段性发展模式。这个结果为儿童道德发展的文化和社会的特殊性论断提供了佐证，提醒中国的教育理论与实践要对中国儿童道德成长的文化特殊性保持足够的敏感度，努力研究中国儿童发展的特点、问题与趋势，不可完全用其他文化、社会情境中儿童发展的模式来思考中国儿童的道德成长问题，更不能把其他国家儿童发展中的问题简单地当作是当代中国儿童发展的问题。当然，确认一个结论，仅一次调查是不够的，还有待在后期的跟踪中进一步深入地研究。

调查发现的儿童道德成长的文化与社会特殊性的另一个佐证，是中国传统道德观在当代儿童身上的明显印迹，最为典型的是孝敬。上文提到，在当代儿童身上，孝敬的美德，从观念到行为，保持着高度的内在一致性。这是其他文化中的儿童所没有的。如果说道德认知判断发展模式的不同，体现的是道德发展形式上的文化特殊性，孝敬这一中国文化的特有内涵在中国儿童身上的烙印，则是在内容上体现了中国儿童道德发展的特色。自然，选择哪些中国传统文化道德通过教育的途径加以传承，是当前中国文化重建的重大问题之一。

中国儿童道德发展的特殊性，还表现在其发展倾向上。调查发现，当代儿童在肯定性道德判断分化后，更普遍地把个体功利作为理由，把规则与法律作为否定性道德判断的理由；在责任承担上，随着年龄的增长，更普遍有着“自扫门前雪”的心态与行动，这当然也是一种承担责任的方式，但显然是一种与集体或者公共责任间的联系不够紧密和明显的承担方式。规则与法律的行为规范性功能的突显，当然是非常重要的一个方面，但这也可能是当下规则与法律的禁令性倾向明显、权利保障略显不足的现实在儿童观念与思维方式上的反映。这些，都是中国社会的特殊性的体现，也是时代性的体现，是值得国家、社会关注的当代儿童道德成长倾向。这提示我们要从顶层设计出发，通过课程与学校活动，以及社会媒体的舆论导向，对儿童道德成长中的一些偏向进行分阶段、有针对性的引导，同时通过不同层次的法治建设活动，调整规则与法律的禁令性倾向，引导儿童健康成长。

致谢

本次调查由教育部人文社会科学重点研究基地南京师范大学道德教育研究所、南京师范大学立德树人协同创新中心共同组织开展，同时得到兄弟高校，各省（自治区、直辖市）、市、区教育研究院或教育厅（局）的大力协助与支持，他们是（排名不分先后）：

黑龙江省教育学院

黑龙江省哈尔滨市南岗区教师进修学校

黑龙江省鹤岗市教师进修学院

黑龙江省穆棱市教育局

河北师范大学教育学院

河北省石家庄市教育局

宁夏大学教育学院

宁夏回族自治区教育厅师资处

湖北省教育科学研究院

湖北省武汉市教育科学研究院

重庆市教育科学研究院

江苏省南京市教育科学研究所

江苏省南京市鼓楼区教育局

江苏省南京市栖霞区教育局

江苏省丹阳市教师发展中心

海南省教育研究培训院

此次调查，上海闻政教育管理咨询有限公司给予了免费数据技术支持，在此一并表示感谢！

中国儿童道德发展数据库建设课题组

孙彩平

2018 年 12 月

前　言

湖北省儿童道德发展状况如何？其道德行为影响、呈现的倾向及存在的问题有哪些精确的数据可依？这类问题，一直以来是有关课题研究的重要关注领域与内容。欣喜的是，由南京师范大学道德教育研究所与南京师范大学立德树人协同创新中心共同启动的中国儿童道德发展的数据采集工作，为我们全面了解2016年全国各地区儿童道德发展的整体情况、趋势特点与影响因素提供了数据样本，也为湖北省道德教育理论研究的深化提供了有力支撑。

本次课题研究，以统筹兼顾为原则，一共选取了湖北省四个地级市(即武汉市、咸宁市、荆门市及襄阳市)为代表，进行抽样调查。在学校选取上，兼顾了城市学校与农村学校，规模较小学校和规模较大学校，优质学校和薄弱学校，老城区学校和新城区学校。由于小学低年级学生识字量有限，还无法进行问卷回答，所以选取的调研对象为小学四年级到高中三年级学生，分别对应10到18岁儿童，使调研抽取的年段覆盖了除小学低年级外的基础教育阶段。在学校的选择上，一共抽取了5所小学，3所初中，3所高中，共11所学校。此次调研在湖北省回收有效问卷8 941份。湖北省参与调查的儿童中，男生4 876人，占54.54%；女生4 065人，占45.46%。男生人数比例略高于女生。

通过对湖北省儿童道德发展状况的调查，获得了如下几方面主要发现：一是湖北省儿童对平等的关注度略高于全国平均水平。二是绝大多数湖北省儿童有明确而积极的道德情感，且道德情感的发展状况整体上与全国平均水平基本持平。三是湖北省儿童能够作出明确的道德判断，与全国平均水平基本持平，但在道德行为理由的规范认同上，低于全国平均水平。四是湖北省儿童在道德行为上普遍表现良好，能够做到诚信、感恩回报的儿童人数比例与全国平均水平基本持平。五是实际锻炼法和说理教育法是湖北省儿童普遍愿意接受的德育方式。六是湖北省儿童对自己的生活很满意的比例略高于全国平均水平。七是湖北省儿童在道德发展上与全国平均水平基本相同，道德行为表现和所受道德困扰存在一定的性别差异。八是湖北省留守儿童的各项指标的发展情况与正常家庭生活方式的孩子有着较大的距离，并且处于道德发展的不利境地。

这次调研得到了很多教研员及一线老师们的全力支持，正是有了他们的主动投入和高效组织，本次调研工作才得以顺利进行。在此，特别感谢武汉市教育科学研究院、咸宁市教育科学研究院、荆门市教学研究室及襄阳市襄州区教研室的大力支持，感谢武汉市江夏区教学研究室刘利霞、武汉市江汉区教培中心刘莹莉、襄阳市襄州区教研室张新、咸宁市教育科学研究院黎修远、荆门市教学研究室王祖春等几位教研员和武汉市江汉区大兴第一实验小学王奕峰老师，他们精心组织开展所在区或学校的调研及数据统计工作，确保了研究得以按时保质保量地完成。还要特别感谢武汉市江夏区第一小学的刘战武校长和江夏区郑店街关山小学的樊丽校长，他们对本次调研给予了充分理解和高度重视，并提供了大力的支持和帮助。值得一提的是，他们在接到调研通知后，立即召集接受调查的四、五、六年级（共 20 多个班级）的班主任开了专题会议，配合教研室做好此次调研工作。武汉市江夏区关山小学是一所乡村小学，该校的张耀文书记，已到了即将退休的年纪，作为一名德育课程的老教师，对这次道德状况调研工作非常重视，他冒着酷暑爬到教学楼的六楼，亲自到教室把调查问卷发放到学生手里，令人感佩。为此次调研付出辛苦劳动的还有武汉市江夏区第一小学的副校长谢巧云。调研发放的 1 200 多份学生问卷，都是谢巧云校长复印，陪着教研室刘利霞老师发放、收集，打包寄给南京的孙彩平教授，在规定的时间内完成了本次调查问卷工作。这些辛勤而感人的细节不胜枚举。同时还要感谢荆门市龙泉中学、荆门市海慧中学、襄阳市襄州区第二中学、襄阳市襄州区第一中学、襄阳市田家炳中学、襄阳市襄州区黄龙镇中学、襄阳市襄州区黄龙镇中心小学、襄阳市襄州区城关镇红星小学的积极参与。

了解现状是为了未来更好地发展。因此，在本报告即将出版之际，衷心希望全省各位儿童道德教育的参与者能够以本报告的出版为契机，不断加强对儿童道德教育问题的研究和认识，共同促进和开创儿童道德教育发展研究的新局面。

杨小龙　孙　玮　耿少萍

目　录

I

报告基本情况说明

1 问卷编制与施测

1.1 问卷编制

《儿童道德发展状况问卷》是在查阅国内外相关文献的基础上，邀请了道德教育、教育发展心理学、道德发展心理学、教育社会学、社会学等领域的专家学者共同研制而成的。问卷的自然情况包括性别、年段（龄）、所在省份、学校所在地（城乡）、生活满意度、家庭养育方式 6 个方面。主体问卷以选择题为主、扩展填空题为辅，共 23 题，涵盖儿童道德观念、道德情感、道德理性、道德行为、德育方式、成长困扰 6 个指标。

1.2 施测情况及数据处理

1.2.1 试测

2015 年 1 月到 3 月，课题组先在江苏、安徽、山东范围内，邀请小学四年级到高中三年级儿童各 5 到 10 人试填写了问卷，根据试测结果和反馈，对各年段的问卷进行了调整。

1.2.2 施测

正式施测在 2016 年 4 月到 7 月间，通过网络问卷与纸质问卷发放相结合的方式实行。在武汉市教育科学研究院、咸宁市教育科学研究院、荆门市教学研究室、襄阳市襄州区教研室以及各参与调查学校的大力协助下，回收有效问卷 8 941 份。

本次调查对象为小学四年级到高中三年级儿童，分别对应 10 到 18 岁儿童。依据湖北省各区县的学校分布状况，在学校的选择上，一共抽取了 5 所小学，3 所初中，3 所高中，共 11 所学校。湖北省参与调查的儿童中，男生 4 876 人，占 54.54%；女生 4 065 人，占 45.46%。男生人数比例略高于女生。

1.2.3 数据处理方法

课题组使用 IBM SPSS Statistics 22 数据分析软件进行数据分析。由于数据是分类变量而非连续变量，因而对各类儿童的道德发展状况进行差异检验时，采用列联表分析中的卡方检验(Chi-square test)的方法。

通过列联表卡方检验，可以得到卡方值、显著性概率值(P)以及调整后的残差值(AR)。在非参数检验的列联表中，通过观察卡方值和 P 值可以初步判断数据之间的相关性，即两类变量之间的相关性。如果卡方值的显著性小于或等于 0.05，即 $P \leqslant 0.05$，说明自变量（年段、性别、城乡等）各水平类别在所有反应变量（问卷中的各选项）上至少有一个反应变量的选择次数百分比间有显著差异。卡方值越大，P 值就越小，差异就越显著。

若 $P \leqslant 0.01$，表示差异非常显著；

若 $0.01 < P \leqslant 0.05$，表示差异比较显著；

若 $P > 0.05$，表示两个类别变量之间没有显著差异。

若 $P \leqslant 0.05$，则进一步考察交叉表中调整后的残差值(AR)，由此可以获知具体的哪一个或者哪一些反应变量选择次数百分比间存在显著差异。

若 $|AR| > 2.58$，代表差异非常显著；

若 $1.96 < |AR| \leqslant 2.58$，代表差异比较显著；

若 $|AR| \leqslant 1.96$，代表差异不显著。

2 被试基本情况

被试基本情况如下表所示：

特征			样本量	百分比
性别		男	4 876	54.54%
		女	4 065	45.46%
年段(龄)	小学高段	10 岁	1 590	17.78%
		11 岁	1 920	21.47%
		12 岁	1 316	14.72%
	初中	13 岁	946	10.58%
		14 岁	1 147	12.83%
		15 岁	445	4.98%
	高中	16 岁	1 522	17.02%
		17 岁	23	0.26%
		18 岁	32	0.36%
城乡		大中城市	3 251	36.36%
		小城镇	4 280	47.87%
		乡村	1 410	15.77%
生活满意度		很满意	5 177	57.90%
		基本满意	3 187	35.64%
		不满意	577	6.45%

（续表）

特征		样本量	百分比
家庭生活方式	和爸妈、爷爷奶奶经常住在一起	2 444	27.33%
	和爸妈经常在一起	4 568	51.09%
	父母(1人或2人)常年在外打工	1 271	14.22%
	单亲家庭	432	4.83%
	离异再组合家庭	226	2.53%

3 基本结论

3.1 整体结论

(1) 湖北省儿童在社会核心价值观上，对平等的关注程度明显高于全国平均水平，对文明与和谐的关注程度与全国平均水平基本持平，对诚信的关注程度略低于全国平均水平。相较全国平均水平，湖北省儿童对传统美德价值观中的孝敬父母的关注度明显较低；湖北省儿童对公共道德中的正义的关注度与全国水平基本持平；同时在个人修养价值观上，湖北省儿童对勤奋的关注程度远远高于全国平均水平。

湖北省儿童普遍都有自己关注的价值观。诚信(55.96%，全国:57.98%)、平等(39.72%，全国:35.63%)、文明(34.98%，全国:34.57%)、和谐(32.13%，全国:32.85%)是受儿童关注程度较高的社会主义核心价值观；孝敬父母(53.34%，全国:56.43%)是儿童最为关注的传统美德；正义(31.08%，全国:30.11%)是受儿童关注程度最高的公共道德；勤奋(41.99%，全国:36.10%)是儿童最为关注的个人修养。儿童对各项价值观的关注，表现出年段差异。

就社会主义核心价值观而言，湖北省10至18岁儿童，随着年龄的增长，对文明、和谐、平等、诚信的关注程度整体上逐渐下降，对富强、民主、自由、敬业的关注度整体上逐渐上升(见图1-3,1-10,1-17)；就传统美德而言，湖北省10至18岁儿童都很看重孝敬父母，但随着年龄的增长，儿童对孝敬父母的关注程度整体上逐渐降低，对谦虚礼让、勤劳节俭、忠于国家的关注度整体上略有上升

（见图1－24）；就公共道德而言，随着年龄的增长，儿童对不影响他人的关注程度略有上升的趋势，对廉洁奉公的关注程度先略有上升后又略有下降（见图1－31）；就个人修养而言，随着年龄的增长，儿童对自省的关注度逐渐增加，对勤奋的关注度整体上逐渐下降，对节制、大度的关注度变化不大（见图1－38）。

（2）绝大多数湖北省儿童有明确而积极的道德情感，年龄不同，道德情感的表达存在一定差异。其中，湖北省儿童的爱国情感、集体责任感和自尊感略高于全国平均水平，关爱情感和羞耻感与全国平均水平基本持平。

87.07%的儿童因中国运动员在国际比赛中获得冠军而敬佩和激动，略高于全国平均水平（全国：85.78%）。其中38.41%的儿童表示十分激动，觉得中国人是好样的，48.66%的儿童认为这个运动员为国争光，表示很敬佩；高中年段的儿童比初中和小学年段的儿童更倾向于将此事归于中国人是好样的，小学年段的儿童更倾向于将此事归为对运动员个人的敬佩与对自己的激励。（见图2－1，2－2）

在关爱情感方面，90.04%的儿童对弱势群体具有明显的关爱情感（恻隐之心）（全国：91.07%）。儿童表现关爱情感的方式不同，小学年段的儿童更倾向于尽己所能施以援手，高中年段的儿童更倾向于希望有好心人去帮助他们。（见图2－8，2－9）

87.36%的儿童表现出明显的集体责任感（全国：85.41%），其中25.90%的儿童会通过管好自己为他人做表率，61.46%的儿童会说服全班同学共同维护班集体的卫生。随着年级的上升，说服全班同学共同维护班级卫生的比例整体呈波动下降趋势。（见图2－15，2－17）

85.36%的儿童自尊感普遍表现强烈（全国：82.88%），其中75.15%的儿童在犯错误被老师当众批评后，都会决心日后要改正。随着年级的升高，儿童选择“日后一定要改正，找回尊严”的比例整体呈波动下降的趋势。（见图2－22，2－24）

儿童普遍具有很强的羞耻感，48.40%的儿童会为自己因作弊得到高分受到表扬而感到羞耻（全国：50.13%）；33.15%的儿童认为抄袭是作弊，以后不能这么做了。小学年段的儿童为作弊感到羞耻的比例高于初中和高中的儿童。随着年龄增长，选择“很纠结，有些高兴，也有些害怕”（非羞耻感）的比例呈波动上升趋势，认为“抄袭是作弊，以后不能这么做了”的比例各年级基本持平，略有上升趋势。（见图2－29，2－30，2－31）

(3) 湖北省儿童能够作出明确的道德判断的比例与全国平均水平基本持平，对规范的认同程度明显低于全国平均水平，10 至 18 岁儿童在道德判断、道德行为理由上表现出年段差异。

在道德判断上，25.97%的儿童不能作出明确的道德判断，处于道德理性发展的矛盾期或过渡期，与全国的平均水平基本持平（全国：25.82%）。湖北省六年级儿童容易面临道德困惑的人数比例略高，占 40.20%；高中三年级儿童比例略低，占 12.50%。（见图 3-1，3-3）

在“肯定性”道德判断中，随着儿童年龄的增长，处于阶段六“以普遍伦理原则为价值取向”的人数比例略呈下降趋势，在阶段六选项上，小学四年级儿童比例最高，高中二年级儿童比例最低；随着儿童年龄的增长，处于阶段二“以个人的功利与交换为价值取向”的儿童人数比例整体上呈波动上升趋势，高中三年级儿童处于阶段二的人数比例整体上高于其他年级的儿童。（见图 3-10）

在“否定性”道德判断中，随着儿童年龄的增长，处于阶段五“以社会契约为价值取向”的人数比例整体上呈波动上升趋势；小学四年级和五年级、初中一年级至高中二年级儿童处于阶段四“以法律与秩序为价值取向”的人数比例整体上高于阶段五。（见图 3-17）

在“两难性”道德判断中，无论是小学生还是初中生和高中生，都存在道德焦虑问题，并且主要表现为阶段六“以普遍伦理原则为价值取向”方面。从小学四年级至高中三年级儿童表现为阶段六的人数比例均高于处于其他阶段水平的人数比例，其他方面所占比例很低，高中二年级有将近 80%的儿童道德判断水平处于阶段六。全国儿童平均水平也集中表现为阶段六“以普遍伦理原则为价值取向”方面，五年级和六年级人数所占比例较高，分别为 40.68%和 38.24%。（见图 3-24）

在认可的道德行为理由上，63.16%的儿童把社会规范作为道德行为的理由（见图 3-29）。小学和初中年段的儿童把主流的社会观念或者规范作为道德行为理由的比例随年龄的增长呈下降趋势，把“权威要求”“道德榜样”“个体功利”和“集体效率”看作是道德行为理由的比例整体呈上升趋势（见图 3-31）。

(4) 湖北省儿童在道德行为上普遍表现良好，能够做到诚信、感恩回报的儿童人数比例与全国平均水平基本持平，在遵守规则方面，远远低于全国平均水平。

84.62%的儿童能做到诚信自律，与全国平均水平基本持平（全国：85.36%）。拿到多找的钱时会还回去的儿童人数比例随着年龄的增长先增后减，到18岁减少到50.00%(全国:75.70%)。(见图4-1,4-3)

78.46%(全国:77.77%)的儿童在家庭生活中能经常感恩回报，人数比例随着年龄的增长整体呈下降趋势，且差异非常显著。(见图4-8,4-10)

74.14%(全国:68.61%)的儿童会主动提醒同伴的错误，但人数比例随着年级的增长整体呈下降趋势，到高三降到最低点43.75%。(见图4-15,4-17)

49.86%的儿童通常不会在公共场所因一己之私违反规则，远远低于全国平均水平(全国:55.12%)，在高二达到最低值(26.09%)。(见图4-22,4-24)

55.36%(全国:45.68%)的儿童在看到弱势人群陷入困境时会施以援手，并在必要时寻求周围人的帮助；选择上前劝止的儿童人数比例随着年龄的增长出现下滑的趋势，“想去制止但又不敢，害怕自己惹上麻烦”的儿童人数比例在初中和高中时较平稳，在小学年段比例较低，五年级达到最低值(7.55%)。(见图4-29,4-31)

(5) 湖北省儿童在德育方式的选择上与全国平均水平基本相同，实际锻炼法和说理教育法是儿童普遍愿意接受的德育方式。

实际锻炼法(30.39%，全国：33.34%)、说理教育法(27.09%，全国：24.80%)和榜样示范法(14.45%，全国:14.08%)是儿童更愿意接受的道德教育方式。其中，在初二之前，实际锻炼法和说理教育法是儿童普遍愿意接受的道德教育方式，且从整体上看，实际锻炼法和说理教育法受欢迎的程度随着年龄增高有下降的趋势，榜样示范法的接受情况则是随年龄增高而呈现逐渐上升的趋势。(见图5-1,5-3)

(6) 湖北省儿童对生活很满意的人数比例明显高于全国平均水平，对生活基本满意的人数比例远远低于全国平均水平。家人给予的学业压力是湖北省儿童的主要家庭生活困扰，教师上课无趣是湖北省儿童主要的学校生活困扰。

家人给予的学业压力是湖北省儿童感受到的最为普遍的家庭生活困扰，初中阶段是儿童受学业压力困扰的最普遍的时期(见图6-2)；教师上课无趣是儿童感受到的较普遍的学校生活困扰，上中学后，儿童受学校学习环境困扰的比例也明显上升。(见图6-10)

(7) 湖北省儿童在道德发展上与全国平均水平基本相同,道德行为表现和所受道德困扰存在一定的性别差异。

相对而言,女生在诚信(84.65%,全国:86.57%)、不因私违规行为(76.41%,全国:82.00%)方面的比例高于男生,但都低于全国平均水平;在感恩回报(78.18%,全国:78.94%)、扶助弱势和施于援手行为(70.60%,全国:58.87%)方面的比例稍低于男生;女生更少受到来自家庭的困扰,学校的困扰更普遍来自同学关系(20.02%,全国:16.60%)、教师上课无趣(21.25%,全国:18.73%)。

男生在诚信(84.60%,全国:84.21%)、不因私违规行为(65.18%,全国:73.32%)方面不如女生,在扶助弱势行为(71.56%,全国:61.02%)方面,愿意施以援手的比女生稍多,且高于全国平均水平;在家庭中更普遍感受到严厉的批评与体罚(8.37%,全国:6.32%)以及与家人关系不和谐(16.92%,全国:12.85%)的困扰,在学校更普遍感受到学习环境(15.61%,全国:14.38%)、学校处理事情不公平(15.79%,全国:12.50%)的困扰。

(8) 湖北省留守儿童处于道德发展的不利境地,各项指标的发展情况与正常家庭生活方式的孩子有着较大的距离。湖北省留守儿童在提醒同伴错误和制止对弱势处境者不利的行为上与正常家庭儿童发展之间的落差和全国平均落差相比远远要高,同时在来自家庭的学习压力方面,湖北省留守儿童与正常家庭儿童发展之间的落差明显高于全国平均的落差。

留守儿童的个体诚信行为(77.66%)低于最高值(88.13%)约 10 个百分点(全国:77.10%,低于最高值 86.48%约 9 个百分点),湖北省留守儿童与正常家庭儿童发展的落差与全国平均的落差基本持平(见图 4-7);经常回报家庭的感恩行为(70.02%)低于最高值(82.75%)约 13 个百分点(全国:68.76%,低于最高值 79.35%约 11 个百分点),留守儿童与正常家庭儿童发展的落差略高于全国平均的落差(见图 4-14);提醒同伴错误的行为(62.71%)低于最高值(78.02%)约 15 个百分点(全国:60.99%,低于最高值 70.28%约 9 个百分点),留守儿童与正常家庭儿童发展的落差远远高于全国平均的落差(见图 4-21);制止对弱势处境者不利的行为(60.89%)低于最高值(75.08%)约 14 个百分点(全国:54.93%,低于最高值 62.09%约 7 个百分点),留守儿童与正常家庭儿童发展的落差远远高于全国平均的落差(见图 4-35)。

留守儿童的个体困扰更普遍地来自家庭的学习压力(31.47%)，高出最低值(23.61%)约8个百分点(全国:28.21%，高出最低值24.34%约5个百分点)，湖北省留守儿童与正常家庭儿童发展的落差明显高于全国平均的落差(见图6-6)；个体的困扰更普遍存在来自学校的同学关系(21.56%)，高出最低值(15.51%)约6个百分点(全国:19.54%，高出最低值15.80%约4个百分点)，留守儿童与正常家庭儿童发展的落差略高于全国平均的落差，教师上课无趣(24.70%)，高出最低值(18.49%)约6个百分点(全国:22.05%，高出最低值18.53%约4个百分点)，留守儿童与正常家庭儿童发展的落差略高于全国平均的落差(见图6-13)。

3.2 分项结论

3.2.1 儿童的价值观

(1) 社会主义核心价值观。

96.00%以上的儿童都有自己看重的社会主义核心价值观。诚信(55.96%，全国:57.98%)是儿童最为关注的价值观，略低于全国平均水平。平等(39.72%，全国:35.63%)、文明(34.98%，全国:34.57%)、和谐(32.13%，全国:32.85%)等都是受儿童关注程度较高的价值观。儿童对各项价值观的关注存在不同维度的差异。

年段差异 国家层面，小学儿童更看重和谐(全国:和谐)，初中儿童更看重富强、民主(全国:文明)，高中儿童更看重文明(全国:富强、民主)(见图1-2)；社会层面，小学儿童更看重平等、公正(全国:平等、公正)，高中儿童更看重自由(全国:法治)，初中儿童比小学儿童更看重自由(全国:比小学儿童更看重法治，比高中儿童更看重平等)(见图1-9)；个人层面，小学儿童更看重诚信(全国:诚信)，初中儿童更看重敬业(全国:敬业)，高中儿童更看重友善(全国:友善)(见图1-16)。

性别差异 国家层面，男生更看重富强、民主(全国:富强、民主)，女生更看重文明、和谐(全国:文明、和谐)(见图1-4)；社会层面，男生更看重自由(全国:自由)，女生更看重公正(全国:平等、公正、法治)(见图1-11)；个人层面，女生更看重诚信(全国:诚信、友善)(见图1-18)。

城乡差异 国家层面，大中城市儿童更看重文明、和谐（全国：和谐），乡村儿童更看重富强、民主（全国：富强），小城镇儿童比大中城市儿童更看重富强，比乡村儿童更看重和谐（全国：富强、文明）（见图 1－5）；社会层面，小城镇儿童更看重平等（全国：平等），乡村儿童更看重自由（全国：略偏重平等、公正、法治）（见图 1－12）；个人层面，大中城市儿童更看重诚信、友善（全国：诚信），乡村儿童更看重敬业（全国：敬业）（见图 1－19）。

生活满意度差异 国家层面，对生活很满意的儿童更看重文明、和谐（全国：文明、和谐），对生活不满意的儿童更看重富强、民主（全国：民主、富强），对生活基本满意的儿童比对生活很满意的儿童更看重富强、民主，比对生活不满意的儿童更看重文明、和谐（见图 1－6）；社会层面，对生活很满意的儿童更看重平等、公正（全国：平等、公正、法治），对生活不满意的儿童更看重自由（全国：自由）（见图 1－13）；个人层面，对生活很满意的儿童更看重诚信（全国：诚信），对生活不满意的儿童更看重敬业（全国：敬业、友善）（见图 1－20）。

家庭生活方式差异 国家层面，"和爸妈经常在一起"的儿童更看重文明、和谐（见图 1－7）；社会层面，留守儿童更看重平等（见图 1－14）；个人层面，"和爸妈经常在一起"的儿童更看重诚信，单亲家庭儿童及留守儿童更看重敬业（见图 1－21）。

(2) 传统美德价值观。

97.00%以上的儿童都有自己看重的传统美德。孝敬父母（53.34%，全国：56.43%）是儿童最为关注的传统美德，明显低于全国平均水平。儿童对忠于国家（14.81%，全国：11.77%）、谦虚礼让（14.79%，全国：16.53%）、勤劳节俭（11.17%，全国：9.51%）的关注程度相当，但对各项价值观的关注存在不同维度的差异。

年段差异 初中儿童更看重忠于国家、谦虚礼让、勤劳节俭（全国：谦虚礼让、勤劳节俭），高中儿童更看重孝敬父母（全国：孝敬父母），小学儿童比初中儿童更看重孝敬父母（全国：忠于国家）。（见图 1－23）

性别差异 女生更看重孝敬父母、谦虚礼让（全国：孝敬父母、谦虚礼让），男生更看重忠于国家（全国：忠于国家、勤劳节俭）。（见图 1－25）

城乡差异 大中城市儿童更看重孝敬父母（全国：谦虚礼让），乡村儿童更

看重忠于国家、谦虚礼让、勤劳节俭（全国：勤劳节俭）。（见图1－26）

生活满意度差异　对生活很满意的儿童更看重孝敬父母（全国：孝敬父母），对生活不满意的儿童更看重忠于国家、谦虚礼让、勤劳节俭（全国：勤劳节俭）。（见图1－27）

家庭生活方式差异　“和爸妈经常在一起”的儿童与“和爸妈、爷爷奶奶经常住在一起”的儿童更看重孝敬父母，单亲家庭的儿童更看重勤劳节俭。（见图1－28）

(3) 公共道德价值观。

97.00%以上的儿童都有自己看重的公共道德。儿童较为看重的公共道德是正义，占31.08%（全国：30.11%），与全国平均水平基本持平；其次分别是廉洁奉公（25.50%，全国：23.98%）、按规则办事（23.00%，全国：21.82%）、不影响他人（15.28%，全国：19.47%）。儿童对各项公共道德的关注存在不同维度的差异。

年段差异　小学儿童更看重正义（全国：按规则办事），初中儿童更看重不影响他人（全国：廉洁奉公）。（见图1－30）

性别差异　男生更看重正义（全国：正义），女生更看重廉洁奉公（全国：不影响他人）。（见图1－32）

城乡差异　大中城市儿童更看重正义（全国：不影响他人），乡村儿童更看重按规则办事、不影响他人（全国：按规则办事）。（见图1－33）

生活满意度差异　对生活很满意的儿童更看重正义、廉洁奉公（全国：正义、廉洁奉公），对生活不满意的儿童更看重不影响他人（全国：不影响他人），对生活基本满意的儿童比对生活很满意的儿童更看重不影响他人（全国：比对生活很满意的儿童更看重不影响他人，比对生活不满意的儿童更看重正义、廉洁奉公）。（见图1－34）

家庭生活方式差异　“和爸妈经常在一起”的儿童更看重廉洁奉公（全国：廉洁奉公），单亲家庭儿童及离异再组合家庭儿童相对更看重不影响他人（全国：“和爸妈、爷爷奶奶经常住在一起”的儿童与“和爸妈经常在一起”的儿童更看重勤劳节俭；留守儿童及离异再组合家庭儿童更看重孝敬父母）。（见图1－35）

(4) 个人修养价值观。

96.00%以上的儿童都有自己看重的个人修养方面的价值观，最受儿童关注的是勤奋，占41.99%（全国:36.10%），远远高于全国平均水平；其次是大度，占25.94%（全国:26.43%），与全国平均水平基本持平。儿童对各项价值观的关注存在多维度差异。

年段差异 小学儿童更看重勤奋（全国:勤奋），初中儿童更看重节制（全国:节制），高中儿童更看重自省（全国:自省）。（见图1-37）

性别差异 男生相对更看重节制（全国:节制）。（见图1-39）

城乡差异 小城镇儿童更看重勤奋（全国:勤奋），乡村儿童更看重自省、节制（全国:节制）。（见图1-40）

生活满意度差异 对生活很满意的儿童更看重勤奋（全国:勤奋），对生活不满意的儿童更看重自省、节制（全国:节制）。（见图1-41）

家庭生活方式差异 “和爸妈经常在一起”的儿童更看重勤奋（全国:自省），单亲家庭儿童和留守儿童更看重自省。（见图1-42）

3.2.2 道德情感状况

湖北省儿童整体上有较强烈的爱国情感、关爱情感（恻隐之心）、集体责任感、自尊感和羞耻感等道德情感。湖北省儿童的自尊感略高于全国平均水平，其他道德情感基本与全国平均水平持平。

(1) 爱国情感。

87.07%的儿童为中国运动员在国际比赛中获得冠军而骄傲，爱国情感表现强烈（全国:85.78%），略高于全国平均水平，在多个维度上存在显著差异。

年段差异 不同年段的儿童的爱国情感表现方式不同，年龄越小，儿童更易将其表现为对运动员的敬佩之情，高中年段的儿童比小学和初中年段的儿童更倾向于认为中国人是好样的。（见图2-2，2-3）

性别差异 88.02%的女生流露出明显的爱国情感（全国:87.49%），比男生（86.28%，全国:84.14%）更加强烈。（见图2-4）

生活满意度差异 91.53%的对生活很满意的儿童表示出普遍的爱国情感（全国:89.40%），对生活不满意的儿童的相应数据是67.77%（全国:67.53%）。（见图2-5）

城乡差异 大中城市儿童（47.71%，全国:47.05%）、小城镇儿童

(52.87%，全国:48.44%)和乡村儿童(38.09%，全国:43.27%)都更倾向于以他人带来的国家荣誉激励自己。相比乡村和小城镇的儿童，大中城市儿童更倾向于将此事归结于中国人是好样的(45.89%，全国:39.32%)。(见图2-6)

家庭生活方式差异　50.94%的“和爸妈经常在一起”的儿童(全国:47.52%)和48.94%的留守儿童(全国:46.94%)会以他人的国家荣誉行为激励自己。相比其他家庭生活方式的儿童，单亲家庭和离异再组合家庭的儿童更倾向于把这个行为看作是他人的能力(这个运动员很厉害)，与自己关系不大。(见图2-7)

(2) 关爱情感。

90.04%的儿童有对弱势人群的关爱情感(全国:91.07%)，但在如何表达关心上，表现出显著的差异。

年段差异　小学年段的儿童(64.36%，全国:56.78%)更倾向于尽己所能亲自去帮助别人，这种倾向随着年龄增长整体呈波动下降的趋势；高中生(48.83%，全国:57.61%)更倾向于有好心人而非自己去帮助处境不利的人群。(见图2-9,2-10)

性别差异　女生(91.46%，全国:92.95%)比男生(88.86%，全国:89.26%)表现出更普遍的关爱情感；女生(56.90%，全国:48.44%)更倾向于尽己所能帮助他人(男生相应数据为52.52%，全国:42.75%)；男生(36.34%，全国:46.51%)和女生(34.56%，全国:44.51%)把帮助他人的希望寄托在好心人身上的比例基本持平。(见图2-11)

生活满意度差异　对生活很满意的儿童(64.01%，全国:54.12%)比对生活基本满意的儿童(43.18%，全国:36.04%)和对生活不满意的儿童(31.89%，全国:27.63%)更倾向于尽己所能去帮忙处境不利的人，而对生活基本满意的儿童(43.74%，全国:54.02%)更倾向于“希望有好心人帮助他们”(对生活很满意的儿童的相应数据是29.69%，对生活不满意的儿童相应数据为42.63%，全国对应的数据分别为:38.88%，48.36%)。(见图2-12)

城乡差异　在表达关心的方式上，大中城市的儿童(64.04%，全国:44.47%)更倾向于尽己所能去帮助处境不利的人，远远高于全国平均水平(乡村和小城镇儿童的相应数据分别为31.91%和54.72%，全国对应数据分别为

43.50%和48.64%)。(见图2-13)

家庭生活方式差异 “和爸妈经常在一起”的儿童与“和爸妈、爷爷奶奶经常住在一起”的儿童，更倾向于尽己所能帮助处境不利的人，数据分别为57.88%和57.28%(全国对应数据分别为45.58%和48.25%)，而单亲家庭儿童、离异再组合家庭儿童和留守儿童的数据则分别为44.44%、42.04%和42.72%(全国对应数据分别为39.83%、39.40%和39.39%)；后三类家庭的儿童，特别是留守儿童(43.75%，全国:47.18%)更倾向于“希望有好心人能帮助他们”。(见图2-14)

(3) 集体责任感。

87.36%的儿童表现出明显的集体责任感(全国:85.41%)，略高于全国平均水平，但在集体责任感的落实上，存在多维度的显著差异。

年段差异 儿童的集体责任行为比例呈现随年龄上升整体波动下降的趋势，小学年段的儿童(五年级最高为80.94%，全国:64.00%)会通过说服全班同学一起努力，改变集体的卫生情况。高中生更倾向于维护自己所在区域的卫生(39.89%，全国:49.06%)，高于小学生(17.90%，全国:27.73%)和初中生(32.42%，全国:34.08%)。(见图2-16，2-17)

性别差异 女生(88.73%，全国:87.46%)维护好自己所在区域的卫生或说服全班同学共同维持班级卫生比男生(86.22%，全国:83.44%)更积极；女生选择会说服其他同学一起努力的比例(61.23%，全国:49.46%)和男生(61.65%，全国:47.71%)基本持平。(见图2-18)

生活满意度差异 更多对生活很满意的儿童(73.48%，全国:58.34%)会说服全班同学一起努力(对生活不满意的儿童的相应数据是31.37%，全国:27.15%)，远远高于全国平均水平。更多对生活基本满意(35.58%，全国:44.14%)和不满意(36.22%，全国:38.53%)的儿童会只“打扫好我所在区域的卫生”(对生活很满意的儿童的相应比例为18.79%，全国:31.18%)。(见图2-19)

城乡差异 更多大中城市儿童(70.87%，全国:45.97%)会说服全班同学一起努力(乡村儿童和小城镇儿童的相应数据分别为33.76%和63.43%，全国相应数据分别为49.21%和54.58%)；而更多乡村儿童(33.83%，全国:29.81%)会选择“打扫好我所在区域的卫生”(大中城市和小城镇儿童的相应数据分别为

23.07%和25.44%，全国相应数据分别为40.16%和30.82%）。（见图2-20）

家庭生活方式差异 “和爸妈、爷爷奶奶经常住在一起”的儿童与“和爸妈经常在一起”的儿童，更普遍地表现出集体责任感，倾向于说服全班同学一起努力，相应数据分别为64.57%和64.84%（全国相应数据分别为51.91%和48.64%），然后依次是离异再组合家庭儿童（50.88%，全国：38.08%）、留守儿童（49.96%，全国：42.61%）和单亲家庭儿童（47.45%，全国：40.26%）。留守家庭和单亲家庭的儿童更倾向于打扫好自己所在区域的卫生（相应数据分别为33.83%和31.25%，全国相应数据分别为38.54%和41.14%）。（见图2-21）

(4) 自尊感。

85.36%的儿童有很强的自尊感（全国：82.88%），略高于全国平均水平，如果犯错误被当众批评了，会觉得“很丢人，没面子”，或者决心“日后一定要改正，找回尊严”，但在很多维度上存在显著差异。

年段差异 随着年龄上升，儿童表现出“日后一定要改正，找回尊严”的比例整体呈先下降后上升再下降的趋势。初中生认为老师不应该当众批评自己的比例最高（16.43%，全国：10.35%），高于小学生（6.01%，全国：8.19%）和高中生（10.78%，全国：16.44%）。（见图2-23，2-24）

性别差异 女生（76.92%，全国：72.32%）在受到当众批评时会决心“日后一定要改正，找回尊严”的比例高于男生（73.67%，全国：69.13%）。（见图2-25）

生活满意度差异 对生活很满意的儿童（85.17%，全国：78.91%）表现出强烈的尊严感，在受到当众批评时会决心“日后一定要改正，找回尊严”，对生活不满意的儿童的相应数据是40.90%（全国：41.69%）。（见图2-26）

城乡差异 在受到当众批评时，大中城市儿童（87.30%，全国：71.53%）选择“日后一定要改正，找回尊严”的比例最高（乡村和小城镇儿童的相应数据分别为37.16%和78.43%，全国相应数据分别为60.52%和71.44%）。（见图2-27）

家庭生活方式差异 “和爸妈经常在一起”的儿童（78.81%，全国：71.71%）表现出更普遍的强自尊感，“和爸妈、爷爷奶奶经常住在一起”的儿童、单亲家庭儿童、留守儿童和离异再组合家庭儿童相应的数据分别是76.84%、61.11%、66.25%和59.73%（全国对应数据分别为72.16%、63.41%、62.60%和61.17%）。（见图2-28）

(5) 羞耻感。

在由于抄袭得了高分而受到表扬时，48.40%的儿童(全国:50.13%)会对自己的行为感到很羞耻，33.15%的儿童知道抄袭不好，决定以后不再抄袭(全国:28.58%)，但在很多维度上差异显著。

年段差异 小学和初中年段的儿童羞耻感整体表现得比高中年段的儿童强烈。随着年龄的增长，各年级儿童认为“抄袭是作弊，以后不能这么做了”的比例基本稳定在35%左右，表示“很纠结，有些高兴，也有些害怕”的比例呈波动上升的趋势。(见图2-30,2-31)

性别差异 女生(82.02%，全国:80.48%)的羞耻感比男生(81.15%，全国:77.02%)强烈;女生对自己的作弊行为感到羞耻的比例(50.16%，全国:52.73%)高于男生(46.92%，全国:47.64%)。(见图2-32)

生活满意度差异 对生活很满意的儿童的羞耻感更为普遍和强烈，有54.72%的对生活很满意的儿童会在抄袭得高分被表扬时感到很羞耻(全国:56.13%)，而对生活不满意的儿童的相应数据是28.42%(全国:32.90%)。(见图2-33)

城乡差异 在因抄袭得高分而受到表扬时，大中城市儿童(56.08%，全国:52.36%)和小城镇儿童(49.77%，全国:47.17%)更容易感到很羞耻，乡村儿童比例较低(26.52%，全国:41.44%)。更多乡村儿童(34.89%，全国:30.04%)和小城镇儿童(34.04%，全国:32.00%)知道抄袭是作弊，决定以后不能这么做了(大中城市数据为31.22%，全国:26.98%)。较多乡村儿童(25.11%，全国:21.16%)会“很纠结，有些高兴，也有些害怕”(大中城市和小城镇的儿童相应数据分别是10.67%和12.73%，全国相应数据分别为17.51%和16.93%)。(见图2-34)

家庭生活方式差异 在因抄袭得高分被表扬时，“和爸妈经常在一起”的儿童(50.85%，全国:50.97%)更容易感到很羞耻，同样情况下，“和爸妈、爷爷奶奶经常住在一起”的儿童、单亲家庭儿童、离异再组合家庭儿童及留守儿童的数据分别为50.49%、41.20%、41.15%和39.26%(全国相应数据分别为50.85%、45.97%、44.29%和43.71%)。(见图2-35)

3.2.3 道德理性发展状况

(1) 儿童道德判断理由。

年段差异 70.86%的小学儿童、78.15%的初中儿童、77.09%的高中儿童都能够作出明确的道德判断(见图 3-2)。湖北省儿童道德判断的焦虑和困难期相对集中在小学六年级(见图 3-3)。

小学阶段,儿童的“肯定性”道德判断集中以社会契约、个人的功利主义与交换为价值取向,该阶段儿童的道德判断理由尚未出现明显的水平阶段划分(见图 3-9);“否定性”道德判断集中以法律与秩序、社会契约为价值取向,其次主要以普遍伦理原则为价值取向(见图 3-16);“两难性”道德判断主要以普遍伦理原则为价值取向,其次是以惩罚和服从为价值取向(见图 3-23)。

初中阶段,儿童的“肯定性”道德判断主要以社会契约为价值取向,其次是以个体功利为价值取向(见图 3-9);“否定性”道德判断集中以法律与秩序、社会契约为价值取向(见图 3-16);“两难性”道德判断主要以普遍伦理原则为价值取向,其次以惩罚与服从为价值取向(见图 3-23)。

高中阶段,儿童的“肯定性”道德判断主要以个体功利为价值取向,其次则主要以社会契约为价值取向(见图 3-9);“否定性”道德判断主要以法律与秩序为价值取向,其次以社会契约为价值取向(见图 3-16);“两难性”道德判断主要以普遍伦理原则为价值取向,其他阶段比例相差不大(见图 3-23)。

性别差异 男生更容易作出明确的道德判断,女生比男生更容易面临道德困惑与迷茫(见图 3-4);在“肯定性”道德判断上,男生和女生都更倾向于以社会契约和个人功利为价值取向(见图 3-11);在“否定性”道德判断上,男女生都更倾向于以法律与秩序和社会契约为价值取向,其次是以普遍伦理为价值取向(见图 3-18);在“两难性”道德判断上,男女生都更倾向于以普遍伦理为价值取向,其次是以惩罚和服从为价值取向(见图 3-25)。

城乡差异 大中城市儿童比小城镇和乡村的儿童更容易面临道德困惑(见图 3-5)。在“肯定性”道德判断上,大中城市和小城镇的儿童倾向于以社会契约为价值取向,其中小城镇儿童倾向于以个体功利为价值取向的比例低于以社会契约为价值取向的比例,乡村儿童更倾向于以个体功利为价值取向,其次是以社会契约为价值取向(见图 3 - 12);在“否定性”道德判断上,大中城市、小城镇和乡村的儿童都倾向于以法律与秩序、社会契约为价值取向,其中小城镇儿童以法律与秩序为价值取向的比例高于大中城市和乡村儿童(见图 3 - 19);在“两难性”道德判断上,大中城市、小城镇和乡村的儿童都倾向于以普遍伦理为价值取向,其中乡村儿童还倾向于以惩罚与服从为价值取向(见图 3 - 26)。

生活满意度差异 对生活很满意的儿童更容易面临道德困惑(见图 3 - 6)。在“肯定性”道德判断上,对生活很满意的儿童更倾向于以社会契约为价值取向,其次是以个人功利为价值取向,对生活基本满意的儿童倾向于以个人功利和社会契约为价值取向,对生活不满意的儿童倾向于以个人功利为价值取向,其次是以社会契约为价值取向(见图 3 - 13);在“否定性”道德判断上,三种生活满意度的儿童都倾向于以法律与秩序为价值取向,其次是以社会契约为价值取向(见图 3 - 20);在“两难性”道德判断上,三种生活满意度的儿童都更倾向于以普遍伦理原则为价值取向(见图 3 - 27)。

家庭生活方式差异 不同家庭生活方式的儿童选择“不知道是否支持”的人数比例相当,单亲家庭的儿童选择“支持”的比例高于其他家庭的儿童(见图 3 - 7)。在“肯定性”道德判断上,单亲家庭的儿童比其他家庭生活方式的儿童更倾向于以社会契约为价值取向(见图 3 - 14);在“否定性”道德判断上,不同家庭生活方式的儿童都倾向于以法律与秩序为价值取向,其次是以社会契约为价值取向,不同家庭生活方式的儿童差异不显著(见图 3 - 21);在“两难性”道德判断上,不同家庭生活方式的儿童都更倾向于以普遍的伦理原则为价值取向(见图 3 - 28)。

(2) 儿童道德行为的理由。

儿童普遍把社会观念或者规范(文明)作为行为认可的理由,同时也存在着其他维度的显著差异。(见图 3 - 29)

年段差异 小学儿童更倾向于把社会规范看作道德行为的理由(全国:个体功利、权威要求),初中儿童更倾向于把社会规范看作道德行为的理由,其次是把道德榜样看作道德行为的理由(全国:道德榜样),高中儿童更倾向于把社会规范看作道德行为的理由(全国:社会规范)。(见图 3 - 30)

性别差异 女生更倾向于把社会规范看作道德行为的理由(全国:社会规

范），男生更倾向于把社会规范看作道德行为的理由，其次是把道德榜样和权威要求看作道德行为的理由（全国：多元分化）。（见图 3－32）

城乡差异 大中城市儿童更倾向于把社会规范看作道德行为的理由（全国：社会规范），小城镇儿童更倾向于把社会规范看作道德行为的理由（全国：社会规范），乡村儿童把社会规范看作道德行为理由的比例略高于道德榜样、个体功利等，呈现多元化倾向（全国：社会规范）。（见图 3－33）

生活满意度差异 三种生活满意度的儿童都更倾向于把社会规范看作道德行为的理由（全国：对生活很满意的儿童更多把社会规范作为行为认可的理由，而更多对生活不满意的儿童则还将个体功利作为认可的理由）。（见图 3－34）

家庭生活方式差异 五种家庭生活方式的儿童都更倾向于把社会规范看作道德行为的理由。相比其他家庭，“父母（1 人或 2 人）常年在外打工”的儿童和单亲家庭的儿童更倾向于把道德榜样看作道德行为的理由［全国：各种生活方式的儿童都倾向于把社会规范看作道德行为的理由，其中“父母（1 人或 2 人）常年在外打工”的儿童比其他家庭的儿童更倾向于把道德榜样看作道德行为的理由］。（见图 3－35）

3.2.4 道德行为状况

(1) 个体诚信行为与全国平均水平基本持平。

84.62%（全国：85.36%）的儿童能做到诚信自律，和全国平均水平基本持平，但在年龄、性别、城乡、生活满意度和家庭生活方式维度上存在显著差异。

年段差异 诚信行为随着年龄的增长整体呈下降的趋势，最高的比例出现在五年级时，为 92.40%，到高三降低到 50.00%。（见图 4－3）

性别差异 女生（84.65%，全国：86.57%）的诚信行为表现与男生（84.60%，全国：84.21%）基本接近。（见图 4－4）

城乡差异 大中城市儿童（95.29%，全国：87.01%）的诚信行为表现好于小城镇和乡村的儿童（小城镇 87.78%，乡村 50.43%，全国：小城镇 84.38%、乡村 74.40%）。（见图 4－5）

生活满意度差异 对生活很满意的儿童（91.56%，全国：90.78%）的诚信行为表现好于对生活不满意的儿童（52.69%，全国：60.29%）。（见图 4－6）

家庭生活方式差异 “和爸妈经常在一起”与“和爸妈、爷爷奶奶经常住在一起”的儿童(比例在85%以上，全国:86.20%、86.48%)诚信行为表现好于其他家庭生活方式的儿童。(见图4-7)

(2) 家庭感恩回报行为与全国平均水平基本持平。

78.46%(全国:77.77%)的儿童能感恩回报，在年龄、性别、城乡、生活满意度和家庭生活方式维度上均存在显著差异。

年段差异 感恩回报行为总体呈下降趋势，最高的比例出现在五年级时，为89.53%，到初三降低到51.46%。(见图4-10)

性别差异 男生(78.69%，全国:76.64%)与女生(78.18%，全国:78.94%)的感恩回报行为比例基本持平。(见图4-11)

城乡差异 大中城市儿童(88.59%，全国:78.81%)的感恩回报比例高于小城镇儿童(80.02%，全国:77.41%)和乡村儿童(50.35%，全国:69.80%)。(见图4-12)

生活满意度差异 对生活很满意的儿童(87.19%，全国:84.31%)的感恩回报行为比例比对生活不满意的儿童(49.91%，全国:57.76%)高。(见图4-13)

家庭生活方式差异 “和爸妈经常在一起”(82.75%，全国:79.35%)或者“和爸妈、爷爷奶奶经常住在一起”的儿童(78.48%，全国:78.20%)相对其他家庭类型的儿童更常回应家人的爱和关心。(见图4-14)

(3) 指出同伴过错行为远远低于全国平均水平。

74.14%(全国:68.61%)的儿童能坦诚相待，指出同伴的错误，远远低于全国平均水平。在年龄、性别、城乡、生活满意度和家庭生活方式维度上均存在显著差异。

年段差异 愿意指出同伴错误的儿童比例随着年龄增长呈整体下降的趋势，最高值(86.46%，全国:77.27%)出现在五年级时，最低值(43.75%，全国:58.77%)出现在高三时。(见图4-17)

性别差异 愿意指出同伴错误的儿童中男生比例(74.26%，全国:68.30%)与女生(74.00%，全国:68.94%)基本持平。(见图4-18)

城乡差异 大中城市的儿童更经常提醒同学的错误，高出最低的乡村儿童约39个百分点。(见图4-19)

生活满意度差异 对生活很满意的儿童(83.39%,全国:76.25%)比对生活不满意的儿童(43.67%,全国:49.12%)更经常指出同伴的错误。(见图4-20)

家庭生活方式差异 “和爸妈经常在一起”(78.02%,全国:69.36%)或者“和爸妈、爷爷奶奶经常住在一起”的儿童(75.98%,全国:70.28%)相比于其他家庭类型的儿童更经常指出同伴的错误,且差异显著。(见图4-21)

(4)在遵守公共规则上,湖北省儿童的表现低于全国平均水平,在制止欺负行为方面,湖北省儿童的表现低于全国平均水平。

49.86%(全国:55.12%)的儿童遵守公共规则,不会因私利而不顾他人感受违反规则低于全国平均水平;55.36%(全国:59.97%)的儿童会对需要帮助的人伸出援助之手或制止欺负弱小及特殊儿童的行为,在年段、性别、城乡、生活满意度、家庭生活方式维度上表现出显著差异。

在不会因私利而不顾他人感受违反规则方面:

年段差异 整体人数比例呈现下降趋势,最低点出现在高二(26.09%),最高点是高一(56.18%),不同年段儿童间存在显著差异。(见图4-24)

性别差异 男生(44.69%,全国:50.49%)在不会因私利而不顾他人感受违反规则上的比例低于女生(56.06%,全国:59.95%)。(见图4-25)

城乡差异 大中城市儿童(54.41%,全国:56.86%)在不会因私利而不顾他人感受违反规则上的比例高于乡村儿童(42.27%,全国:48.02%)和小城镇儿童(48.90%,全国:52.91%)。(见图4-26)

生活满意度差异 对生活很满意的儿童(51.88%,全国:56.66%)在不会因私利而不顾他人感受违反规则上的比例高于对生活不满意的儿童(42.63%,全国:48.45%)。(见图4-27)

家庭生活方式差异 离异再组合家庭儿童表现最好,“父母(1人或2人)常年在外打工”的儿童表现最差。数据从高到低依次为:离异再组合家庭的儿童52.66%,“和爸妈经常在一起”的儿童51.82%,“和爸妈、爷爷奶奶经常住在一起”的儿童48.00%,单亲家庭儿童46.99%,“父母(1人或2人)常年在外打工”的儿童46.89%。(见图4-28)

在制止欺负与帮助他人行为方面:

年段差异 会出面制止或者伸出援手的儿童人数比例随年龄增长出现整

体下降的趋势，初三时会去制止的人数比例下降到 24.94%（五年级最高为 72.61%），而选择漠视的儿童人数比例上升为 21.88%（最低为四年级儿童的 3.02%，全国：5.73%）。（见图 4－31）

性别差异 55.05%（全国：61.02%）的男生倾向于出面制止和伸出援手，女生相应数值为 55.74%（全国：48.87%）。（见图 4－32）

城乡差异 更多乡村儿童（19.36%，全国：18.46%）会出面劝止欺负行为（小城镇和大中城市的儿童相应的数据分别为 15.49%和 14.55%，全国相应数据分别为 16.60%和 12.85%），更多大中城市儿童（65.46%，全国：45.45%）会出面制止并在必要时求助他人（小城镇和乡村的儿童的相应数据分别为 57.73%和 24.89%，全国相应数据分别为 47.81%和 39.86%）。（见图 4－33）

生活满意度差异 对生活很满意的儿童（65.08%，全国：52.77%）更倾向于出面制止并在必要时求助于人，对生活不满意的儿童相应的数据为 27.56%（全国：29.28%）。（见图 4－34）

家庭生活方式差异 “和爸妈经常在一起”的儿童（58.95%，全国：46.43%）与“和爸妈、爷爷奶奶经常住在一起”的儿童（57.98%，全国：47.43%）更倾向于出面制止欺负行为。（见图 4－35）

3.2.5 愿意接受的德育方式

实际锻炼法（30.39%，全国：33.34%）、说理教育法（27.09%，全国：24.80%）和榜样示范法（14.45%，全国：14.08%）是湖北省儿童最愿意接受的三种德育方式。儿童愿意接受的德育方式在年段、性别、城乡、生活满意度、家庭生活方式等多个维度表现出显著差异。

年段差异 除实际锻炼法以外，相对而言，小学生更愿意接受的德育方式是说理教育法（32.72%），初中生更愿意接受的德育方式是陶冶教育法（15.80%）和讨论法（13.12%），高中生更愿意接受的德育方式是榜样示范法（19.40%）。（见图 5－2）

性别差异 相对而言，女生更愿意接受的德育方式是实际锻炼法（33.31%）（男生相应的数据是 27.95%），而男生更愿意接受陶冶教育法（9.84%）和协商法（10.64%），女生相应的数据分别为 8.61%和 7.95%。（见图 5－4）

城乡差异 大中城市的儿童更愿意接受的德育方式是实际锻炼法(39.16%),小城镇的儿童更愿意接受说理教育法(29.18%),乡村儿童更愿意接受榜样示范法(17.09%)、陶冶教育法(20.85%)、讨论法(17.23%)和协商法(13.90%)。(见图5-5)

生活满意度差异 对生活很满意的儿童更愿意接受的德育方式是实际锻炼法(33.44%)和说理教育法(30.94%),对生活不满意的儿童更愿意接受的德育方式是榜样示范法(18.37%)、陶冶教育法(16.98%)、讨论法(16.81%)。(见图5-6)

家庭生活方式差异 相对而言,"和爸妈经常在一起"的儿童更愿意接受的德育方式是实际锻炼法(32.29%),"和爸妈、爷爷奶奶经常住在一起"儿童更愿意接受说理教育法(28.60%),单亲家庭的儿童更愿意接受陶冶教育法(15.74%)、讨论法(12.96%)。(见图5-7)

3.2.6 生活困扰

(1) 湖北省儿童受到来自家庭生活困扰的比例远远高于全国平均水平。

61.70%的儿童受到来自家庭生活的困扰,远远高于全国平均水平(全国:53.43%)。儿童最普遍的家庭生活困扰是家人给予的学习压力(27.47%,全国:25.54%),其后依次为家庭关系问题(16.30%,全国:12.53%)、家庭经济问题(8.35%,全国:7.15%)、在家受到严厉批评与体罚(7.55%,全国:5.57%)。儿童受到的家庭困扰表现出多维度的显著差异。

年段差异 家人给予的学习压力是初中生和高中生感受到的最普遍的家庭困扰,33.96%(全国:29.40%)的初中生有此困扰,高中生有24.54%。(见图6-2)

性别差异 相对男生(36.83%,全国:44.77%),未感受到家庭困扰的女生更多(40.05%,全国:48.46%)。在有困扰的学生中,除了家人给予的学习压力外,女生在各项困扰的普遍性上都低于男生。(见图6-4)

城乡差异 更多大中城市儿童(52.26%,全国:44.77%)没有家庭困扰(小城镇和乡村儿童的相应比例分别为34.81%和16.67%,全国相应数据为38.03%和35.27%),更多小城镇儿童(30.26%,全国:29.13%)受到家人给予的学习压力的困扰(大中城市和乡村儿童的相应数据是22.33%和30.85%,全国相应数据为23.82%和26.39%),更多乡村儿童受到家人关系(23.55%,全国:16.95%)和经济问题(13.48%,全国:11.27%)的困扰。(见图6-5)

家庭生活方式差异 更多跟父母(41.77%,全国:48.90%)或者跟父母及祖辈(41.04%,全国:47.53%)生活在一起的孩子没有家庭困扰,73.01%(全国:68.38%)的留守儿童有家庭困扰。留守儿童(31.47%,全国:27.98%)受学习困扰比例最高,除此之外,更多单亲家庭的儿童(23.15%,全国:20.19%)受到家庭人际关系的困扰,其次分别是离异再组合家庭的儿童(22.12%,全国:16.47%)和留守儿童(18.10%,全国:17.63%);留守儿童感受到的严厉批评甚至体罚(8.89%,全国:8.56%)与家庭经济困扰(12.04%,全国:12.14%)的比例也较高。(见图6-6)

生活满意度差异 47.03%(全国:54.63%)的对生活很满意的儿童没有家庭问题的困扰,高于对生活基本满意和不满意的儿童(28.05%、16.46%,全国:38.14%、25.02%);有"家人给予很大的学习压力"的困扰的儿童中,对生活基本满意的儿童比例最高(31.82%,全国:29.39%),对生活很满意的儿童比例最低(25.01%,全国:22.56%);有"家人间的关系不和谐"问题的儿童中,对生活不满意的儿童比例最高(22.18%,全国:18.44%),对生活基本满意的儿童次之(18.20%,全国:14.37%),对生活很满意的儿童比例最低(14.47%,全国:10.68%);有"家里缺钱用"问题的儿童中,对生活不满意的儿童比例最高(20.28%,全国:16.62%),对生活基本满意的次之(11.95%,全国:9.11%),对生活很满意的儿童比例最低(4.81%,全国:4.94%)。(见图6-7)

(2) 湖北省儿童受到来自学校生活困扰的比例远远高于全国平均水平。

70.83%(全国:65.16%)的儿童受到来自学校生活的困扰,远远高于全国平均水平。儿童最普遍的学校生活困扰是教师上课无趣(20.55%,全国:19.01%),与全国平均水平基本持平,其次是同学关系问题(18.88%,全国:16.36%),然后是学习环境问题(14.95%,全国:14.25%),学校处理事件公平问题(13.99%,全国:11.49%)是儿童学校生活中的第四困扰。儿童受到的学校生活困扰表现出多维度的显著差异。

年段差异 受到学校生活困扰的儿童比例有随着年龄增加先增后减趋势,

初三受困扰的比例达到87.64%。更多初三儿童(32.58%)受到教师上课无趣的困扰，初二儿童(26.68%)和高一儿童(23.46%)紧随其后，更多五年级儿童(22.55%)受到同学关系问题的困扰，高三儿童对学校处理问题的公平性最敏感(18.74%)，初三儿童受学习环境困扰的比例最高(24.94%，全国：12.94%)。(见图6-10)

性别差异　更多女生(30.09%，全国：35.74%)没有感受到来自学校生活的困扰，男生更普遍地受教师上课趣味问题(19.95%，全国：19.27%)、学校处理问题的公平问题(15.79%，全国：12.50%)以及学习环境问题(15.61%，全国：14.38%)的困扰，女生(20.02%，全国：16.60%)更普遍地受到同学关系问题的困扰。(见图6-11)

城乡差异　87.09%(全国：74.92%)的乡村儿童感受到来自学校生活的困扰，高于小城镇(73.43%，全国：71.16%)和大中城市(60.35%，全国：61.54%)的儿童。在所受困扰中，小城镇儿童最普遍的困扰是教师上课无趣(20.44%，全国：21.25%)和同学关系(18.83%，全国：18.03%)问题，除教师上课无趣外，乡村儿童还更明显受到学习环境(25.46%，全国：19.15%)、学校公平问题(16.24%，全国：15.66%)的困扰。(见图6-12)

家庭生活方式差异　82.64%(全国：76.71%)的单亲家庭儿童受到学校生活的困扰，比例最高，比最少的跟父母祖辈共同生活的孩子高出约15个百分点，而且在教师上课方式和学习环境问题中有较高比例。(见图6-13)

生活满意度差异　在没有受到学校生活困扰的儿童中，对生活很满意的儿童人数比例最高(37.82%，全国：43.32%)，对生活基本满意的儿童次之(18.29%，全国：25.50%)，对生活不满意的儿童比例最低(11.61%，全国：16.62%)；在"渴望改善同学关系"选项上，对生活不满意的儿童比例最高(19.58%，全国：17.26%)，对生活很满意的儿童比例最低(18.81%，全国：15.75%)；在"希望老师上课有趣些"选项上，对生活基本满意的儿童比例最高(25.76%，全国：22.37%)，对生活很满意的儿童比例最低(17.00%，全国：16.36%)；在"渴望改善学习环境"和"希望学校的事情能公平处理"选项上，对生活不满意的儿童比例最高(22.18%、19.24%，全国：20.30%、17.04%)，对生活很满意的儿童比例最低(11.96%、12.38%，全国：11.40%、10.16%)。(见图6-14)

Ⅱ
湖北省各项指标的详细数据分析

1 湖北省儿童价值观发展状况

儿童关注的社会主义核心价值观分为国家、社会、个人三个层面。国家层面包括富强、民主、文明、和谐，湖北省儿童比较看重的是文明(34.98%)；社会层面包括自由、平等、公正、法治，湖北省儿童较为看重的是平等(39.72%)；个人层面包括爱国、敬业、诚信、友善，湖北省儿童普遍比较看重的是诚信(55.96%)。

传统美德方面包括孝敬父母、忠于国家、谦虚礼让、勤劳节俭等，湖北省儿童最为关注的是孝敬父母(53.34%)。

公共道德方面包括正义、按规则办事、不影响他人、廉洁奉公等，看重正义的湖北省儿童人数比例略高，占31.08%。

个人修养方面包括自省、大度、勤奋、节制等，看重勤奋的湖北省儿童人数比例最高，占41.99%。

1.1 社会主义核心价值观

湖北省儿童普遍比较关注的社会主义核心价值观包括诚信(55.96%)、平等(39.72%)、文明(34.98%)、和谐(32.13%)等，诚信是受湖北省儿童关注程度最高的社会主义核心价值观。儿童对国家、社会、个人层面价值观的关注存在不同维度的差异。

1.1.1 国家层面价值观的关注状况

国家层面，96.00%以上的湖北省儿童都有自己关注的价值观。看重富强、民主、文明、和谐的人数比例分别为 13.80％、15.60％、34.98％、32.13％，看重文明的人数比例最高，看重和谐的人数比例次之。（见图 1－1）

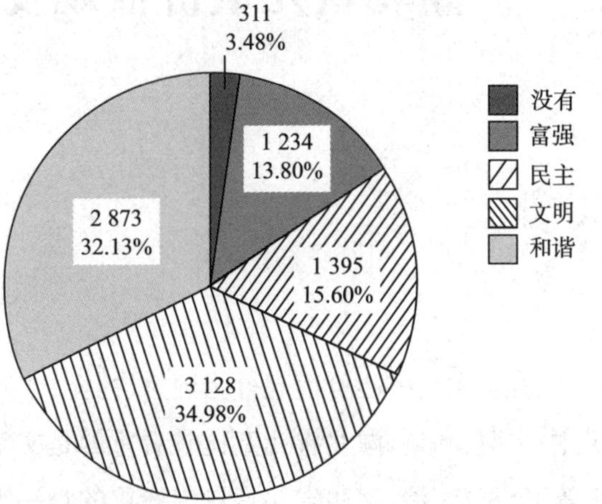

图 1－1　国家层面价值观与儿童人数百分比分布图

(1) 年段差异。

对不同年段儿童关注的国家层面价值观进行差异检验发现，总体上存在非常显著的差异（卡方值＝440.795，$P \leqslant 0.01$）。

不同年段儿童各选项百分比如图 1－2 所示，经进一步统计分析发现：

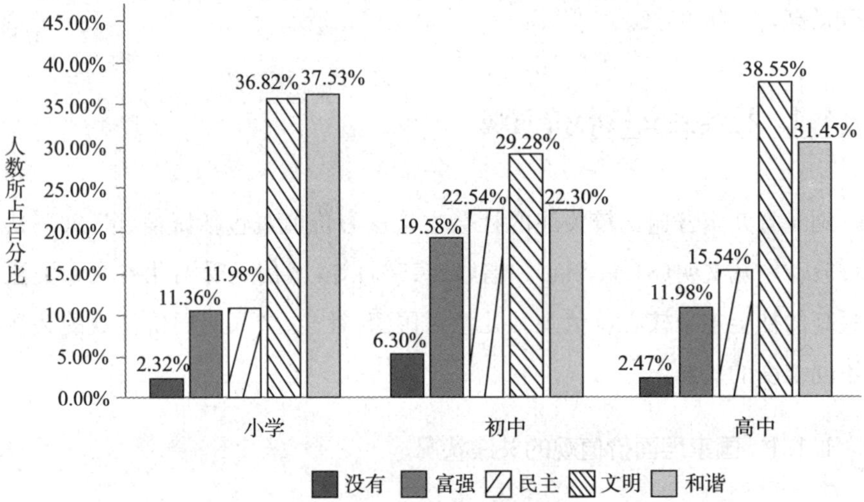

图 1－2　国家层面价值观与儿童年段分布图

初中儿童看重富强的人数比例高于小学、高中儿童，且差异非常显著（|AR|>2.58）。初中儿童看重民主的人数比例高于小学儿童，且差异非常显著（|AR|>2.58）。高中儿童看重文明的人数比例高于小学、初中儿童，且差异非常显著（|AR|>2.58）。小学儿童看重文明的人数比例高于初中儿童，且差异非常显著（|AR|>2.58）。小学儿童看重和谐的人数比例高于初中儿童，且差异非常显著（|AR|>2.58）。

高中儿童在看重富强上与小学儿童相比，存在比较显著的差异（1.96<|AR|≤2.58），前者人数比例略高于后者。

高中儿童在看重民主上与小学、初中儿童相比，均不存在显著差异（|AR|≤1.96）。高中儿童在看重和谐上与小学、初中儿童相比，均不存在显著差异（|AR|≤1.96）。

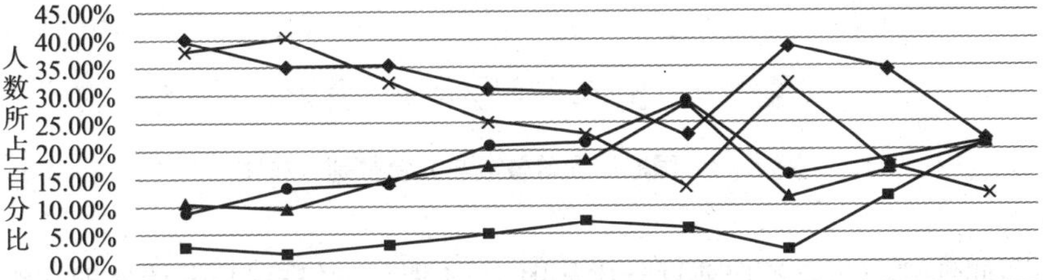

	四年级	五年级	六年级	初一	初二	初三	高一	高二	高三
—■—没有	2.77%	1.51%	2.96%	5.29%	7.15%	6.29%	1.91%	13.04%	21.88%
—▲—富强	10.06%	10.00%	14.89%	17.34%	18.05%	28.31%	11.70%	17.39%	21.88%
—●—民主	9.12%	12.81%	14.21%	20.82%	21.36%	29.21%	15.37%	17.39%	21.88%
—◆—文明	40.00%	35.21%	35.33%	31.08%	30.43%	22.47%	38.96%	34.78%	21.88%
—×—和谐	38.05%	40.47%	32.60%	25.48%	23.02%	13.71%	32.06%	17.39%	12.50%

图 1－3　国家层面价值观与儿童年级变化趋势图

从国家层面价值观与儿童年级变化趋势图中可以看出（高二、高三年级儿童人数偏少，仅有 55 人），小学四年级至初中三年级儿童对文明、和谐的看重程度整体上呈下降趋势，对富强、民主的看重程度整体上则呈上升趋势，至初中三年级，看重富强、民主的人数比例，均超过看重文明、和谐的人数比例。（见图 1－3）

（2）性别差异。

对不同性别儿童关注的国家层面价值观进行差异检验发现，总体上存在非常显著的差异（卡方值＝116.140，$P \leqslant 0.01$）。

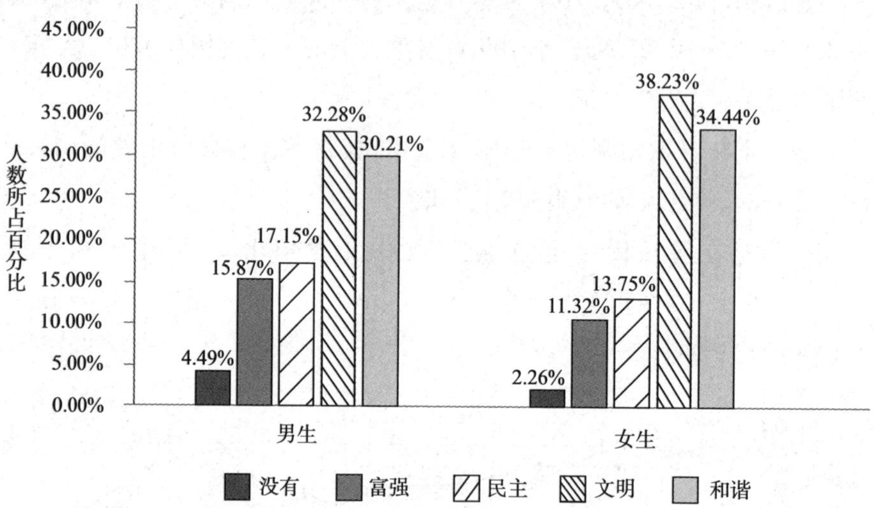

图1－4　国家层面价值观与儿童性别分布图

不同性别的儿童各选项百分比如图1－4所示，经进一步统计分析发现：

男生看重富强、民主的人数比例高于女生，男女生之间在富强、民主选项上，差异均非常显著（$|AR|>2.58$）。

女生看重文明、和谐的人数比例高于男生，男女生之间在文明、和谐选项上，差异均非常显著（$|AR|>2.58$）。

（3）城乡差异。

对城乡儿童关注的国家层面价值观进行差异检验发现，总体上存在非常显著的差异（卡方值＝537.774，$P \leqslant 0.01$）。

城乡儿童各选项百分比如图1－5所示，经进一步统计分析发现：

乡村儿童看重富强的人数比例高于大中城市、小城镇儿童，且差异非常显著（$|AR|>2.58$）。乡村儿童看重民主的人数比例高于大中城市儿童，且差异非常显著（$|AR|>2.58$）。大中城市儿童看重文明的人数比例高于乡村儿童，且差异非常显著（$|AR|>2.58$）。大中城市儿童看重和谐的人数比例高于小城

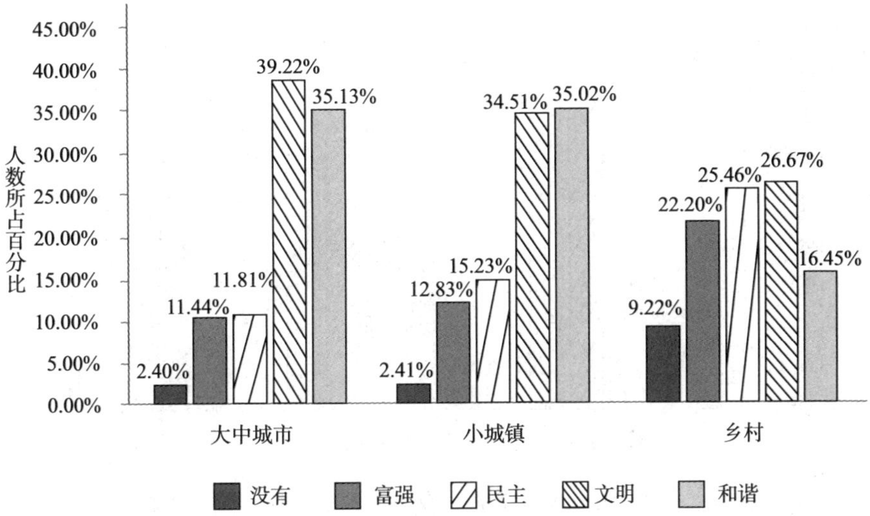

图 1-5 国家层面价值观与儿童城乡分布图

镇、乡村儿童，且差异非常显著（$|AR|>2.58$）。小城镇儿童对和谐的关注高于乡村儿童，且差异非常显著（$|AR|>2.58$）。

小城镇儿童在看重富强选项上，与大中城市儿童相比，存在比较显著的差异（$1.96<|AR|\leqslant 2.58$），前者人数比例高于后者。

小城镇儿童在看重民主上与大中城市、乡村儿童相比，均不存在显著差异（$|AR|\leqslant 1.96$）。小城镇儿童对文明的关注程度与大中城市、乡村儿童相比，均不存在显著差异（$|AR|\leqslant 1.96$）。

(4) 生活满意度差异。

对不同生活满意度儿童关注的国家层面价值观进行差异检验发现，总体上存在非常显著的差异（卡方值$=307.028$，$P\leqslant 0.01$）。

不同生活满意度的儿童各选项百分比如图 1-6 所示，经进一步统计分析发现：

对生活不满意的儿童看重富强的人数比例高于对生活很满意、对生活基本满意的儿童，且差异非常显著（$|AR|>2.58$）。对生活基本满意的儿童对富强的关注比例高于对生活很满意的儿童，且差异非常显著（$|AR|>2.58$）。对生活不满意的儿童看重民主的人数比例高于对生活很满意、对生活基本满意的儿童，且差异非常显著（$|AR|>2.58$）。对生活基本满意的儿童对民主的关注比例高于对生

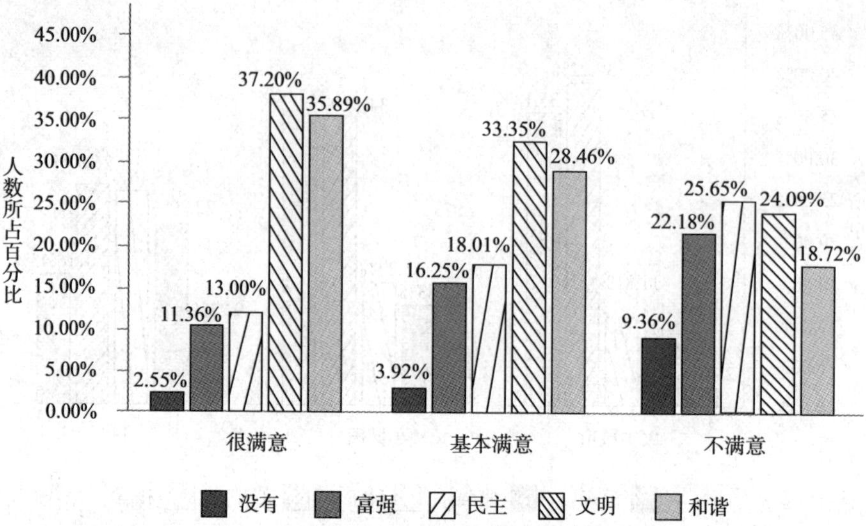

图1-6　国家层面价值观与儿童生活满意度分布图

活很满意的儿童，且差异非常显著（|*AR*|>2.58）。对生活很满意的儿童看重文明的人数比例高于对生活基本满意、对生活不满意的儿童，且差异非常显著（|*AR*|>2.58）。对生活很满意的儿童看重和谐的人数比例高于对生活基本满意、对生活不满意的儿童，且差异非常显著（|*AR*|>2.58）。对生活基本满意的儿童对和谐的关注比例高于对生活不满意的儿童，且差异非常显著（|*AR*|>2.58）。

对生活基本满意的儿童对文明的关注与对生活不满意的儿童相比，存在比较显著的差异（1.96<|*AR*|≤2.58），前者人数比例高于后者。

（5）家庭生活方式差异。

对不同家庭生活方式儿童关注的国家层面价值观进行差异检验发现，总体上存在非常显著的差异（卡方值=95.313，$P \leqslant 0.01$）。

不同家庭生活方式的儿童各选项百分比如图1-7所示，经进一步统计分析发现：

“和爸妈、爷爷奶奶经常住在一起”的儿童看重富强的人数比例高于“和爸妈经常在一起”的儿童，且差异非常显著（|*AR*|>2.58）。“和爸妈经常在一起”的儿童看重文明的人数比例高于离异再组合家庭的儿童，且差异非常显著（|*AR*|>2.58）。“和爸妈经常在一起”的儿童看重和谐的人数比例高于单亲家

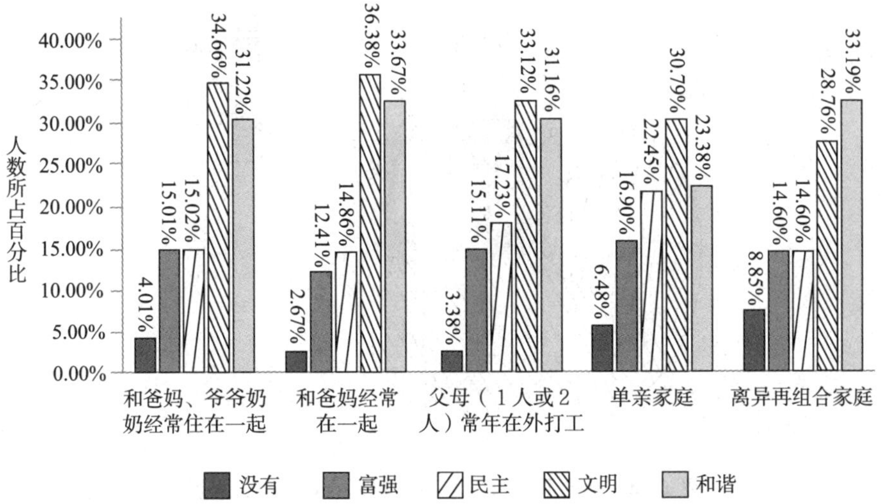

图 1－7 国家层面价值观与儿童家庭生活方式分布图

庭儿童，且差异非常显著（$|AR|>2.58$）。

“父母（1 人或 2 人）常年在外打工”的儿童、单亲家庭儿童、离异再组合家庭儿童在对富强的关注上，彼此之间均不存在显著差异（$|AR|\leqslant 1.96$）。不同家庭生活方式的儿童在看重民主上，彼此之间均不存在显著差异（$|AR|\leqslant 1.96$）。“和爸妈、爷爷奶奶经常住在一起”的儿童、“父母（1 人或 2 人）常年在外打工”的儿童和单亲家庭儿童在看重文明上，彼此之间均不存在显著差异（$|AR|\leqslant 1.96$）。“和爸妈、爷爷奶奶经常住在一起”的儿童、“父母（1 人或 2 人）常年在外打工”的儿童、离异再组合家庭儿童在看重和谐上，彼此之间均不存在显著差异（$|AR|\leqslant 1.96$）。

1.1.2 社会层面价值观的关注状况

社会层面，97.00％以上的湖北省儿童都有自己关注的价值观。湖北省儿童看重自由、平等、公正、法治的人数比例分别为 23.71％、39.72％、24.17％、9.46％。看重平等的湖北省儿童人数比例最高，湖北省儿童对自由、公正的关注程度相当，关注法治的人数比例相对偏低。（见图 1－8）

（1）年段差异。

对不同年段儿童关注的社会层面价值观进行差异检验发现，总体上存在非常显著的差异（卡方值＝143.782，$P\leqslant 0.01$）。

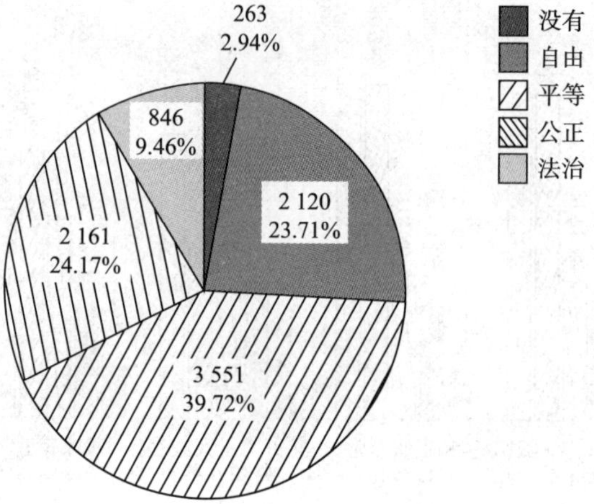

图1-8　社会层面价值观与儿童人数百分比分布图

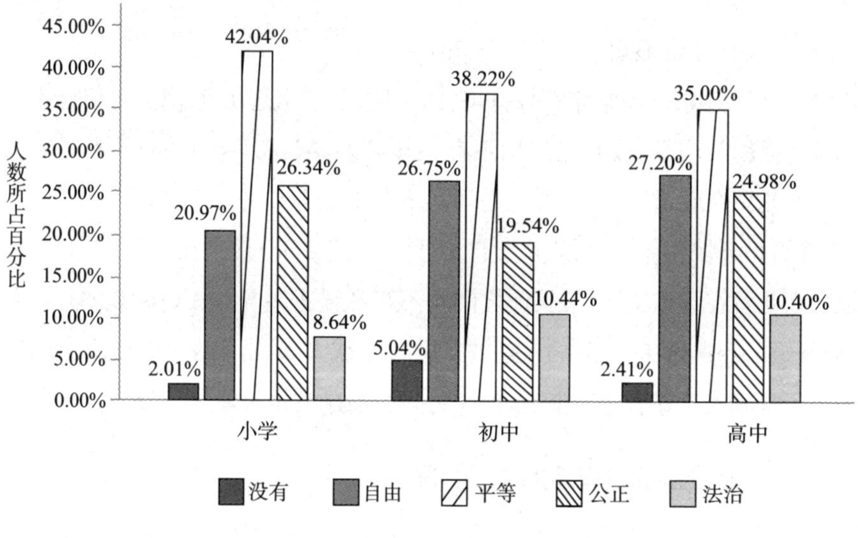

图1-9　社会层面价值观与儿童年段分布图

不同年段的儿童各选项百分比如图1-9所示，经进一步统计分析发现：

高中儿童看重自由的人数比例高于初中、小学儿童，且差异非常显著（$|AR|>2.58$）。初中儿童对自由的关注比例高于小学儿童，且差异非常显著（$|AR|>2.58$）。小学儿童看重平等的人数比例高于高中儿童，且差异非常显著（$|AR|>2.58$）。小学儿童看重公正的人数比例高于初中儿童，且差异非常显著（$|AR|>2.58$）。

初中儿童对平等的关注与小学、高中儿童相比，均不存在显著差异（|AR|≤1.96）。高中儿童对公正的关注与小学、初中儿童相比，均不存在显著差异（|AR|≤1.96）。不同年段儿童对法治的关注，彼此之间均不存在显著差异（|AR|≤1.96）。

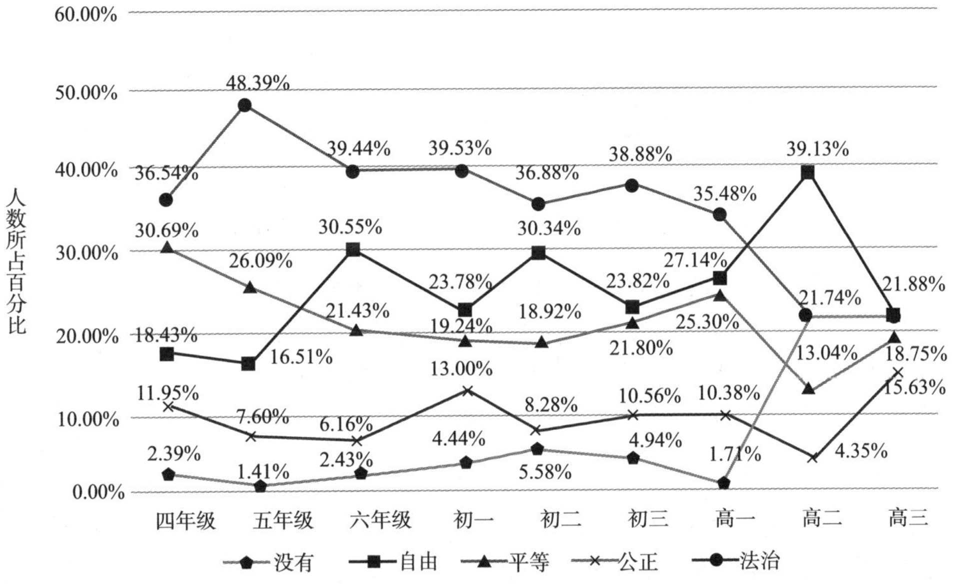

图 1-10　社会层面价值观与儿童年级变化趋势图

从社会层面价值观与儿童年级变化趋势图中可以看出，随着儿童年龄的增长，关注平等的人数比例整体上呈缓慢下降的趋势，关注自由的人数比例整体上则略有上升趋势，关注法治的人数比例整体呈上升趋势。（见图 1-10）

（2）性别差异。

对不同性别儿童关注的社会层面价值观进行差异检验发现，总体上存在非常显著的差异（卡方值=34.098，$P \leqslant 0.01$）。

不同性别的儿童各选项百分比如图 1-11 所示，经进一步统计分析发现：

女生看重公正的人数比例高于男生，且差异非常显著（|AR|>2.58）。

男生对自由的关注与女生相比，存在比较显著的差异（1.96<|AR|≤2.58），前者人数比例略高于后者。

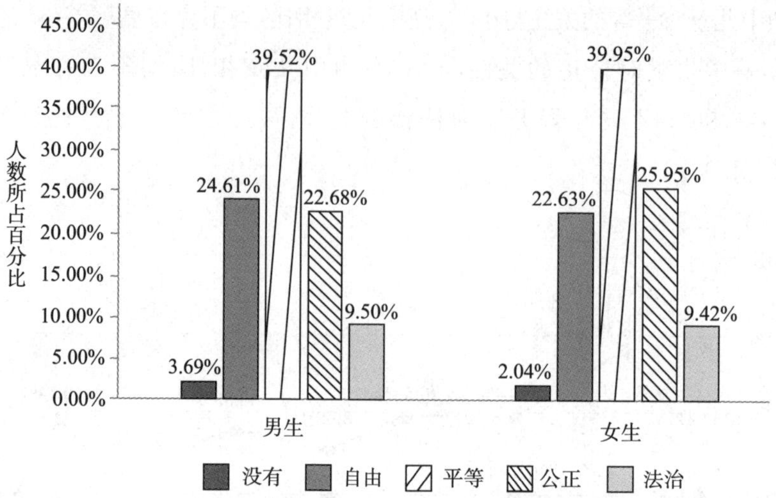

图1-11　社会层面价值观与儿童性别分布图

男生、女生之间对平等的关注不存在显著差异（$|AR|\leqslant 1.96$）。男生、女生之间对法治的关注不存在显著差异（$|AR|\leqslant 1.96$）。

(3) 城乡差异。

对城乡儿童关注的社会层面价值观进行差异检验发现，总体上存在非常显著的差异（卡方值=170.932，$P\leqslant 0.01$）。

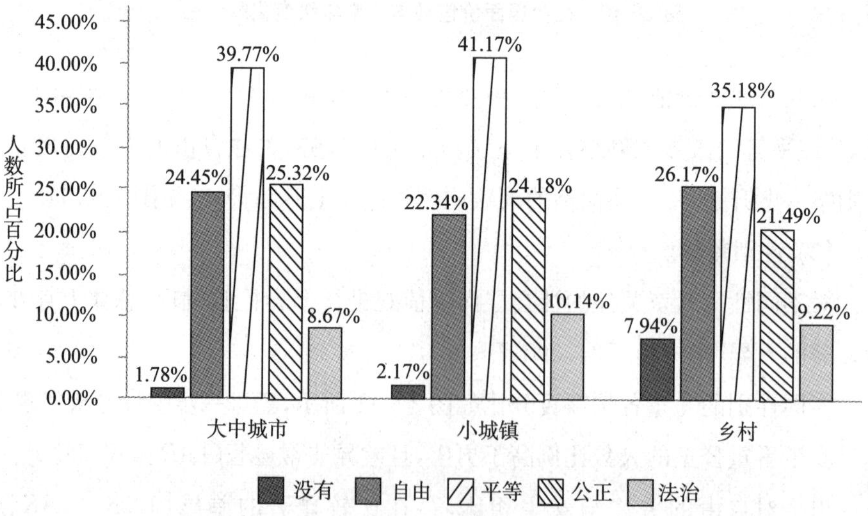

图1-12　社会层面价值观与儿童城乡分布图

城乡儿童各选项百分比如图 1－12 所示，经进一步统计分析发现：

小城镇儿童看重平等的人数比例明显高于乡村儿童（$|AR|>2.58$）。

乡村儿童与小城镇儿童相比，对自由的关注存在比较显著的差异（$1.96<|AR|\leqslant 2.58$），前者人数比例略高于后者。

大中城市儿童与小城镇、乡村儿童相比，对自由的关注不存在显著差异（$|AR|\leqslant 1.96$）。大中城市儿童与小城镇、乡村儿童相比，对平等的关注不存在显著差异（$|AR|\leqslant 1.96$）。城乡儿童对公正的关注，彼此之间均不存在显著差异（$|AR|\leqslant 1.96$）。城乡儿童之间对法治的关注均不存在显著差异（$|AR|\leqslant 1.96$）。

(4) 生活满意度差异。

对不同生活满意度儿童关注的社会层面价值观进行差异检验发现，总体上存在非常显著的差异（卡方值＝157.881，$P\leqslant 0.01$）。

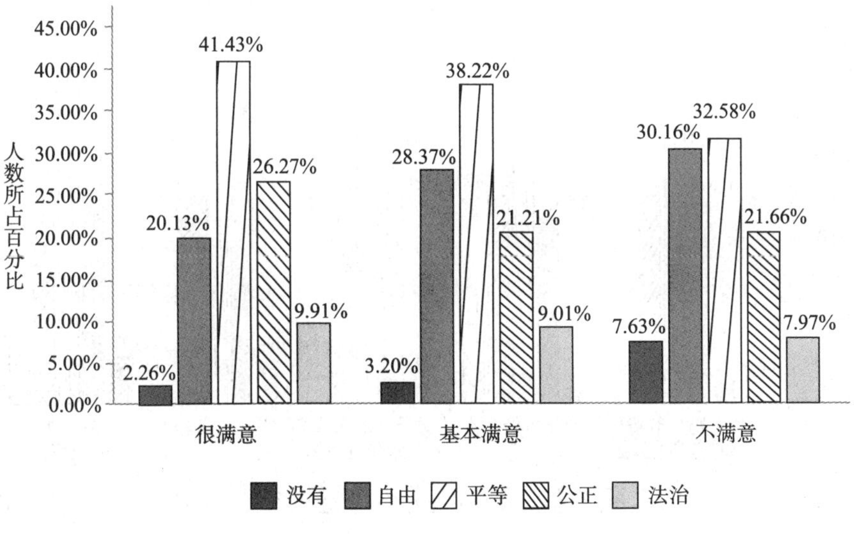

图 1－13　社会层面价值观与儿童生活满意度分布图

不同生活满意度的儿童各选项百分比如图 1－13 所示，经进一步统计分析发现：

对生活不满意的儿童看重自由的人数比例高于对生活很满意、对生活基本满意的儿童，且差异非常显著（$|AR|>2.58$）。对生活基本满意的儿童对自由

的关注比例高于对生活很满意的儿童，且差异非常显著（$|AR|>2.58$）。对生活很满意的儿童看重平等的人数比例高于对生活基本满意、对生活不满意的儿童，且差异非常显著（$|AR|>2.58$）。对生活很满意的儿童看重公正的人数比例高于对生活基本满意的儿童，且差异非常显著（$|AR|>2.58$）。

对生活基本满意的儿童与对生活不满意的儿童相比，对平等的关注存在比较显著的差异（$1.96<|AR|\leqslant 2.58$），前者人数比例高于后者。

对生活不满意的儿童对公正的关注与对生活很满意、对生活基本满意的儿童相比，均不存在显著差异（$|AR|\leqslant 1.96$）。不同生活满意度儿童对法治的关注，彼此之间均不存在显著差异（$|AR|\leqslant 1.96$）。

（5）家庭生活方式差异。

对不同家庭生活方式儿童关注的社会层面价值观进行差异检验发现，总体上存在非常显著的差异（卡方值$=66.998$，$P\leqslant 0.01$）。

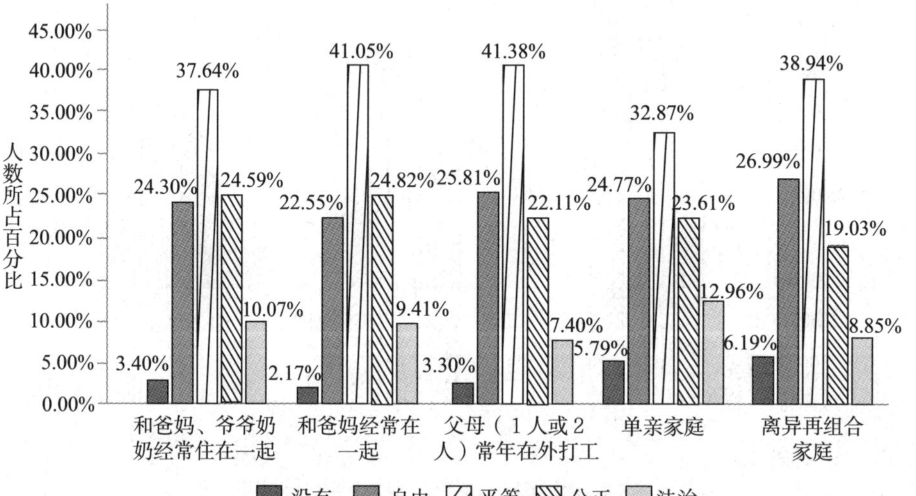

图1-14　社会层面价值观与儿童家庭生活方式分布图

家庭生活方式不同的儿童各选项百分比如图1-14所示，经进一步统计分析发现：

“和爸妈经常在一起”的儿童看重平等的人数比例高于“和爸妈、爷爷奶奶经常住在一起”的儿童和单亲家庭儿童，且差异非常显著（$|AR|>2.58$）。

“和爸妈、爷爷奶奶经常住在一起”的儿童与单亲家庭儿童相比，对平等的关注存在比较显著的差异（$1.96<|AR|\leqslant 2.58$），前者人数比例略高于后者。单亲家庭儿童与“父母（1 人或 2 人）常年在外打工”的儿童相比，对法治的关注存在比较显著的差异（$1.96<|AR|\leqslant 2.58$），前者人数比例略高于后者。

不同家庭生活方式的儿童之间对自由、公正的关注均不存在显著差异（$|AR|\leqslant 1.96$）。“父母（1 人或 2 人）常年在外打工”的儿童、离异再组合家庭儿童之间对平等的关注均不存在显著差异（$|AR|\leqslant 1.96$）。“和爸妈、爷爷奶奶经常住在一起”的儿童、“和爸妈经常在一起”的儿童和离异再组合家庭儿童之间均不存在显著差异（$|AR|\leqslant 1.96$）。

1.1.3 个人层面价值观的关注状况

个人层面，96.00%以上的湖北省儿童都有自己关注的价值观。看重敬业、诚信、友善的人数比例分别为 10.71%、55.96%、22.10%，湖北省儿童普遍最为看重的是诚信。（见图 1－15）

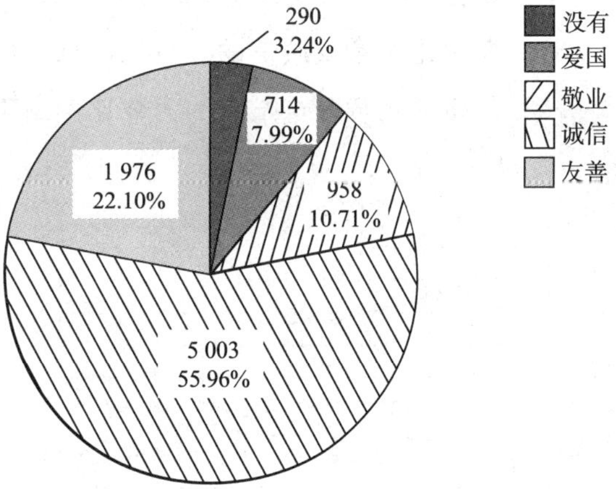

图 1－15 个人层面价值观与儿童人数百分比分布图

(1) 年段差异。

对不同年段儿童关注的个人层面价值观进行差异检验发现，总体上存在非常显著的差异（卡方值＝537.671，$P\leqslant 0.01$）。

不同年段的儿童各选项百分比如图 1－16 所示，经进一步统计分析发现：

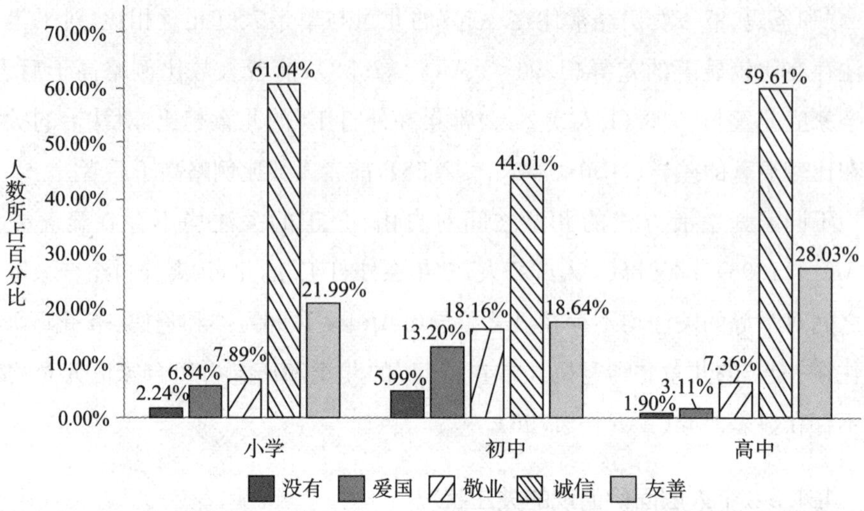

图 1－16　个人层面价值观与儿童年段分布图

初中儿童看重敬业的人数比例高于小学、高中儿童，且差异非常显著（|AR|＞2.58）。小学儿童对敬业的关注高于高中儿童，且差异非常显著（|AR|＞2.58）。小学儿童看重诚信的人数比例高于初中、高中儿童，且差异非常显著（|AR|＞2.58）。高中儿童看重诚信的人数比例高于初中儿童，且差异非常显著（|AR|＞2.58）。高中儿童看重友善的人数比例高于初中儿童，且差异非常显著（|AR|＞2.58）。

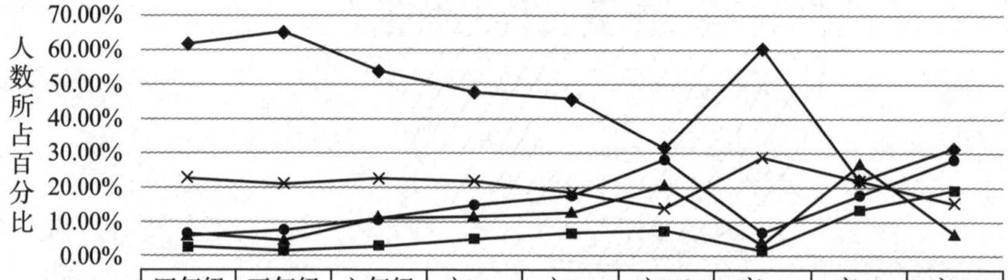

	四年级	五年级	六年级	初一	初二	初三	高一	高二	高三
没有	2.70%	1.61%	2.58%	4.55%	6.63%	7.42%	1.38%	13.04%	18.75%
爱国	5.97%	4.74%	10.94%	11.21%	12.21%	20.00%	2.69%	26.09%	6.25%
敬业	6.29%	7.50%	10.41%	14.59%	17.26%	28.09%	6.77%	17.39%	28.13%
诚信	62.14%	65.05%	53.88%	47.89%	45.86%	31.01%	60.78%	21.74%	31.25%
友善	22.89%	21.09%	22.19%	21.78%	18.05%	13.48%	28.38%	21.74%	15.63%

图 1－17　个人层面价值观与儿童年级变化趋势图

小学儿童对友善的关注与初中、高中儿童相比，均不存在显著差异（$|AR|\leqslant 1.96$）。

从个人层面价值观与儿童年级变化趋势图中可以看出（高二、高三儿童仅55人），小学四年级至初中三年级儿童关注诚信的人数比例逐渐下降，关注友善的人数比例略有下降趋势，关注敬业的人数比例则呈缓慢上升趋势。高中一年级儿童对诚信（60.78%）的关注度最高。（见图1-17）

(2) 性别差异。

对不同性别儿童关注的个人层面价值观进行差异检验发现，总体上存在非常显著的差异（卡方值=38.145，$P\leqslant 0.01$）。

不同性别的儿童各选项百分比如图1-18所示，经进一步统计分析发现：

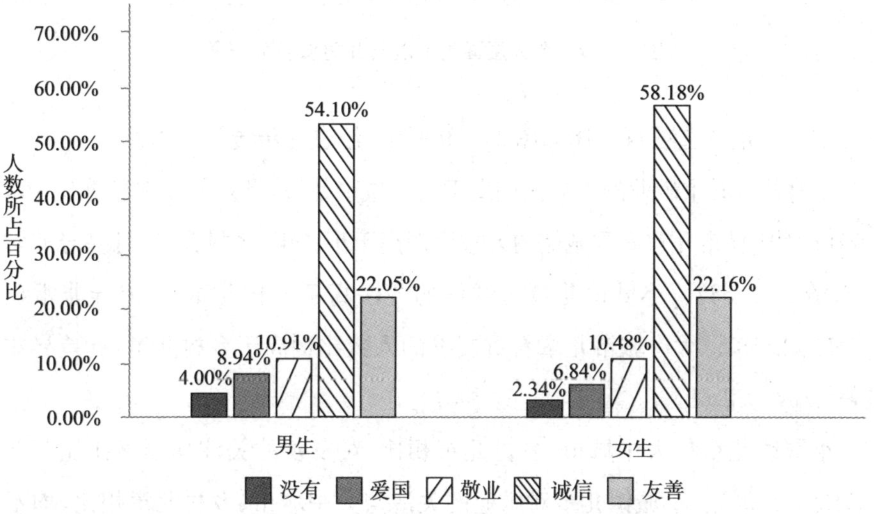

图1-18 个人层面价值观与儿童性别分布图

男生和女生普遍比较关注诚信。女生看重诚信的人数比例高于男生，且差异非常显著（$|AR|>2.58$）。

男女生之间对敬业的关注不存在显著差异（$|AR|\leqslant 1.96$）。

(3) 城乡差异。

对城乡儿童关注的个人层面价值观进行差异检验发现，总体上存在非常显著的差异（卡方值=827.137，$P\leqslant 0.01$）。

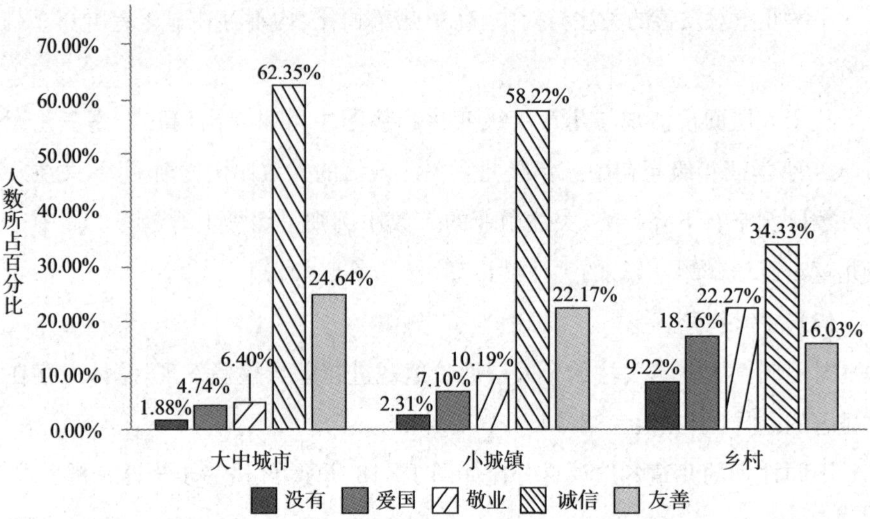

图 1－19　个人层面价值观与儿童城乡分布图

城乡儿童各选项百分比如图 1－19 所示，经进一步统计分析发现：

乡村儿童看重敬业的人数比例高于大中城市儿童，且差异非常显著（$|AR|>2.58$）。大中城市儿童看重诚信的人数比例高于小城镇、乡村儿童，且差异非常显著（$|AR|>2.58$）。小城镇儿童对诚信的关注高于乡村儿童，且差异非常显著（$|AR|>2.58$）。大中城市儿童看重友善的人数比例高于乡村儿童，且差异非常显著（$|AR|>2.58$）。

小城镇儿童与大中城市、乡村儿童相比，对友善的关注均不存在显著差异（$|AR|\leqslant 1.96$）。小城镇儿童对敬业的关注与大中城市、乡村儿童相比，均不存在显著差异（$|AR|\leqslant 1.96$）。

(4) 生活满意度差异。

对不同生活满意度儿童关注的个人层面价值观进行差异检验发现，总体上存在非常显著的差异（卡方值＝316.471，$P\leqslant 0.01$）。

不同生活满意度的儿童各选项百分比如图 1－20 所示，经进一步统计分析发现：

对生活不满意的儿童看重敬业的人数比例高于对生活很满意、对生活基本满意的儿童，且差异非常显著（$|AR|>2.58$）。对生活基本满意的儿童对敬业

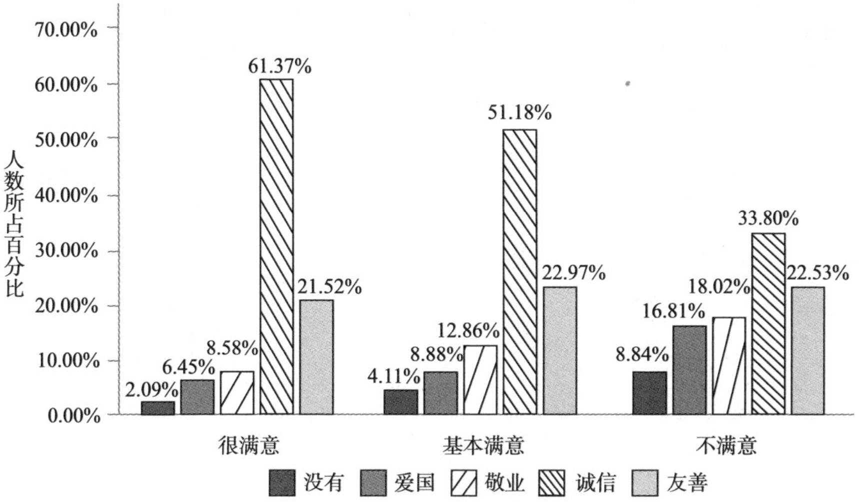

图 1－20　个人层面价值观与儿童生活满意度分布图

的关注高于对生活很满意的儿童，且差异非常显著（$|AR|>2.58$）。对生活很满意的儿童看重诚信的人数比例高于对生活基本满意、对生活不满意的儿童，且差异非常显著（$|AR|>2.58$）。对生活基本满意的儿童对诚信的关注高于对生活不满意的儿童，且差异非常显著（$|AR|>2.58$）。

不同生活满意度儿童之间对友善的关注均不存在显著差异（$|AR|\leqslant 1.96$）。

(5) 家庭生活方式差异。

对不同家庭生活方式儿童关注的个人层面价值观进行差异检验发现，总体上存在非常显著的差异（卡方值＝113.581，$P\leqslant 0.01$）。

不同家庭生活方式的儿童各选项百分比如图 1－21 所示，经进一步统计分析发现：

单亲家庭儿童看重敬业的人数比例高于“和爸妈、爷爷奶奶经常住在一起”“和爸妈经常在一起”“父母（1 人或 2 人）常年在外打工”的儿童，且差异非常显著（$|AR|>2.58$）。“父母（1 人或 2 人）常年在外打工”的儿童对敬业的关注高于“和爸妈、爷爷奶奶经常住在一起”与“和爸妈经常在一起”的儿童，且差异非常显著（$|AR|>2.58$）。“和爸妈经常在一起”的儿童看重诚信的人数比例高于其他家庭生活方式的儿童，且差异非常显著（$|AR|>2.58$）。“和爸妈、爷爷奶奶经常住在一起”的儿童看重诚信的人数比例高于“父母（1 人或 2 人）常年在外打工”、单亲家

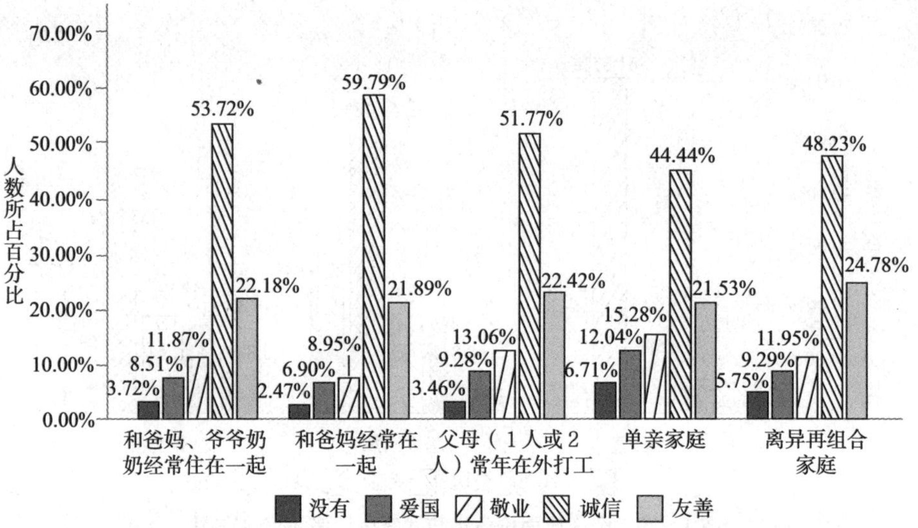

图 1－21　个人层面价值观与儿童家庭生活方式分布图

庭、离异再组合家庭的儿童，且差异非常显著（$|AR|>2.58$）。“父母（1 人或 2 人）常年在外打工”的儿童看重诚信的人数比例高于离异再组合家庭的儿童，且差异非常显著（$|AR|>2.58$）。

“和爸妈、爷爷奶奶经常住在一起”的儿童与“和爸妈经常在一起”的儿童相比，对敬业的关注存在比较显著的差异（$1.96<|AR|\leqslant2.58$），前者人数比例高于后者。离异再组合家庭儿童与单亲家庭儿童相比，对诚信的关注存在比较显著的差异（$1.96<|AR|\leqslant.58$），前者人数比例高于后者。

离异再组合家庭儿童与其他家庭生活方式的儿童相比，在对敬业的关注上均不存在显著差异（$|AR|\leqslant1.96$）。不同家庭生活方式的儿童之间对友善的关注均不存在显著差异（$|AR|\leqslant1.96$）。

1.2　传统美德

传统美德方面，97.00%以上的湖北省儿童都有自己关注的美德。看重孝敬父母、忠于国家、谦虚礼让、勤劳节俭的人数比例分别为 53.34%、14.81%、14.79%、11.17%。湖北省儿童普遍比较看重的传统美德是孝敬父母，对忠于国

家、谦虚礼让以及勤劳节俭三项美德的看重程度基本相当。（见图 1－22）

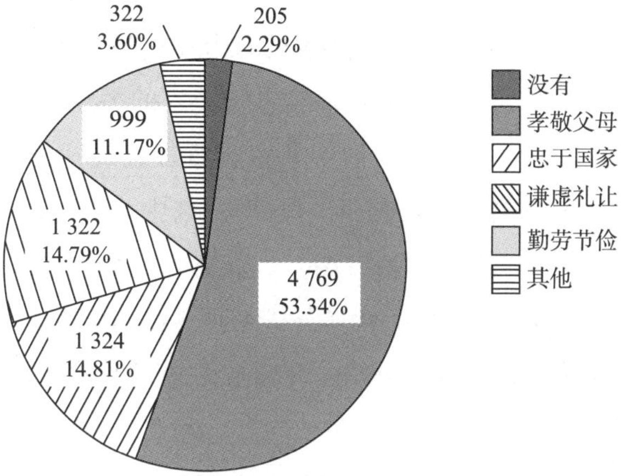

图 1－22　传统美德与儿童人数百分比分布图

(1) 年段差异。

对不同年段儿童关注的传统美德进行差异检验发现，总体上存在非常显著的差异（卡方值＝319. 118，$P \leqslant 0.01$）。

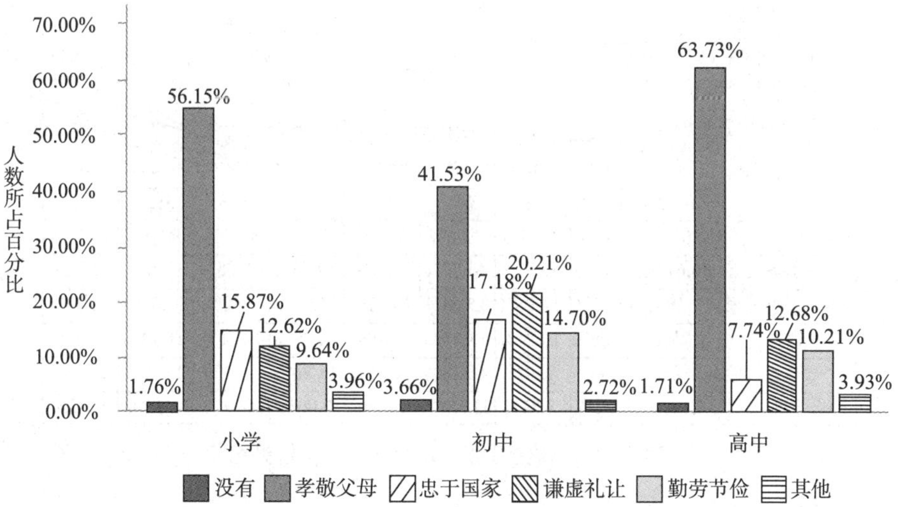

图 1－23　传统美德与儿童年段分布图

不同年段的儿童各选项百分比如图 1－23 所示，经进一步统计分析发现：

高中儿童看重孝敬父母的人数比例高于小学、初中儿童，且差异非常显著（|*AR*|>2.58）。小学儿童对孝敬父母的关注高于初中儿童，且差异非常显著（|*AR*|>2.58）。初中儿童看重忠于国家的人数比例高于小学、高中儿童，且差异非常显著（|*AR*|>2.58）。小学儿童对忠于国家的关注比例高于高中儿童，且差异非常显著（|*AR*|>2.58）。初中儿童看重谦虚礼让的人数比例高于小学、高中儿童，且差异非常显著（|*AR*|>2.58）。高中儿童对谦虚礼让的关注比例高于小学儿童，且差异非常显著（|*AR*|>2.58）。初中儿童看重勤劳节俭的人数比例高于小学儿童，且差异非常显著（|*AR*|>2.58）。

高中儿童与小学、初中儿童相比，对勤劳节俭的关注均不存在显著差异（|*AR*|≤1.96）。

从传统美德与儿童年级变化趋势图中可以看出（高二、高三年级儿童仅55人），小学四年级至高中三年级儿童普遍都很看重孝敬父母，但随着年龄的增长，儿童对孝敬父母的关注程度整体上呈下降趋势，但在高一年级出现最高值65.05%，对谦虚礼让、勤劳节俭、忠于国家的关注度整体上呈上升趋势。高中一年级儿童看重孝敬父母的人数比例最高，占65.05%。（见图1-24）

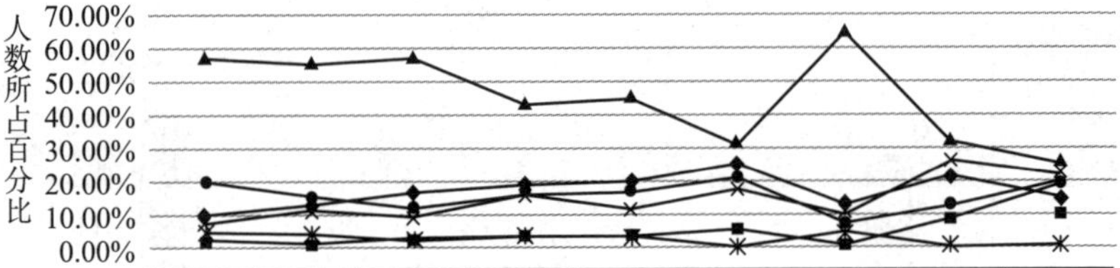

	四年级	五年级	六年级	初一	初二	初三	高一	高二	高三
没有	2.01%	1.30%	2.13%	2.96%	3.57%	5.39%	1.25%	8.70%	18.75%
孝敬父母	56.67%	55.21%	56.91%	43.02%	44.55%	30.56%	65.05%	30.43%	25.00%
忠于国家	19.18%	15.73%	12.08%	15.64%	16.83%	21.35%	7.42%	13.04%	18.75%
谦虚礼让	9.75%	12.50%	16.26%	18.71%	19.79%	24.49%	12.48%	21.74%	15.63%
勤劳节俭	7.80%	11.04%	9.80%	16.28%	12.03%	18.20%	9.72%	26.09%	21.88%
其他	4.59%	4.22%	2.81%	3.38%	3.23%	0.00%	4.07%	0.00%	0.00%

图1-24　传统美德与儿童年级变化趋势图

(2) 性别差异。

对不同性别儿童关注的传统美德进行差异检验发现，总体上存在非常显著的差异（卡方值=48.787，$P \leqslant 0.01$）。

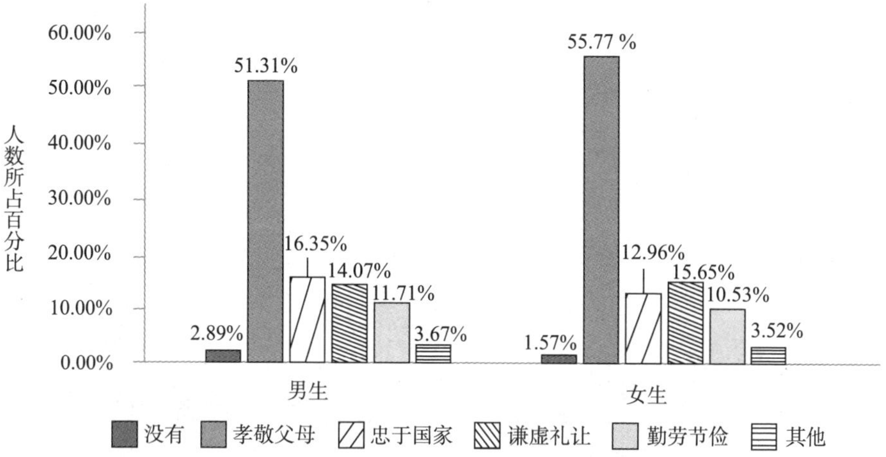

图 1－25 传统美德与儿童性别分布图

不同性别的儿童各选项百分比如图 1－25 所示，经进一步统计分析发现：

女生看重孝敬父母的人数比例高于男生，且差异非常显著（$|AR|>2.58$）。男生看重忠于国家的人数比例高于女生，且差异非常显著（$|AR|>2.58$）。

女生与男生相比，对谦虚礼让的关注存在比较显著的差异（$1.96<|AR|\leqslant 2.58$），前者人数比例高于后者。

男女生之间对勤劳节俭的关注不存在显著差异（$|AR|\leqslant 1.96$）。

(3) 城乡差异。

对城乡儿童关注的传统美德进行差异检验发现，总体上存在非常显著的差异（卡方值＝432.515，$P\leqslant 0.01$）。

城乡儿童各选项百分比如图 1－26 所示，经进一步统计分析发现：

大中城市儿童看重孝敬父母的人数比例高于乡村儿童，且差异非常显著（$|AR|>2.58$）。乡村儿童看重忠于国家的人数比例高于大中城市儿童，且差异非常显著（$|AR|>2.58$）。乡村儿童看重谦虚礼让的人数比例高于大中城市、小城镇儿童，且差异非常显著（$|AR|>2.58$）。乡村儿童看重勤劳节俭的人数比例高于大中城市儿童，且差异非常显著（$|AR|>2.58$）。

小城镇儿童与大中城市儿童相比，对谦虚礼让的关注存在比较显著的差异（$1.96<|AR|\leqslant 2.58$），前者人数比例高于后者。

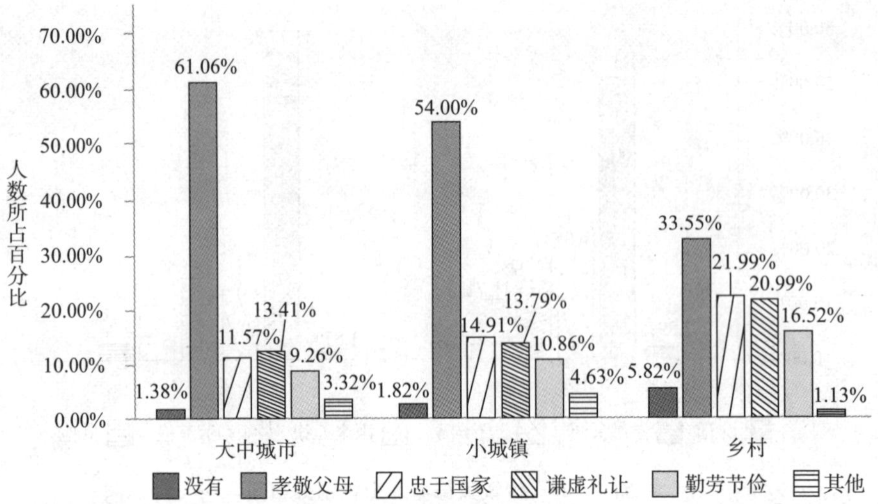

图 1－26　传统美德与儿童城乡分布图

小城镇儿童与大中城市、乡村儿童相比，对孝敬父母的关注均不存在显著差异（$|AR|\leqslant 1.96$）。小城镇儿童与大中城市、乡村儿童相比，对忠于国家的关注均不存在显著差异（$|AR|\leqslant 1.96$）。小城镇儿童与大中城市、乡村儿童相比，对勤劳节俭的关注均不存在显著差异（$|AR|\leqslant 1.96$）。

（4）生活满意度差异。

对不同生活满意度儿童关注的传统美德进行差异检验发现，总体上存在非常显著的差异（卡方值＝215.426，$P\leqslant 0.01$）。

不同生活满意度的儿童各选项百分比如图 1－27 所示，经进一步统计分析发现：

对生活很满意的儿童看重孝敬父母的人数比例高于对生活基本满意、对生活不满意的儿童，且差异非常显著（$|AR|>2.58$）。对生活基本满意的儿童对孝敬父母的关注比例高于对生活不满意的儿童，且差异非常显著（$|AR|>2.58$）。对生活不满意的儿童看重谦虚礼让的人数比例高于对生活很满意、对生活基本满意的儿童，且差异非常显著（$|AR|>2.58$）。对生活基本满意的儿童对谦虚礼让的关注比例高于对生活很满意的儿童，且差异非常显著（$|AR|>2.58$）。

不同生活满意度儿童之间对忠于国家的关注均不存在显著差异（$|AR|\leqslant 1.96$）。

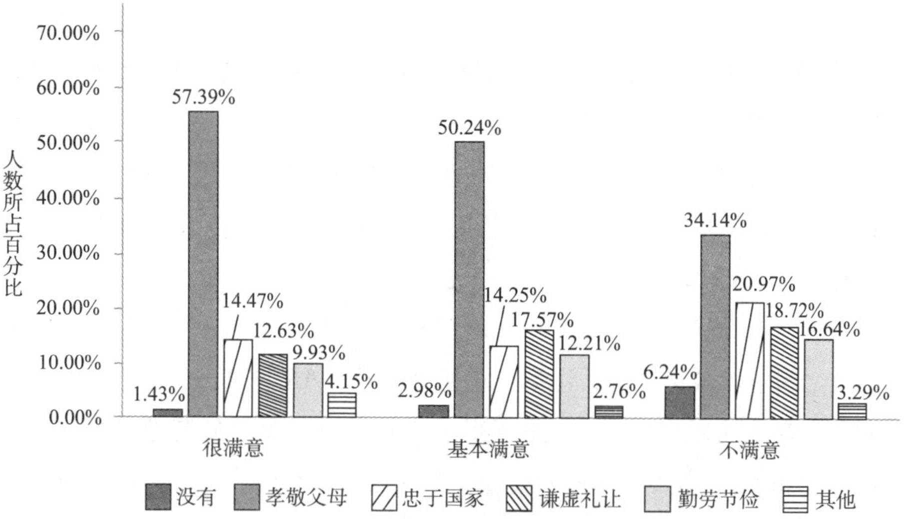

图 1－27 传统美德与儿童生活满意度分布图

(5) 家庭生活方式差异。

对不同家庭生活方式儿童关注的传统美德进行差异检验发现，总体上存在非常显著的差异（卡方值＝96.130，$P \leqslant 0.01$）。

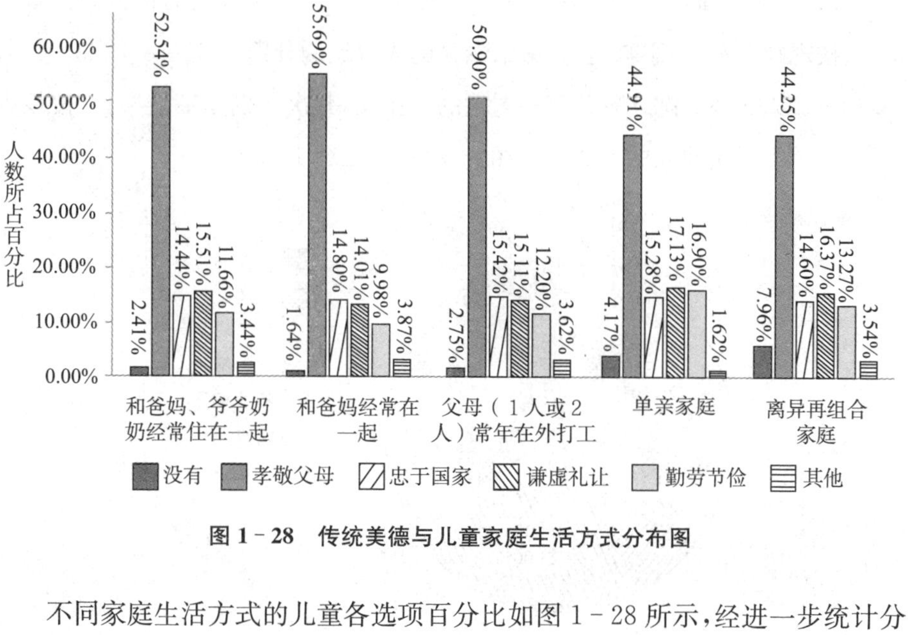

图 1－28 传统美德与儿童家庭生活方式分布图

不同家庭生活方式的儿童各选项百分比如图 1－28 所示，经进一步统计分析发现：

“和爸妈经常在一起”的儿童看重孝敬父母的人数比例高于单亲家庭和离异再组合家庭的儿童，且差异非常显著（$|AR|>2.58$）。单亲家庭儿童对孝敬父母的关注比例高于离异再组合家庭儿童，且差异非常显著（$|AR|>2.58$）。单亲家庭儿童看重勤劳节俭的人数比例高于“和爸妈经常在一起”的儿童，且差异非常显著（$|AR|>2.58$）。

“和爸妈、爷爷奶奶经常住在一起”和“父母（1人或2人）常年在外打工”的儿童之间对孝敬父母的关注不存在显著差异（$|AR|\leqslant 1.96$）。不同家庭生活方式儿童之间对忠于国家、谦虚礼让的关注均不存在显著差异（$|AR|\leqslant 1.96$）。“和爸妈、爷爷奶奶经常住在一起”的儿童、“父母（1人或2人）常年在外打工”的儿童和离异再组合家庭儿童之间对勤劳节俭的关注均不存在显著差异（$|AR|\leqslant 1.96$）。

1.3 公共道德

公共道德方面，97.00%以上的湖北省儿童都有自己看重的价值观。看重正义、按规则办事、不影响他人、廉洁奉公的人数比例分别为31.08%、23.00%、15.28%、25.50%。湖北省儿童最看重的是正义，其次分别是廉洁奉公、按规则办事，看重不影响他人的人数比例相对偏少。（见图1-29）

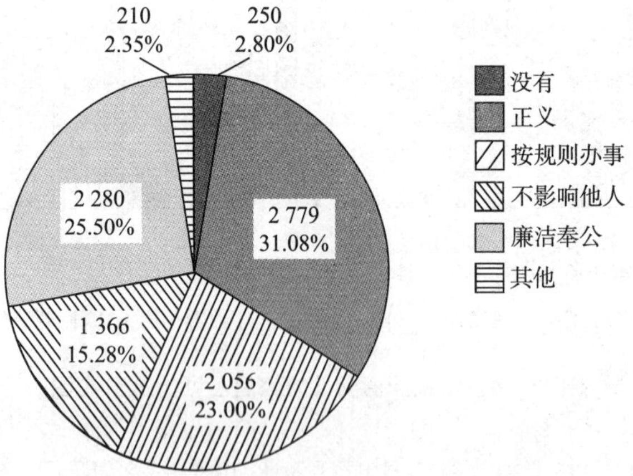

图1-29　公共道德与儿童人数百分比分布图

(1) 年段差异。

对不同年段儿童关注的公共道德进行差异检验发现，总体上存在比较显著的差异(卡方值=87.874，$P\leqslant0.01$)。

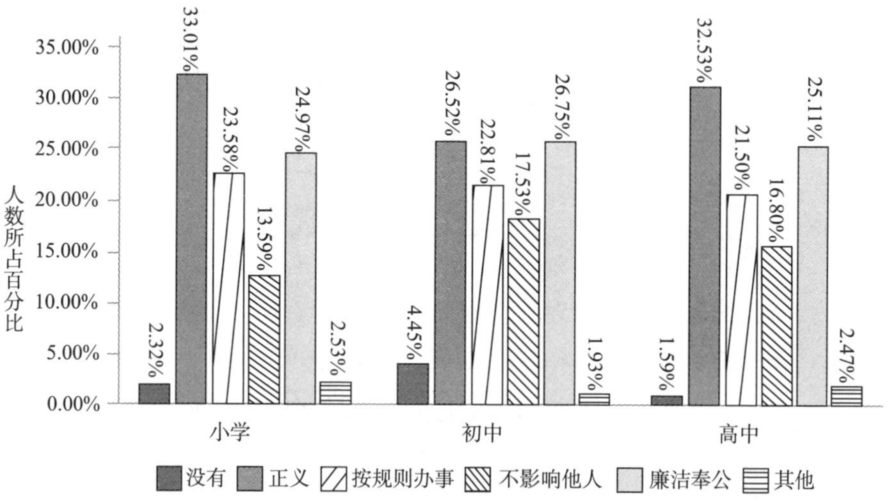

图 1-30 公共道德与儿童年段分布图

不同年段的儿童各选项百分比如图 1-30 所示，经进一步统计分析发现：

小学儿童看重正义的人数比例高于初中儿童，且差异非常显著($|AR|>2.58$)。初中儿童看重不影响他人的人数比例高于小学儿童，且差异非常显著($|AR|>2.58$)。

高中儿童与小学、初中儿童相比，对正义的关注均不存在显著差异($|AR|\leqslant1.96$)。不同年段儿童之间对按规则办事的关注均不存在显著差异($|AR|\leqslant1.96$)。高中儿童与小学、初中儿童相比，对不影响他人的关注均不存在显著差异($|AR|\leqslant1.96$)。不同年段的儿童之间对廉洁奉公的关注均不存在显著差异($|AR|\leqslant1.96$)。

从公共道德与儿童年级变化趋势图中可以看出，随着年龄的增长，儿童对不影响他人的关注程度呈上升的趋势，对廉洁奉公的关注程度整体呈下降趋势，但在不同年级上波动较大。不同年龄的儿童对正义、按规则办事的关注程度不同，不同年龄之间变化幅度相对较大，但整体上变化较为平缓。(见图 1-31)

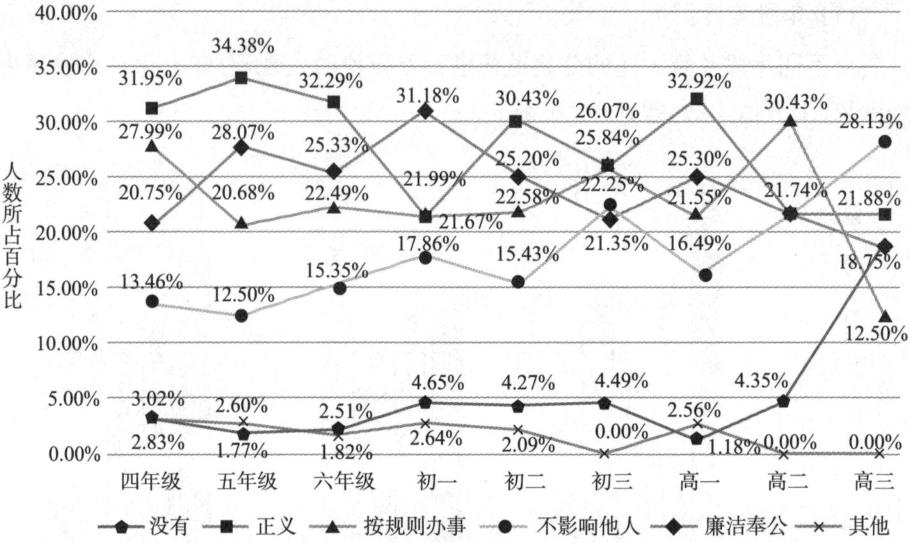

图 1－31　公共道德与儿童年级变化趋势图

(2) 性别差异。

对不同性别儿童关注的公共道德进行差异检验发现，总体上存在非常显著的差异（卡方值＝36.534，$P<0.01$）。

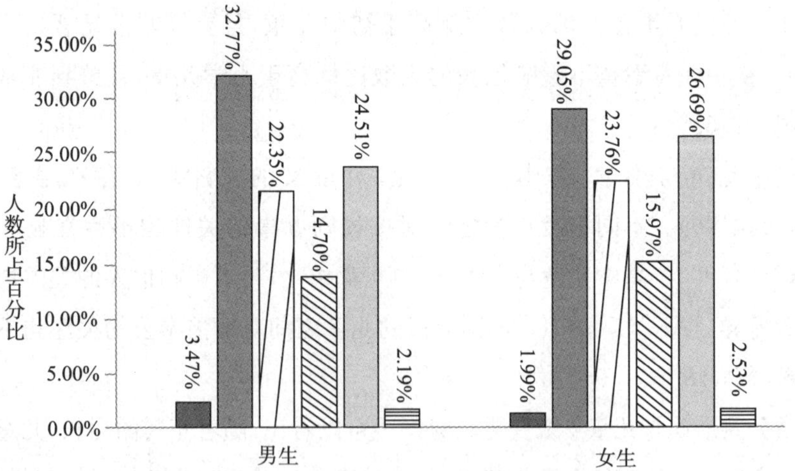

图 1－32　公共道德与儿童性别分布图

不同性别的儿童各选项百分比如图 1－32 所示，经进一步统计分析发现：

男生看重正义的人数比例高于女生，且差异非常显著（$|AR|>2.58$）。

女生对廉洁奉公的关注与男生相比，存在比较显著的差异（$1.96<|AR|\leqslant 2.58$），前者人数比例高于后者。

男女生之间对按规则办事、不影响他人的关注不存在显著差异（$|AR|\leqslant 1.96$）。

(3) 城乡差异。

对城乡儿童关注的公共道德进行差异检验发现，总体上存在非常显著的差异（卡方值＝282.307，$P\leqslant 0.01$）。

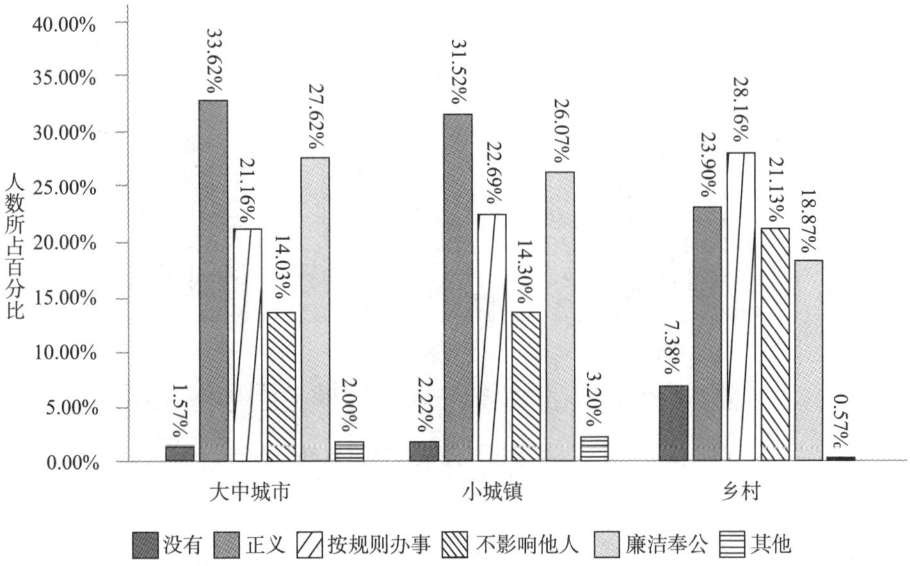

图 1－33　公共道德与儿童城乡分布图

城乡儿童各选项百分比如图 1－33 所示，经进一步统计分析发现：

大中城市儿童看重正义、廉洁奉公的人数比例高于乡村儿童，且差异非常显著（$|AR|>2.58$）。乡村儿童看重按规则办事的人数比例高于大中城市儿童，且差异非常显著（$|AR|>2.58$）。乡村儿童看重不影响他人的人数比例高于大中城市、小城镇儿童，且差异非常显著（$|AR|>2.58$）。

小城镇儿童对不影响他人的关注与大中城市儿童相比，存在比较显著的差异（$1.96<|AR|\leqslant 2.58$），前者人数比例高于后者。

小城镇儿童对正义、廉洁奉公的关注与大中城市、乡村儿童相比，均不存在显著差异（$|AR|\leqslant 1.96$）。小城镇儿童对按规则办事的关注与大中城市、乡村儿童相比，均不存在显著差异（$|AR|\leqslant 1.96$）。

(4) 生活满意度差异。

对不同生活满意度儿童关注的公共道德进行差异检验发现，总体上存在非常显著的差异（卡方值＝135.114，$P\leqslant 0.01$）。

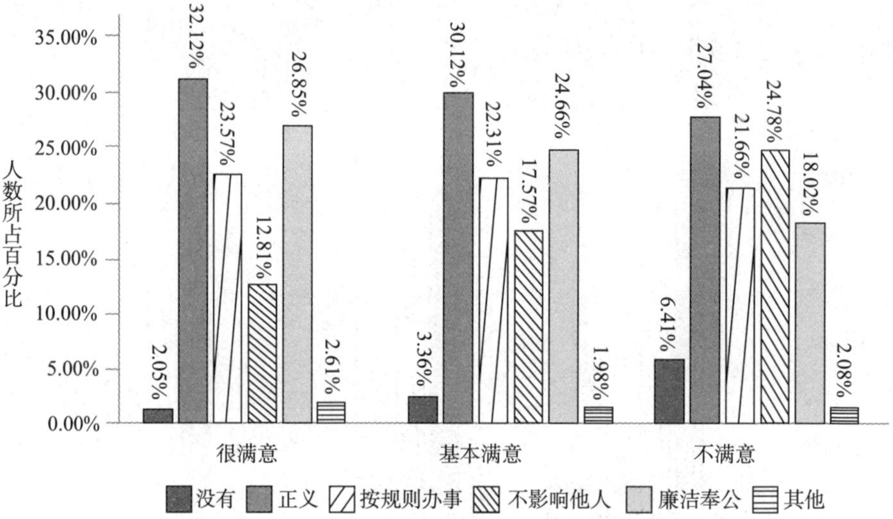

图 1－34　公共道德与儿童生活满意度分布图

不同生活满意度的儿童各选项百分比如图 1－34 所示，经进一步统计分析发现：

对生活不满意的儿童看重不影响他人的人数比例高于对生活很满意、对生活基本满意的儿童，且差异非常明显（$|AR|>2.58$）。对生活基本满意的儿童对不影响他人的关注高于对生活很满意的儿童，且差异非常明显（$|AR|>2.58$）。对生活很满意的儿童看重廉洁奉公的人数比例高于对生活不满意的儿童，且差异非常明显（$|AR|>2.58$）。

对生活很满意的儿童与对生活不满意的儿童相比，对正义的关注存在比较显著的差异（$1.96<|AR|\leqslant 2.58$），前者人数比例高于后者。

对生活基本满意的儿童与对生活很满意、对生活不满意的儿童相比，对正义

的关注均不存在差异(|*AR*|≤1.96)。不同生活满意度儿童之间对按规则办事的关注均不存在显著差异(|*AR*|≤1.96)。对生活基本满意的儿童与对生活很满意、对生活不满意的儿童相比,对廉洁奉公的关注均不存在显著差异(|*AR*|≤1.96)。

(5) 家庭生活方式差异。

对不同家庭生活方式儿童关注的公共道德进行差异检验发现,总体上存在非常显著的差异(卡方值=68.399,*P*≤0.01)。

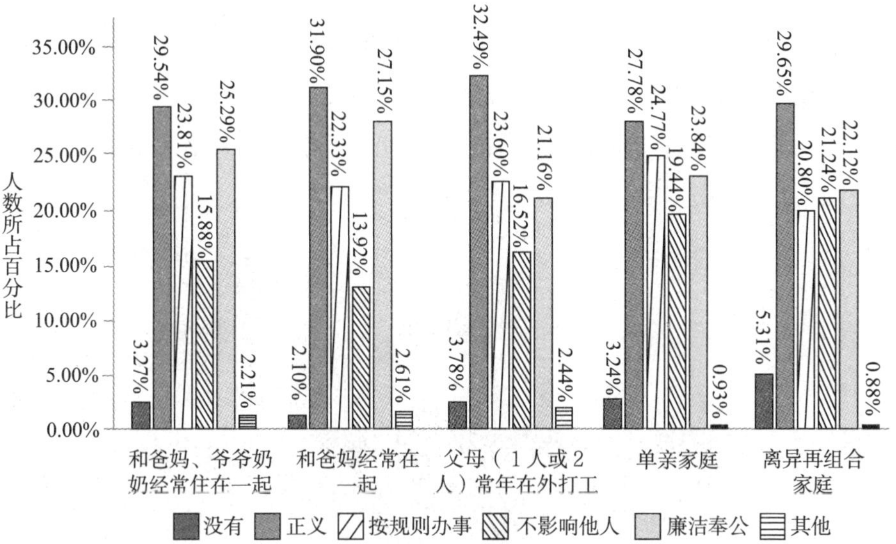

图 1-35 公共道德与儿童家庭生活方式分布图

不同家庭生活方式的儿童各选项百分比如图 1-35 所示,经进一步统计分析发现:

"和爸妈经常在一起"的儿童看重廉洁奉公的人数比例高于"父母(1人或2人)常年在外打工"的儿童,且差异非常显著(|*AR*|>2.58)。

离异再组合家庭儿童与"和爸妈经常在一起"的儿童、单亲家庭儿童相比,对不影响他人的关注存在比较显著的差异(1.96<|*AR*|≤2.58),前者人数比例高于后两者。单亲家庭儿童与"和爸妈经常在一起"的儿童相比,对不影响他人的关注存在比较显著的差异(1.96<|*AR*|≤2.58),前者人数比例高于后者。

不同家庭生活方式儿童之间对正义、按规则办事的关注均不存在显著差异（$|AR|\leqslant 1.96$）。“和爸妈、爷爷奶奶经常住在一起”和“父母（1人或2人）常年在外打工”家庭的儿童之间对不影响他人的关注均不存在显著差异（$|AR|\leqslant 1.96$）。“和爸妈、爷爷奶奶经常住在一起”的儿童、单亲家庭儿童和离异再组合家庭儿童之间对廉洁奉公的关注均不存在显著差异（$|AR|\leqslant 1.96$）。

1.4 个人修养

个人修养方面，96.00%以上的湖北省儿童都有自己看重的价值观。看重自省、大度、勤奋、节制的人数比例分别为15.40%、25.94%、41.99%、10.20%。湖北省儿童最为看重的价值观是勤奋，其次比较看重的是大度。（见图1－36）

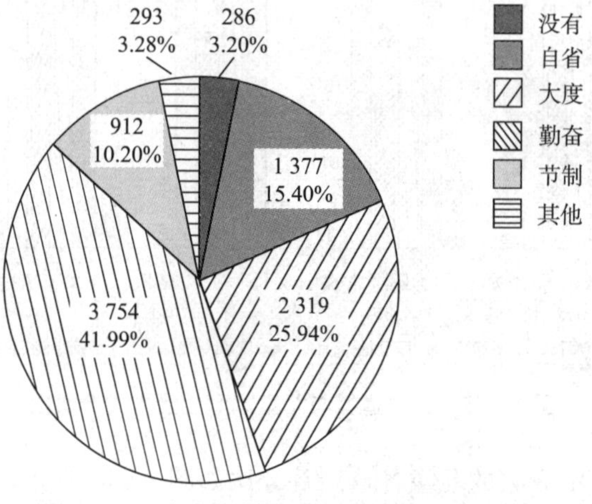

图1－36 个人修养与儿童人数百分比分布图

(1) 年段差异。

对不同年段儿童关注的个人修养方面的价值观进行差异检验发现，总体上存在非常显著的差异（卡方值＝275.990，$P\leqslant 0.01$）。

不同年段的儿童各选项百分比如图1－37所示，经进一步统计分析发现：

高中儿童看重自省的人数比例高于小学、初中儿童，且差异非常显著（$|AR|>2.58$）。初中儿童看重自省的人数比例高于小学儿童，且差异非常显著（$|AR|>2.58$）。小学儿童看重勤奋的人数比例高于初中、高中儿童，且差异

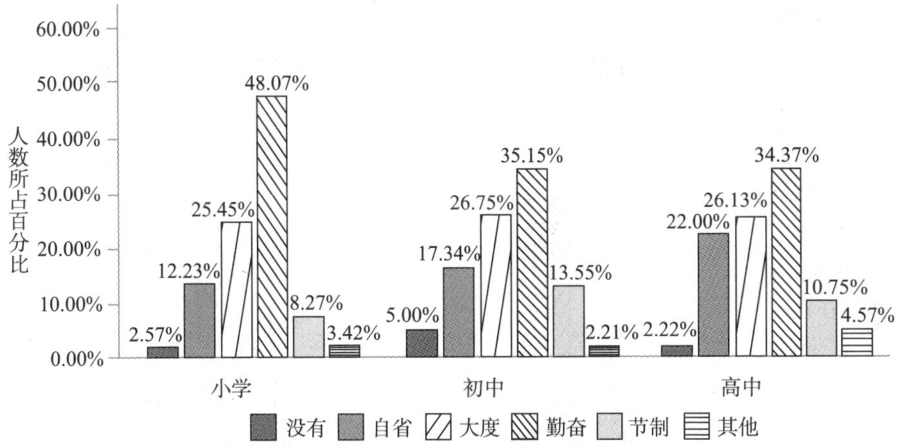

图 1－37　个人修养与儿童年段分布图

非常显著（|AR|>2.58）。初中儿童看重勤奋的人数比例高于高中儿童，且差异非常显著（|AR|>2.58）。初中儿童看重节制的人数比例高于小学儿童，且差异非常显著（|AR|>2.58）。

不同年段儿童之间对大度的关注均不存在显著差异（|AR|⩽1.96）。高中儿童与小学、初中儿童相比，对节制的关注均不存在显著差异（|AR|⩽1.96）。

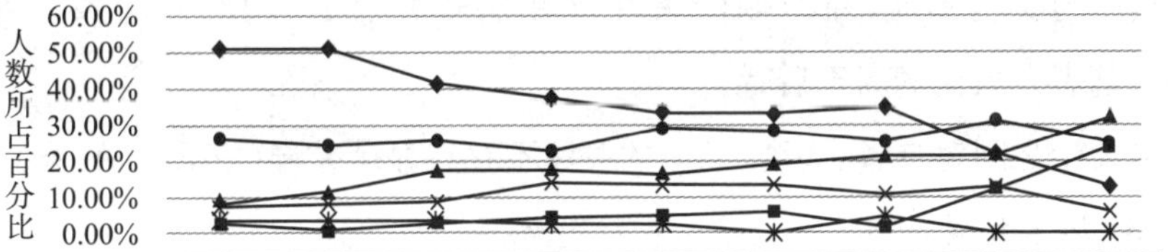

	四年级	五年级	六年级	初一	初二	初三	高一	高二	高三
没有	3.14%	1.51%	3.42%	4.55%	4.97%	6.07%	1.58%	13.04%	25.00%
自省	8.11%	12.08%	17.40%	17.76%	16.22%	19.33%	21.81%	21.74%	31.25%
大度	26.48%	24.22%	25.99%	23.26%	29.29%	27.64%	26.08%	30.43%	25.00%
勤奋	50.94%	50.57%	40.96%	37.84%	33.65%	33.26%	35.02%	21.74%	12.50%
节制	7.80%	8.18%	8.97%	13.85%	13.25%	13.71%	10.78%	13.04%	6.25%
其他	3.52%	3.44%	3.27%	2.75%	2.62%	0.00%	4.73%	0.00%	0.00%

图 1－38　个人修养与儿童年级变化趋势图

从个人修养与儿童年级变化趋势图中可以看出，随着年龄的增长，儿童对自省的关注度逐渐增加，对勤奋的关注度则逐渐下降，对节制、大度的关注度整体上变化不大。（见图 1－38）

(2) 性别差异。

对不同性别儿童关注的个人修养方面的价值观进行差异检验发现，总体上存在非常显著的差异（卡方值=35.072，$P \leqslant 0.01$）。

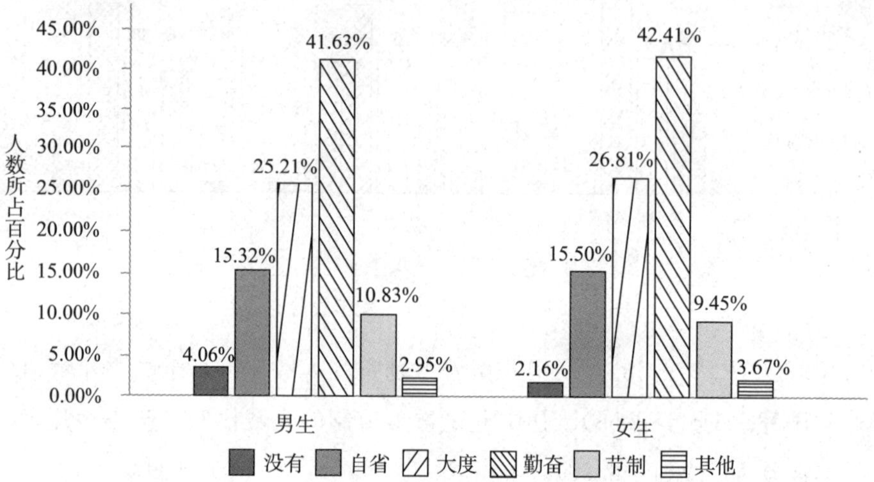

图 1-39　个人修养与儿童性别分布图

不同性别的儿童各选项百分比如图 1-39 所示，经进一步统计分析发现：

男生与女生相比，对节制的关注存在比较显著的差异（$1.96 < |AR| \leqslant 2.58$），前者人数比例高于后者。

男女生之间对自省、大度、勤奋的关注不存在显著差异（$|AR| \leqslant 1.96$）。

(3) 城乡差异。

对城乡儿童关注的个人修养方面的价值观进行差异检验发现，总体上存在非常显著的差异（卡方值=246.779，$P \leqslant 0.01$）。

城乡儿童各选项百分比如图 1-40 所示，经进一步统计分析发现：

乡村儿童看重自省的人数比例高于小城镇儿童，且差异非常显著（$|AR| > 2.58$）。小城镇儿童看重勤奋的人数比例高于乡村儿童，且差异非常显著（$|AR| > 2.58$）。

乡村儿童与大中城市儿童相比，对节制的关注存在比较显著的差异（$1.96 < |AR| \leqslant 2.58$），前者人数比例高于后者。

大中城市儿童与小城镇、乡村儿童相比，对自省的关注均不存在显著差异

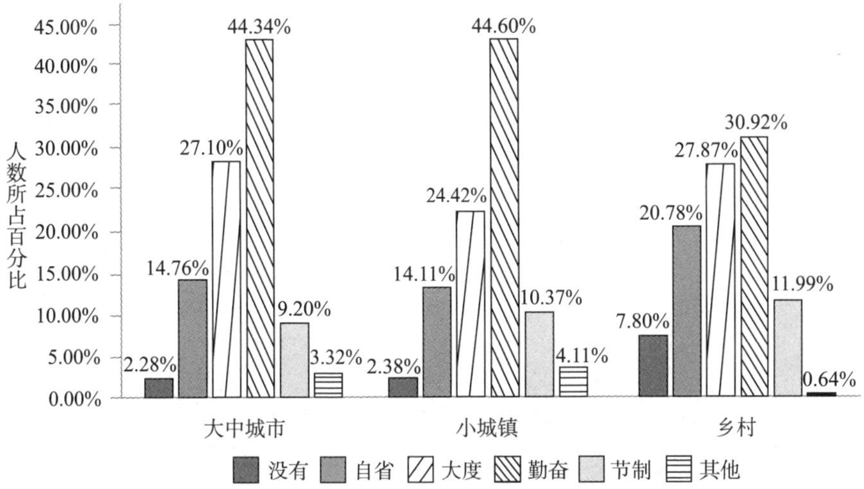

图 1-40　个人修养与儿童城乡分布图

(|AR|≤1.96)。城乡儿童之间对大度的关注不存在显著差异(|AR|≤1.96)。大中城市儿童与小城镇、乡村儿童相比,对勤奋的关注均不存在显著差异(|AR|≤1.96)。小城镇儿童与大中城市、乡村儿童相比,对节制的关注均不存在显著差异(|AR|≤1.96)。

(4) 生活满意度差异。

对不同生活满意度儿童关注的个人修养方面价值观进行差异检验发现,总体上存在非常显著的差异(卡方值=209.671,P≤0.01)。

不同生活满意度的儿童各选项百分比如图 1-41 所示,经进一步统计分析发现:

对生活不满意的儿童看重自省的人数比例高于对生活很满意、对生活基本满意的儿童,且差异非常显著(|AR|>2.58)。对生活基本满意的儿童对自省的关注比例高于对生活很满意的儿童,且差异非常显著(|AR|>2.58)。对生活很满意的儿童看重勤奋的人数比例高于对生活基本满意、对生活不满意的儿童,且差异非常显著(|AR|>2.58)。对生活基本满意的儿童对勤奋的关注比例高于对生活不满意的儿童,且差异非常显著(|AR|>2.58)。对生活基本满意的儿童看重节制的人数比例高于对生活很满意的儿童,且差异非常显著(|AR|>2.58)。

对生活不满意的儿童与对生活很满意、对生活基本满意的儿童相比,对节制的关注存在比较显著的差异(1.96<|AR|≤2.58),前者人数比例高于后两者。

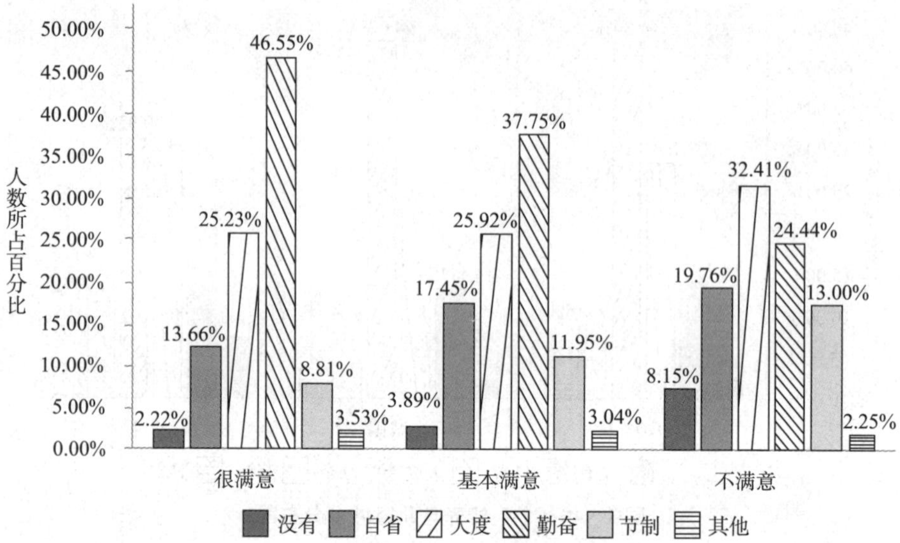

图1-41　个人修养与儿童生活满意度分布图

不同生活满意度儿童之间对大度的关注均不存在显著差异（$|AR|\leqslant 1.96$）。

(5) 家庭生活方式差异。

对不同家庭生活方式儿童关注的个人修养方面的价值观进行差异检验发现，总体上存在非常显著的差异（卡方值=72.455，$P\leqslant 0.01$）。

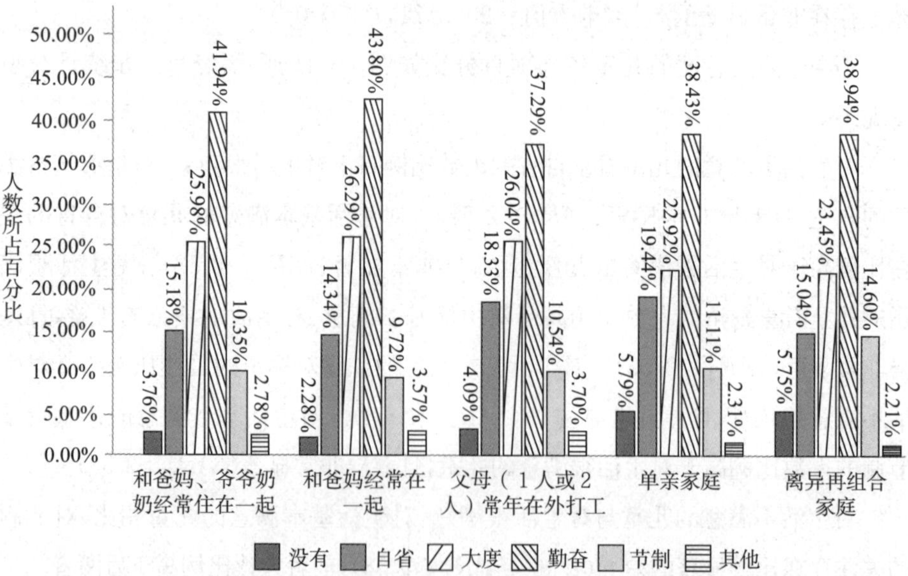

图1-42　个人修养与儿童家庭生活方式分布图

不同家庭生活方式的儿童各选项百分比如图 1－42 所示，经进一步统计分析发现：

“父母（1 人或 2 人）常年在外打工”的儿童看重自省的人数比例高于“和爸妈经常在一起”的儿童，且差异非常显著（$|AR|>2.58$）。“和爸妈经常在一起”的儿童看重勤奋的人数比例高于“父母（1 人或 2 人）常年在外打工”的儿童，且差异非常显著（$|AR|>2.58$）。

单亲家庭儿童与“和爸妈经常在一起”的儿童、“父母（1 人或 2 人）常年在外打工”的儿童相比，对自省的关注存在比较显著的差异（$1.96<|AR|\leqslant 2.58$），前者人数比例高于后两者。

“和爸妈、爷爷奶奶经常住在一起”的儿童与离异再组合家庭的儿童之间对自省的关注均不存在显著差异（$|AR|\leqslant 1.96$）。不同家庭生活方式的儿童之间对大度、节制的关注均不存在显著差异（$|AR|\leqslant 1.96$）。“和爸妈、爷爷奶奶经常住在一起”的儿童、单亲家庭儿童和离异再组合家庭儿童之间对勤奋的关注均不存在显著差异（$|AR|\leqslant 1.96$）。

2 湖北省儿童道德情感发展状况

儿童道德情感发展状况主要涉及爱国情感、关爱情感、集体责任感、自尊感、羞耻感等方面的发展。统计分析显示，湖北省儿童在这些具体的道德情感发展方面整体表现良好。

2.1 爱国情感

中小学儿童普遍具有爱国情感。87.07%的湖北省儿童因中国运动员在国际比赛中获得冠军而激动和骄傲，其中 38.41%的湖北省儿童十分激动，觉得中国人是好样的，48.66%的湖北省儿童认为这个运动员为国争光，表示很敬佩；

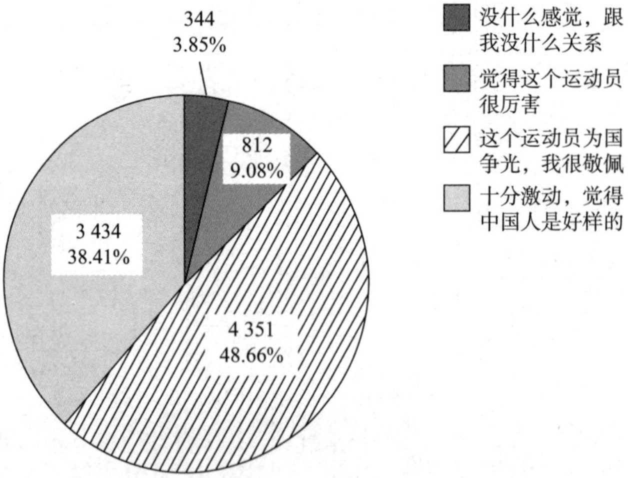

图 2-1 爱国情感与儿童人数百分比分布图

同时，3.85%的湖北省儿童认为中国运动员在国际比赛中获得冠军与自己没有什么关系，9.08%的湖北省儿童仅仅认为中国运动员很厉害。湖北省儿童的爱国情感表现不尽相同，整体发展良好。（见图 2 - 1）

(1) 年段差异。

对不同年段的儿童在爱国情感上进行差异检验发现，总体差异非常显著（卡方值=310.814，$P\leqslant 0.01$）。

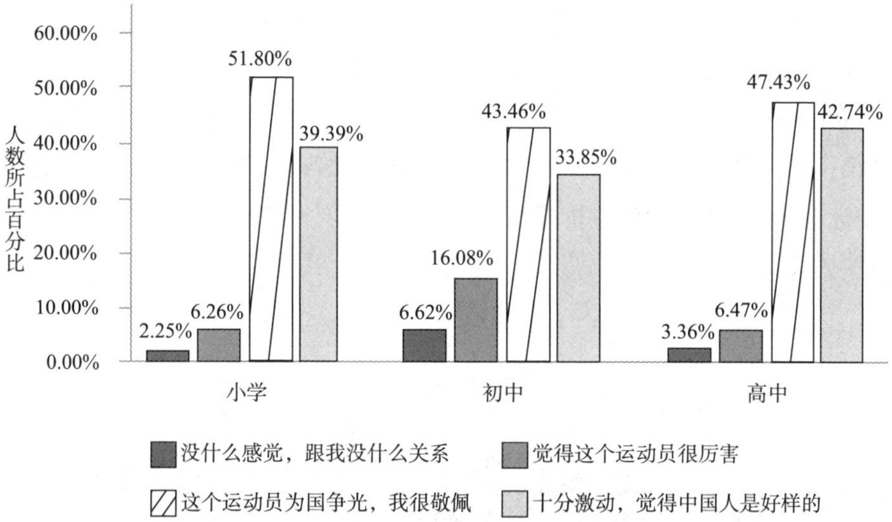

图 2 - 2 爱国情感与儿童年段分布图

不同年段的儿童各选项百分比如图 2 - 2 所示，经进一步统计分析发现：

小学儿童看到中国运动员在国际比赛中获得冠军时，表现主要集中在“这个运动员为国争光，我很敬佩”上，高于初中儿童和高中儿童，且小学和高中儿童之间差异非常显著（$|AR|>2.58$）。初中儿童认为“没什么感觉，跟我没什么关系”的人数比例最高，高中儿童第二，小学儿童最低，且小学和初中儿童之间差异非常显著（$|AR|>2.58$）。初中儿童觉得这个运动员很厉害的人数比例高于小学和高中儿童，且差异均非常显著（$|AR|>2.58$）。为中国运动员在国际比赛中获得冠军会“十分激动，觉得中国人是好样的”，选择该项的高中儿童人数比例最高，其次是小学儿童，最后是初中儿童，且初中、高中儿童之间差异非常显著（$|AR|>2.58$）。

对不同年级的儿童在爱国情感方面进行差异检验发现，总体差异非常显著（卡方值=519.072，$P \leqslant 0.01$）。

当中国运动员在国际比赛中获得冠军时，各年级儿童选择“十分激动，觉得中国人是好样的”比例随着年级的增加变化不大（各年级占比均在29%～45%之间），其中五年级的比例最高，初三年级的比例最低，且四、五年级和初二、初三、高一年级差异非常显著（$|AR|>2.58$），其他年级差异不显著（$|AR| \leqslant 1.96$）。选择“这个运动员为国争光，我很敬佩”的比例，随着年级的增加整体上呈下降的趋势，其中四年级最高，高三年级最低，且两者之间差异非常显著（$|AR|>2.58$）。年级越低越倾向于将他人的荣誉行为归结于敬佩并因此激励自己。在九个年级中选择“没什么感觉，跟我没什么关系”的，高三的比例最高，五年级比例最低。从觉得这个运动员很厉害的角度分析，除高中年段外，随着年级的升高，比例逐渐升高。（见图2-3）

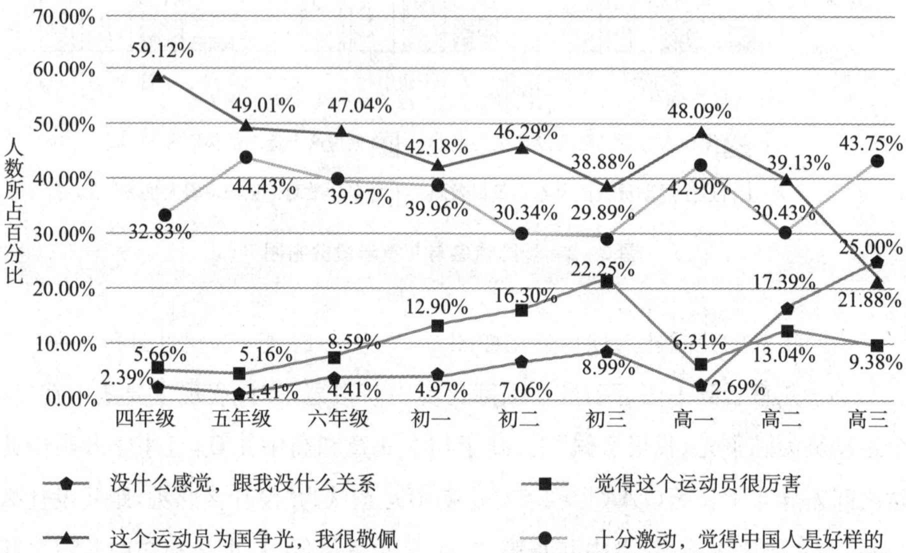

图2-3　爱国情感与儿童年级变化趋势图

（2）性别差异。

对不同性别的儿童在爱国情感上进行差异检验发现，总体差异比较显著（卡方值=9.931，$0.01<P \leqslant 0.05$）。

不同性别的儿童各选项百分比如图2-4所示，经进一步统计分析发现：

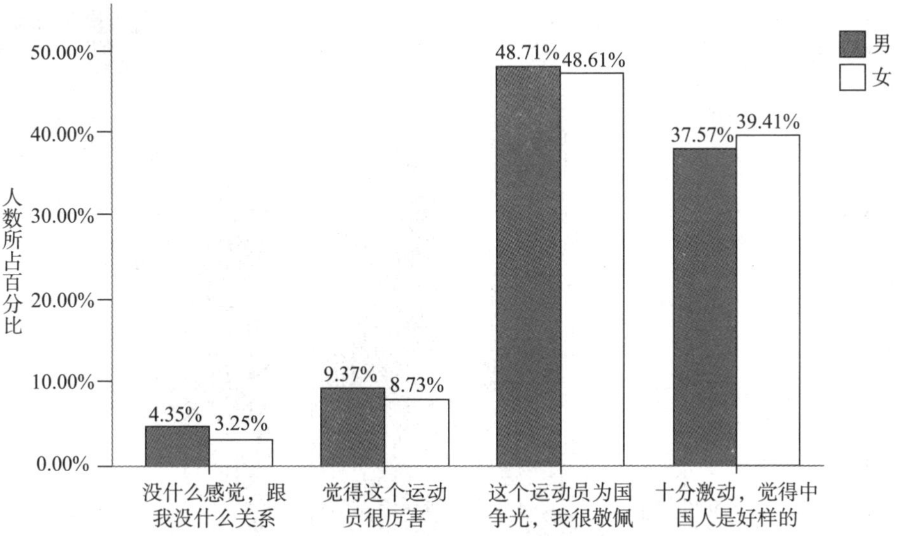

图 2－4　爱国情感与儿童性别分布图

在面对中国运动员在国际比赛中获得冠军时，男生觉得“没什么感觉，跟我没什么关系”的比例高于女生，男女生之间差异非常显著（$|AR|>2.58$）。

男生认为中国人是好样的比例低于女生，在“这个运动员为国争光，我很敬佩”和“十分激动，觉得中国人是好样的”选项上，男女生之间差异均不显著（$|AR|\leqslant 1.96$）。男生觉得这个运动员很厉害的比例高于女生，男女生之间差异不显著（$|AR|\leqslant 1.96$）。

(3) 生活满意度差异。

对不同生活满意度儿童的爱国情感进行差异检验发现，总体差异非常显著（卡方值＝341.984，$P\leqslant 0.01$）。

不同生活满意度的儿童各选项百分比如图 2－5 所示，经进一步统计分析发现：

当看到中国运动员在国际比赛中获得冠军时，对生活不满意的儿童认为“没什么感觉，跟我没什么关系”的比例和“觉得这个运动员很厉害”的比例明显高于对生活很满意和基本满意的儿童，在“没什么感觉，跟我没什么关系”选项上，三种生活满意度的儿童差异非常显著（$|AR|>2.58$）。三种满意度的儿童在“觉得这个运动员很厉害”选项上，彼此之间差异非常显著（$|AR|>2.58$）。

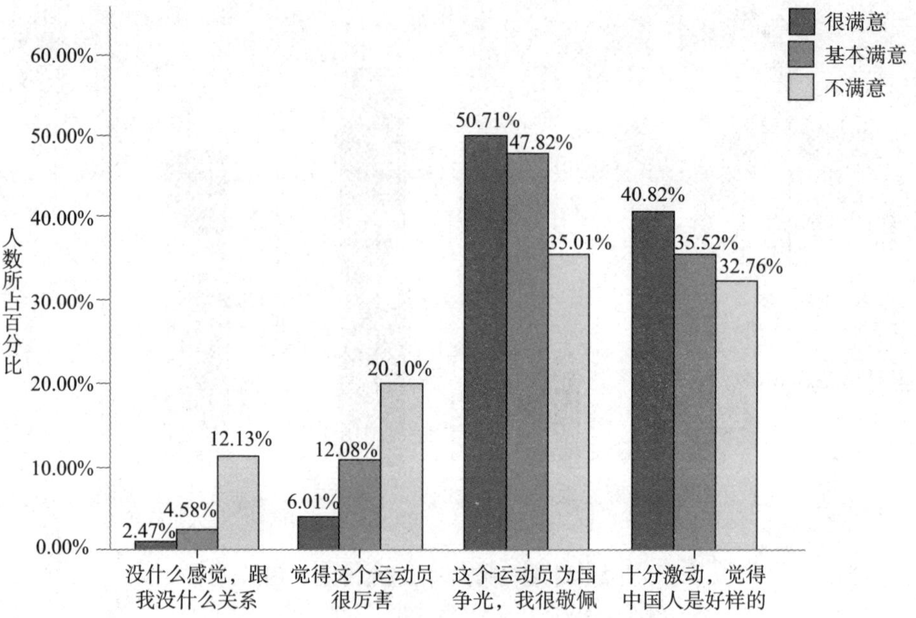

图 2-5　爱国情感与儿童生活满意度分布图

对生活很满意的儿童从为国争光角度评价运动员的比例最高，其次是对生活基本满意的儿童，最后是对生活不满意的儿童，且对生活很满意的儿童和对生活不满意的儿童差异非常显著（$|AR|>2.58$）。对生活很满意的儿童表示“十分激动，觉得中国人是好样的”比例最高，其次是对生活基本满意的儿童，最后是对生活不满意的儿童，且三种生活满意度的儿童之间差异非常显著（$|AR|>2.58$）。

(4) 城乡差异。

对城乡儿童的爱国情感进行差异检验发现，总体差异非常显著（卡方值=697.995，$P\leqslant 0.01$）。

城乡儿童各选项百分比如图 2-6 所示，经进一步统计分析发现：

当中国运动员在国际比赛中获得冠军时，乡村儿童认为“没什么感觉，跟我没什么关系”的占比最高，其次是小城镇儿童，占比最少的是大中城市儿童，且大中城市、小城镇和乡村儿童之间差异非常显著（$|AR|>2.58$）。乡村儿童“觉得这个运动员很厉害”的占比最高，小城镇儿童第二，大中城市儿童比例最低，

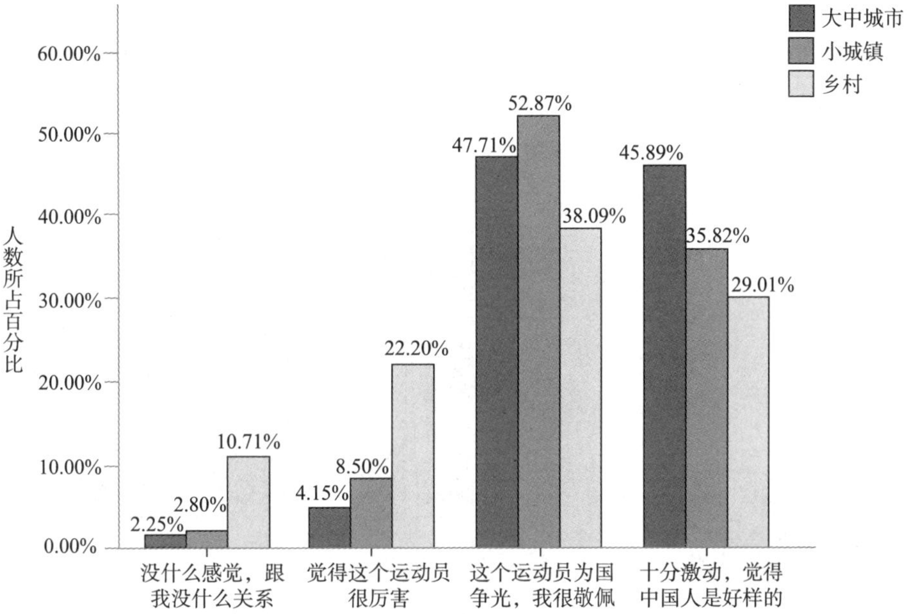

图 2-6 爱国情感与儿童城乡分布图

且大中城市和乡村的儿童之间差异非常显著($|AR|>2.58$)。小城镇儿童认为“这个运动员为国争光，我很敬佩”的占比最高，高于大中城市儿童和乡村儿童。乡村儿童表示“十分激动，觉得中国人是好样的”比例低于大中城市儿童和小城镇儿童，且大中城市、小城镇和乡村儿童之间差异均非常显著($|AR|>2.58$)。

(5) 家庭生活方式差异。

对不同家庭生活方式的儿童在爱国情感上进行差异检验发现，总体差异非常显著(卡方值=87.237，$P\leqslant0.01$)。

不同家庭生活方式的儿童各选项百分比如图 2-7 所示，经进一步统计分析发现：

“和爸妈经常在一起”的儿童选择“这个运动员为国争光，我很敬佩”的比例最高，其次是“父母(1 人或 2 人)常年在外打工”的儿童和“和爸妈、爷爷奶奶经常住在一起”的儿童，再次是单亲家庭儿童，比例最低的是离异再组合家庭儿童，“和爸妈经常在一起”的儿童、单亲家庭儿童和离异再组合家庭儿童之间差异均非常显著($|AR|>2.58$)。单亲家庭儿童选择“觉得这个运动员很厉害”的

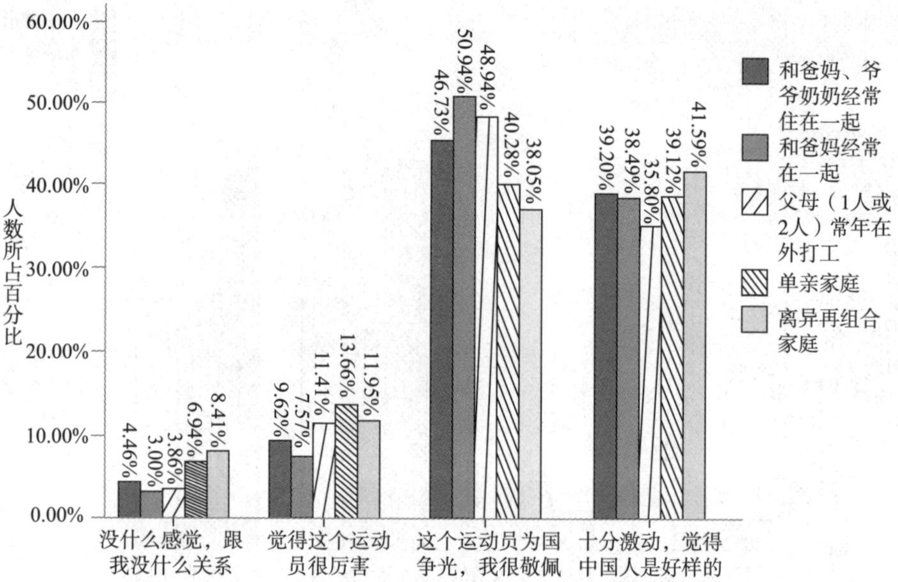

图 2－7　爱国情感与儿童家庭生活方式分布图

比例最高，“和爸妈经常在一起”的儿童比例最低，且“和爸妈经常在一起”的儿童、“父母(1 人或 2 人)常年在外打工”的儿童和单亲家庭儿童之间差异均非常显著(|AR|＞2.58)。离异再组合家庭的儿童选择“没什么感觉，跟我没什么关系”的比例最高，“和爸妈经常在一起”的儿童比例最低，且“和爸妈经常在一起”的儿童、单亲家庭儿童和离异再组合家庭儿童之间差异均非常显著(|AR|＞2.58)。

离异再组合家庭儿童选择“十分激动，觉得中国人是好样的”的比例最高，其次是“和爸妈、爷爷奶奶经常住在一起”的儿童和单亲家庭儿童，再次是“和爸妈经常在一起”的儿童，最后是“父母(1 人或 2 人)常年在外打工”的儿童，且“和爸妈、爷爷奶奶经常住在一起”的儿童、“和爸妈经常在一起”的儿童、单亲家庭儿童、离异再组合家庭儿童之间差异均不显著(|AR|≤1.96)。“和爸妈、爷爷奶奶经常住在一起”的儿童和离异再组合家庭的儿童在“觉得这个运动员很厉害”选项上，差异不显著(|AR|≤1.96)。“和爸妈、爷爷奶奶经常住在一起”的儿童与“父母(1 人或 2 人)常年在外打工”的儿童在“没什么感觉，跟我没什么关系”选项上，差异不显著(|AR|≤1.96)。

2.2 关爱情感

90.04%的湖北省儿童具有明显的关爱情感，3.70%的湖北省儿童当从新闻中知道一些贫困区的孩子上不了学时，觉得无所谓，跟自己无关；6.25%的湖北省儿童不相信我国还有这样贫穷的地方。儿童表现关爱情感的方式不同，35.53%的湖北省儿童对贫困地区的孩子上不了学给予的关爱和同情是寄托在好心人身上的，希望有好心人能帮助他们；54.51%的湖北省儿童想尽自己的努力帮助他人。（见图 2－8）

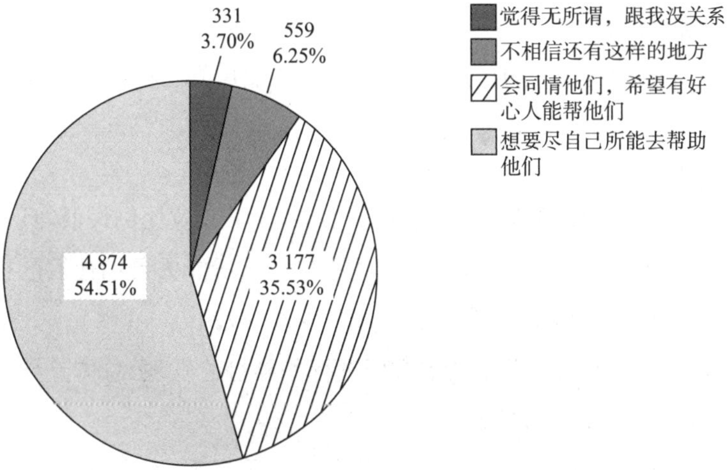

图 2－8　关爱情感与儿童人数百分比分布图

(1) 年段差异。

对不同年段的儿童在关爱情感上进行差异检验发现，总体差异非常显著（卡方值＝673.320，$P\leqslant 0.01$）。

不同年段的儿童各选项百分比如图 2－9 所示，经进一步统计分析发现：

当从新闻中得知一些贫穷地区的孩子上不了学时，初中儿童“觉得无所谓，跟我没什么关系”的比例高于小学和高中儿童，且小学和初中儿童差异非常显著（$|AR|>2.58$）。初中儿童不相信还有这样地方的比例高于小学和高中儿童，且三个年段差异非常显著（$|AR|>2.58$）。高中儿童表现出会同情他们、寄

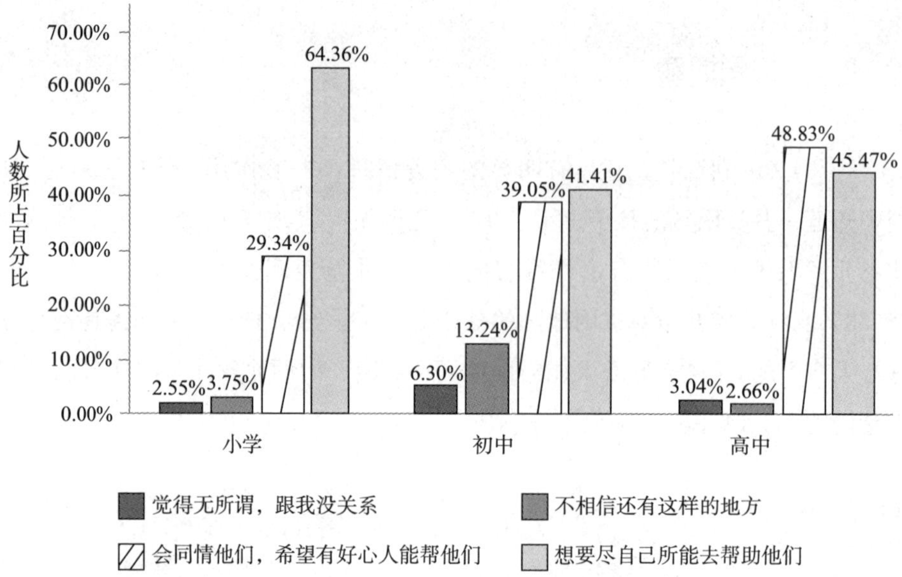

图 2－9　关爱情感与儿童年段分布图

希望于好心人身上的比例最高，初中儿童第二，小学儿童比例最低，且年段差异均非常显著（$|AR|>2.58$）。小学儿童想要尽自己所能去帮助他们的比例高于初中和高中儿童，且差异均非常显著（$|AR|>2.58$）。

对不同年级的儿童在关爱情感方面进行差异检验发现，总体差异非常显著（卡方值＝957.231，$P\leqslant 0.01$）。

当从新闻中得知一些贫困地区的孩子上不了学时，各年级的儿童均表现出良好的关爱情感，且随着年级的上升，儿童寄希望于好心人身上的比例变化不大。想要尽己所能去帮助贫困地区的孩子的比例整体呈波动下降的趋势。低年段儿童（四年级 64.28%，五年级 72.34%，六年级 52.81%）关爱他人的方式更倾向于尽己所能、切实地帮助他人，高年段儿童虽也有强烈的关爱意识，但更倾向于把救助他人的希望寄托在好心人身上。在“觉得无所谓，跟我没关系”的选项上，随着年级的上升，整体呈波动上升的趋势。在“不相信还有这样地方”的选项上，小学和初中年段，随着年级的上升比例逐渐增加。（见图 2－10）

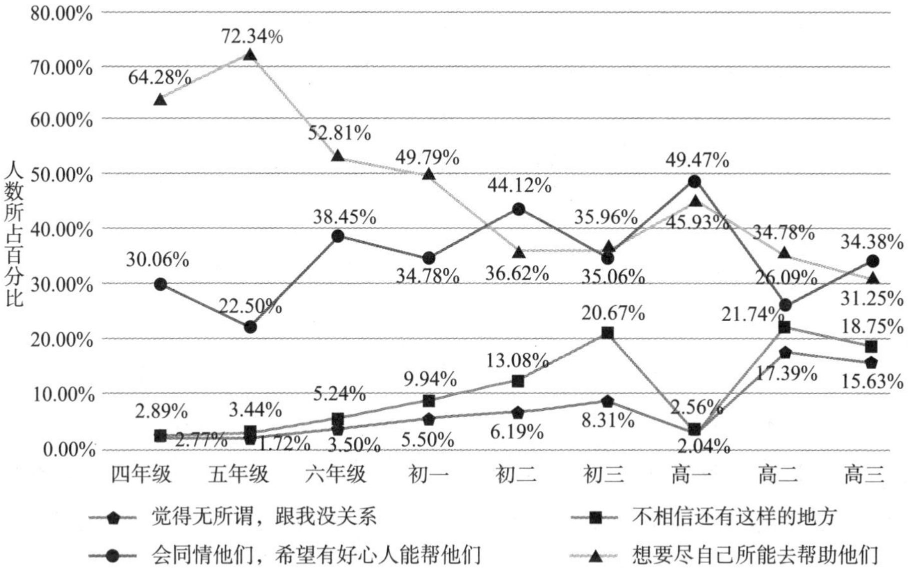

图 2-10 关爱情感与儿童年级变化趋势图

(2) 性别差异。

对不同性别的儿童在关爱情感方面进行差异检验发现，总体差异非常显著（卡方值＝28.125，$P\leqslant 0.01$）。

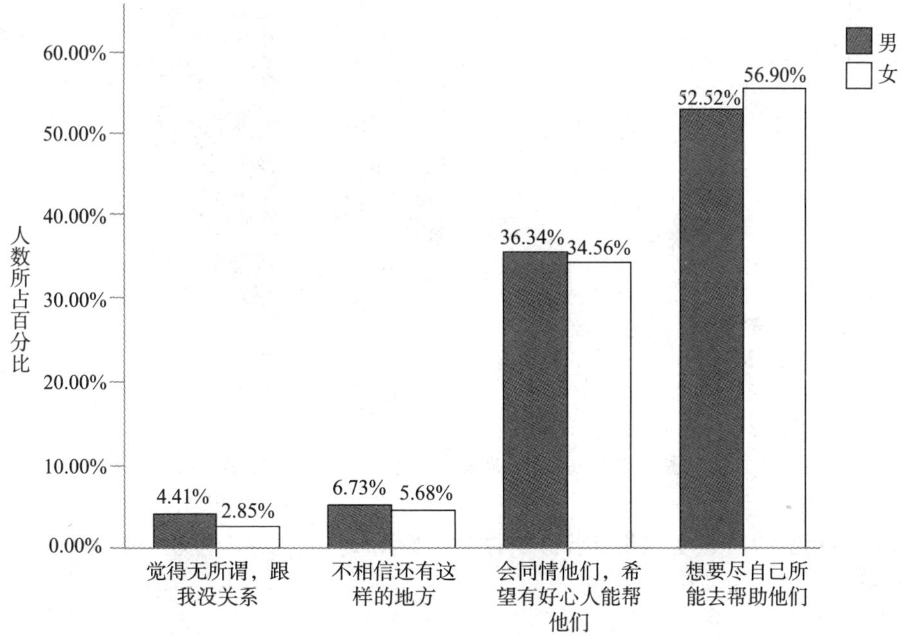

图 2-11 关爱情感与儿童性别分布图

不同性别的儿童各选项百分比如图 2－11 所示，经进一步统计分析发现：

女生关爱情感的表现整体比男生强烈。男生认为贫穷地区的孩子上不了学无所谓、与自己无关的比例高于女生，且差异非常显著（$|AR|>2.58$）。在关爱他人的具体表现上，男女生也存在差异。女生比男生更加倾向于“想要尽自己所能去帮助他们”，且差异非常显著（$|AR|>2.58$）。

男生不相信还有这样贫穷地区的比例高于女生，且差异比较显著（$1.96<|AR|\leqslant 2.58$）。

男生比女生更加倾向于寄希望于好心人身上，差异不显著（$|AR|\leqslant 1.96$）。

(3) 生活满意度差异。

对不同生活满意度的儿童在关爱情感方面进行差异检验，发现整体上差异非常显著（卡方值＝608.453，$P\leqslant 0.01$）。

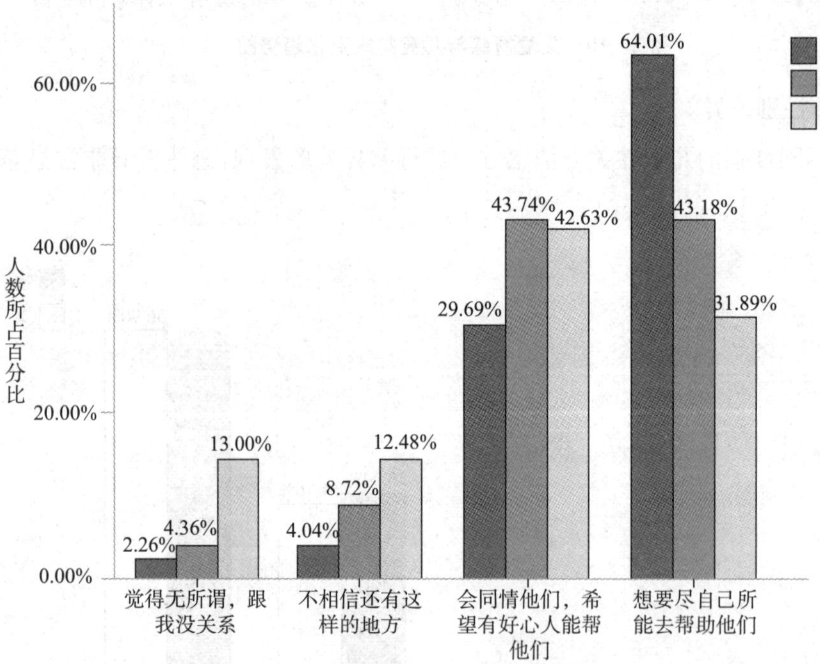

图 2－12　关爱情感与儿童生活满意度分布图

不同生活满意度的儿童各选项百分比如图 2－12 所示，经进一步统计分析发现：

当从新闻中得知一些贫穷地区的孩子上不了学时，对生活不满意的儿童“觉得无所谓，跟我没关系”的占比最高，其次是对生活基本满意的儿童，比例最低的是对生活很满意的儿童，且对生活很满意的儿童和对生活不满意的儿童之间差异非常显著（$|AR|>2.58$）。对生活很满意的儿童“不相信还有这样的地方”的比例最低，其次是对生活基本满意的儿童，比例最高的是对生活不满意的儿童，三者差异均非常显著（$|AR|>2.58$）。对生活基本满意的儿童和对生活不满意的儿童比对生活很满意的儿童更倾向于将希望寄托在好心人身上，且三者之间差异非常显著（$|AR|>2.58$）。相比于对生活基本满意和对生活不满意的儿童，对生活很满意的儿童更倾向于通过自己的努力帮助贫穷地区的孩子上学，且差异非常显著（$|AR|>2.58$）。

(4) 城乡差异。

对城乡儿童在关爱情感方面进行差异检验发现，总体差异非常显著（卡方值=890.957，$P\leqslant0.01$）。

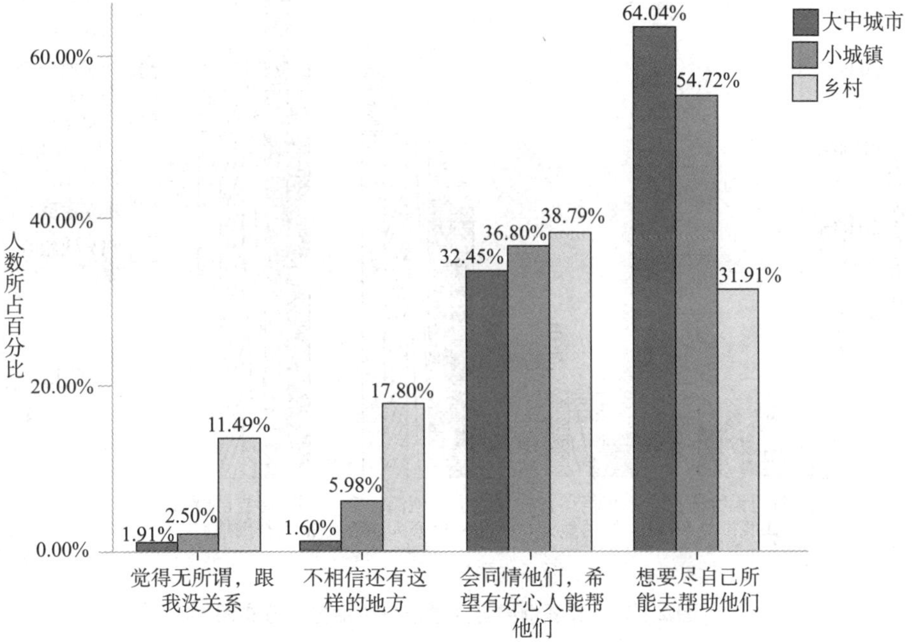

图 2-13 关爱情感与儿童城乡分布图

城乡儿童各选项百分比如图 2-13 所示，经进一步统计分析发现：

大中城市儿童"想要尽自己所能去帮助他们"的比例高于小城镇儿童和乡村儿童，且大中城市和乡村儿童之间的差异非常显著（$|AR|>2.58$）。乡村儿童"会同情他们，希望有好心人能帮助他们"的比例高于大中城市儿童和小城镇儿童，且大中城市和乡村儿童之间差异非常显著（$|AR|>2.58$）。大中城市儿童不相信还有这样地方的比例最低，其次是小城镇儿童，比例最高的是乡村儿童，大中城市和乡村儿童之间的差异非常显著（$|AR|>2.58$）。乡村儿童"觉得无所谓，跟我没关系"的占比最高，其次是小城镇儿童，大中城市儿童占比最低，大中城市、小城镇、乡村儿童之间差异均非常显著（$|AR|>2.58$）。

(5) 家庭生活方式差异。

对不同家庭生活方式的儿童在关爱情感方面进行差异检验发现，总体差异非常显著（卡方值＝172.094，$P\leqslant0.01$）。

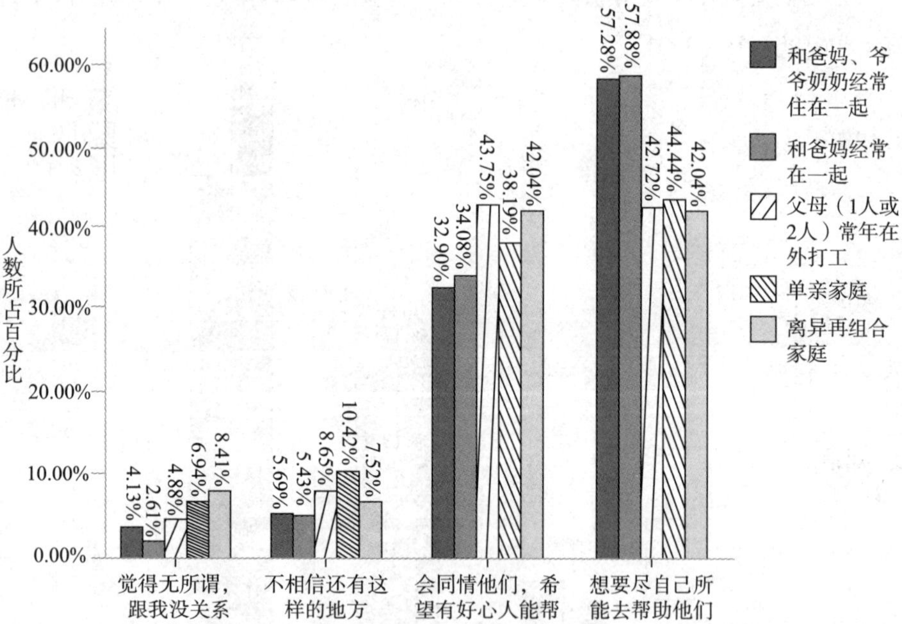

图 2-14　关爱情感与儿童家庭生活方式分布图

不同家庭生活方式的儿童各选项百分比如图 2-14 所示，经进一步统计分析发现：

不同家庭生活方式的儿童在关爱情感方面整体发展良好，大部分儿童希望好心人或者尽己所能帮助贫穷地区的孩子上学，但不同家庭生活方式的儿童关爱情感表现方式上存在差异。离异再组合家庭的儿童“觉得无所谓，跟我没关系”的占比最高，其次是单亲家庭儿童，比例最低的是“和爸妈经常在一起”的儿童，且“和爸妈经常在一起”的儿童、单亲家庭儿童和离异再组合家庭儿童之间差异均非常显著（$|AR|>2.58$）。单亲家庭儿童“不相信还有这样的地方”的比例最高，比例最低的是“和爸妈经常在一起”的儿童，且“和爸妈经常在一起”的儿童、“父母（1 人或 2 人）常年在外打工”的儿童和单亲家庭儿童之间差异均非常显著（$|AR|>2.58$）。“父母（1 人或 2 人）常年在外打工”的儿童选择“会同情他们，希望有好心人能帮助他们”的比例最高，其次是离异再组合家庭儿童，比例最低的是“和爸妈、爷爷奶奶经常住在一起”的儿童，且“和爸妈、爷爷奶奶经常住在一起”的儿童、“和爸妈经常在一起”的儿童和“父母（1 人或 2 人）常年在外打工”的儿童之间差异均非常显著（$|AR|>2.58$）。“和爸妈经常在一起”的儿童选择“想要尽自己所能去帮助他们”的比例最高，其次是“和爸妈、爷爷奶奶经常住在一起”的儿童，比例最低的是离异再组合家庭的儿童，不同家庭生活方式之间差异均非常显著（$|AR|>2.58$）。

“和爸妈、爷爷奶奶经常住在一起”的儿童在“不相信还有这样的地方”选项上，与离异再组合家庭的儿童之间差异不显著（$|AR|\leqslant 1.96$）。

2.3 集体责任感

87.36%的湖北省儿童表现出明显的集体责任感，其中 25.90%的湖北省儿童会通过管好自己为他人做表率，61.46%的湖北省儿童会通过说服全班同学来共同维护班集体的卫生，承担起作为班集体一员的责任。仅 4.07%的湖北省儿童认为教室卫生不好无所谓，自己会随着大家一起乱扔垃圾，8.57%的湖北省儿童看到教室卫生不好时，虽然不开心，但不会去管。（见图 2 - 15）

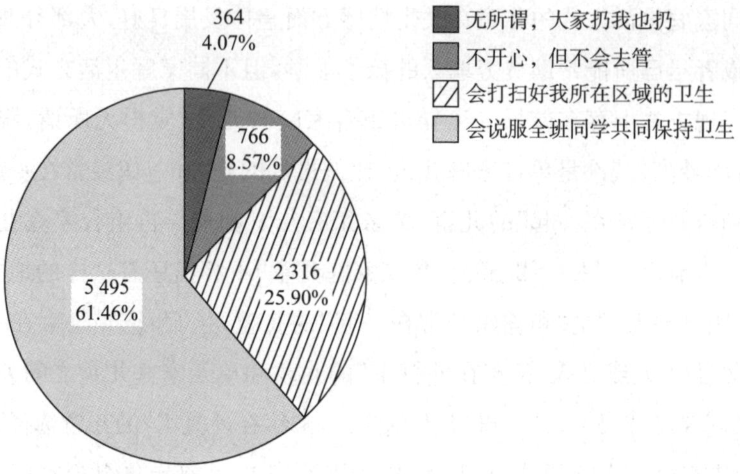

图 2－15　集体责任感与儿童人数百分比分布图

（1）年段差异。

对不同年段的儿童在集体责任感上进行差异检验发现，总体差异非常显著（卡方值＝769.735，$P \leqslant 0.01$）。

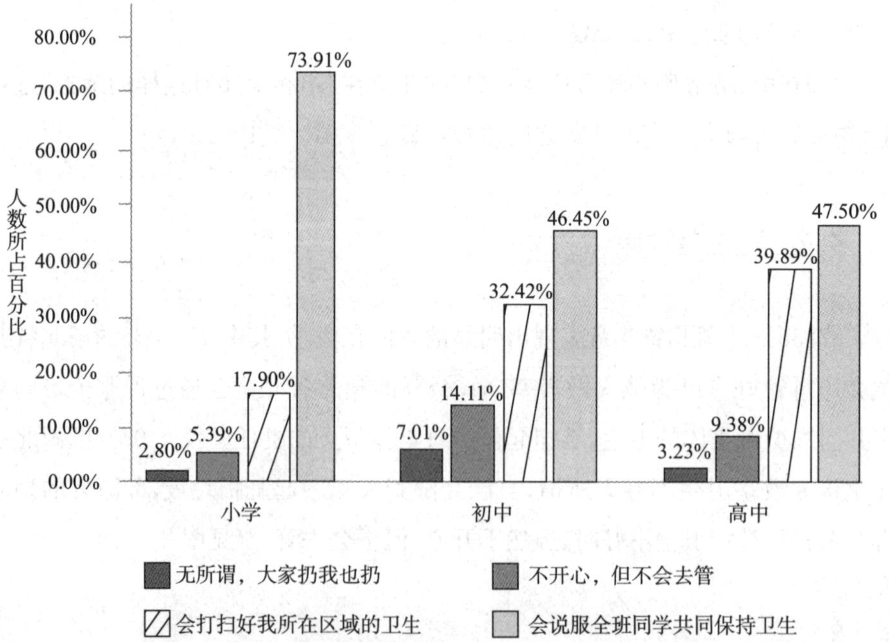

图 2－16　集体责任感与儿童年段分布图

不同年段的儿童各选项百分比如图 2－16 所示，经进一步统计分析发现：

面对教室卫生情况不太好，很多同学乱扔垃圾时，小学儿童表现出“会说服全班同学共同保持卫生”的比例高于初中儿童和高中儿童，且三个年段儿童之间差异非常显著（$|AR|>2.58$）。高中儿童选择“会打扫好我所在区域的卫生”的比例最高，高于初中儿童和小学儿童，且三个年段儿童之间差异非常显著（$|AR|>2.58$）。初中儿童表现出“不开心，但不会去管”的比例高于高中儿童和小学儿童，且小学和初中年段儿童之间差异非常显著（$|AR|>2.58$）。初中儿童表现出“无所谓，大家扔我也扔”的比例高于小学儿童和高中儿童，且小学和初中年段儿童之间差异非常显著（$|AR|>2.58$）。

对不同年级的儿童在集体责任感方面进行差异检验发现，总体差异非常显著（卡方值＝1071.521，$P\leqslant 0.01$）。

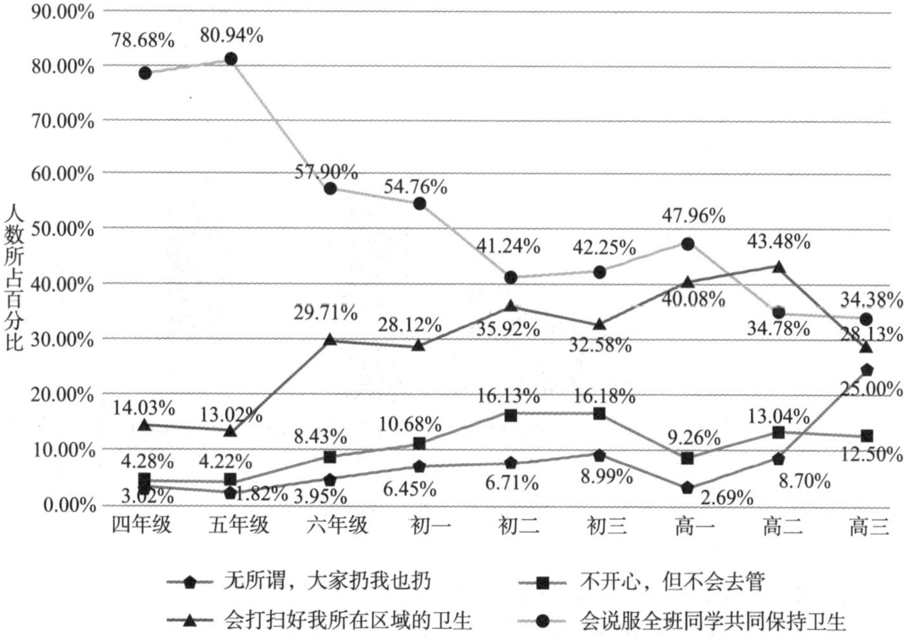

图 2－17 集体责任感与儿童年级变化趋势图

在维持班集体卫生的行动方面，低年级儿童比高年级儿童更加积极主动，集体责任感表现得更为突出。随着年级的升高，选择“会说服全班同学共同保持卫生”的比例整体呈下降的趋势，其中五年级儿童的比例最高，高三儿童的比

例最低，且在此选项上，各年级之间差异非常显著（$|AR|>2.58$）。选择“会打扫好我所在区域的卫生”的比例随年级的升高呈波动上升的趋势。随着年级的升高，儿童选择“无所谓，大家扔我也扔”的比例整体上逐渐增加，高三儿童比例最高，五年级儿童比例最低。儿童选择“不开心，但不会去管”的比例也随年级升高整体上呈上升趋势。（见图2－17）

（2）性别差异。

对不同性别的儿童在集体责任感方面进行差异检验发现，总体差异非常显著（卡方值＝26.102，$P\leqslant 0.01$）。

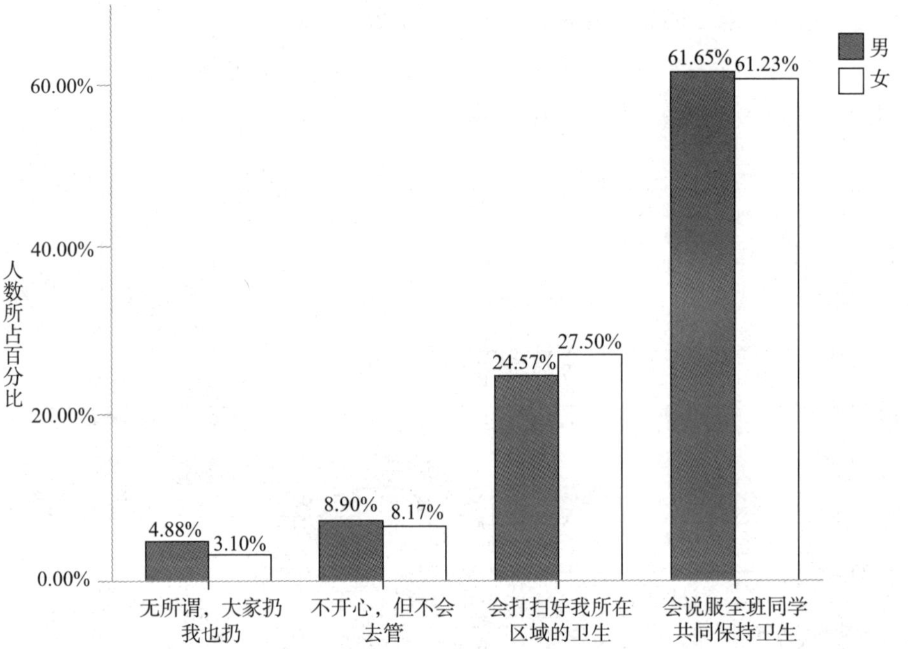

图2－18　集体责任感与儿童性别分布图

不同性别的儿童各选项百分比如图2－18所示，经进一步统计分析发现：

男生和女生在维护班级卫生方面，女生的集体责任感高于男生。面对班级卫生差，男生认为“无所谓，大家扔我也扔”的比例高于女生，且差异非常显著（$|AR|>2.58$）。女生选择“会打扫好自己所在区域的卫生”的比例高于男生，且差异非常显著（$|AR|>2.58$）。

男生选择“不开心，但不会去管”的比例高于女生，但差异不显著（$|AR|\leqslant$

1.96)。女生选择“会说服全班同学共同保持卫生”的比例和男生基本持平,男女生在此选项上差异不显著($|AR|\leqslant1.96$)。

(3) 生活满意度差异。

对不同生活满意度的儿童在集体责任感方面进行差异检验发现,总体差异非常显著(卡方值=918.683,$P\leqslant0.01$)。

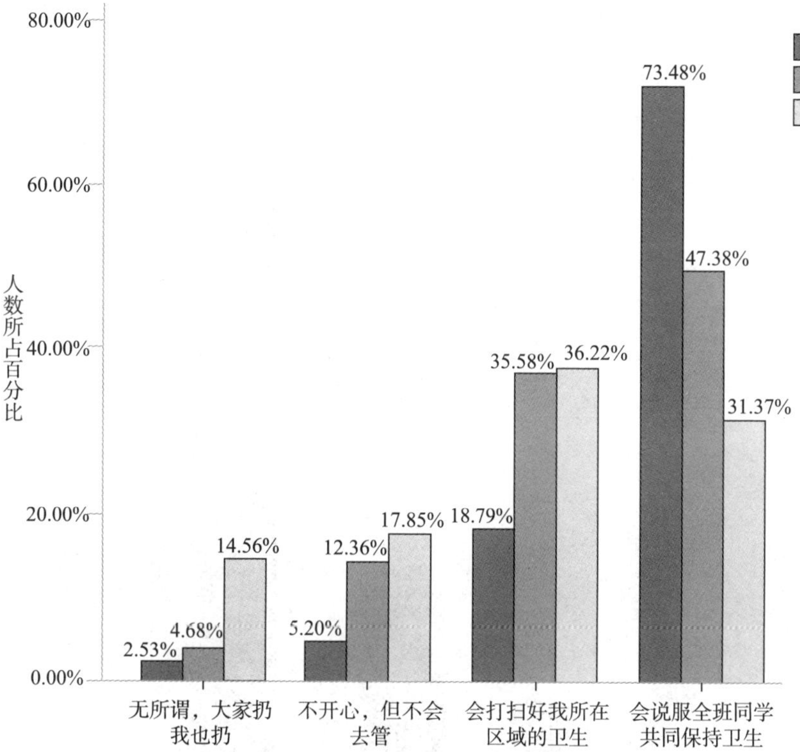

图 2-19 集体责任感与儿童生活满意度分布图

不同生活满意度的儿童各选项百分比如图 2-19 所示,经进一步统计分析发现:

对生活不满意的儿童当面对教室卫生脏乱时,觉得“无所谓,大家扔我也扔”的占比最高,其次是对生活基本满意的儿童,比例最低的是对生活很满意的儿童,且对生活很满意和对生活不满意的儿童之间差异非常显著($|AR|>2.58$)。对生活很满意的儿童选择“不开心,但不会去管”的人数比例最低,且三种满意度的儿童之间差异均非常显著($|AR|>2.58$)。对生活不满意的儿童选

择“会打扫好我所在区域的卫生”的人数比例和对生活基本满意的儿童基本持平，高于对生活很满意的儿童，且三者之间差异非常显著（$|AR|>2.58$）。对生活很满意的儿童比对生活基本满意的儿童和对生活不满意的儿童更倾向于“会说服全班同学共同保持卫生”，三者之间差异非常显著（$|AR|>2.58$）。

(4) 城乡差异。

对城乡儿童在集体责任感方面进行差异检验发现，总体差异非常显著（卡方值＝847.947，$P\leqslant0.01$）。

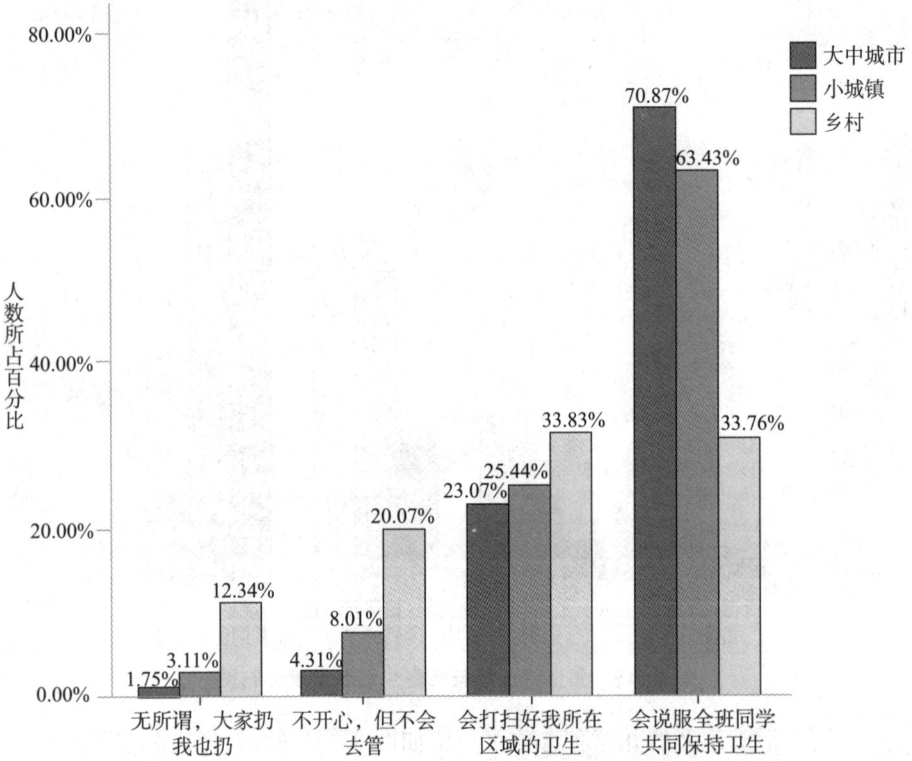

图 2-20　集体责任感与儿童城乡分布图

城乡儿童各选项百分比如图 2-20 所示，经进一步统计分析发现：

大中城市和小城镇的儿童都倾向于通过自己的努力说服班级同学维护集体公共卫生，但大中城市、小城镇和乡村的儿童总体上存在一定差异。乡村儿童选择“无所谓，大家扔我也扔”的比例比小城镇儿童和大中城市儿童高，且三者之间差异均非常显著（$|AR|>2.58$）。乡村儿童选择“不开心，但不会去管”

的占比高于大中城市和小城镇的儿童，且大中城市和乡村的儿童之间差异非常显著（$|AR|>2.58$）。相比大中城市和小城镇的儿童，乡村儿童更倾向于打扫好自己所在区域的卫生，且大中城市和乡村的儿童之间差异非常显著（$|AR|>2.58$）。大中城市儿童通过自己的努力说服班级同学共同保持卫生的人数比例高于小城镇和乡村的儿童，且城乡差异非常显著（$|AR|>2.58$）。

(5) 家庭生活方式差异。

对不同家庭生活方式的儿童在集体责任感方面进行差异检验发现，总体差异非常显著（卡方值=172.078，$P\leqslant 0.01$）。

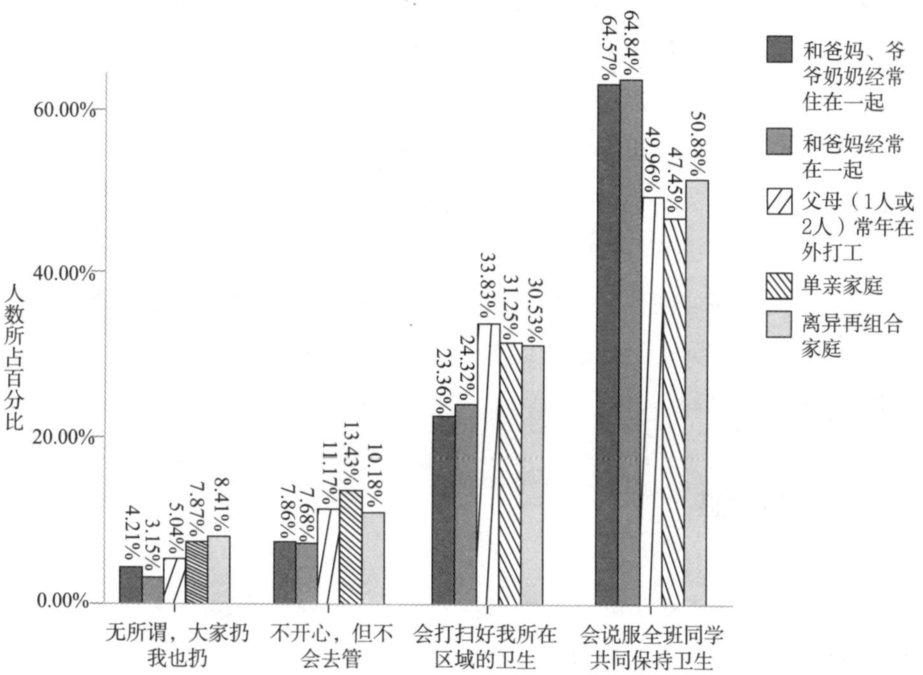

图 2-21 集体责任感与儿童家庭生活方式分布图

不同家庭生活方式的儿童各选项百分比如图 2-21 所示，经进一步统计分析发现：

离异再组合家庭的儿童选择“无所谓，大家扔我也扔”的比例最高，其次是单亲家庭的儿童，比例最低的是“和爸妈经常在一起”的儿童，且“和爸妈经常在一起”的儿童、单亲家庭儿童和离异再组合家庭儿童之间差异均非常显著

($|AR|>2.58$)。单亲家庭的儿童选择“不开心，但不会去管”的比例最高，“和爸妈经常在一起”的儿童比例最低，且“和爸妈经常在一起”的儿童、“父母(1人或2人)常年在外打工”的儿童和单亲家庭儿童之间差异均非常显著($|AR|>2.58$)。“父母(1人或2人)常年在外打工”的儿童选择“会打扫好我所在区域的卫生”的比例最高，比例最低的是“和爸妈、爷爷奶奶经常住在一起”的儿童，“和爸妈、爷爷奶奶经常住在一起”的儿童、“和爸妈经常在一起”的儿童、“父母(1人或2人)常年在外打工”的儿童和单亲家庭的儿童在“会打扫好我所在区域的卫生”选项上，差异均非常显著($|AR|>2.58$)。“和爸妈经常在一起”的儿童选择“会说服全班同学共同保持卫生”的比例最高，其次是“和爸妈、爷爷奶奶经常住在一起”的儿童，比例最低的是单亲家庭的儿童，在此选项上，各种家庭生活方式的儿童之间差异均非常显著($|AR|>2.58$)。

在“无所谓，大家扔我也扔”选项上，“和爸妈、爷爷奶奶经常住在一起”的儿童和“父母(1人或2人)常年在外打工”的儿童之间差异不显著($|AR|\leqslant1.96$)。在“不开心，但不会去管”选项上，“和爸妈、爷爷奶奶经常住在一起”的儿童和离异再组合家庭儿童之间差异不显著($|AR|\leqslant1.96$)。在“会打扫好我所在区域的卫生”选项上，离异再组合家庭儿童与其他家庭生活方式的儿童相比，差异不显著($|AR|\leqslant1.96$)。

2.4 自尊感

85.36%的湖北省儿童自尊感表现强烈。75.15%的湖北省儿童在犯错误被老师当众批评后，都会决心日后要改正，找回尊严；10.21%的湖北省儿童觉得当众被老师批评很丢人，没面子；9.81%的湖北省儿童受到老师的当众批评，表示很难过，并认为老师不应该当众批评自己；仅有4.83%的湖北省儿童在受到老师的当众批评时，觉得无所谓，认为反正又不只自己受过批评。(见图2-22)

(1) 年段差异。

对不同年段的儿童在自尊感上进行差异检验发现，总体差异非常显著(卡方值=626.813，$P\leqslant0.01$)。

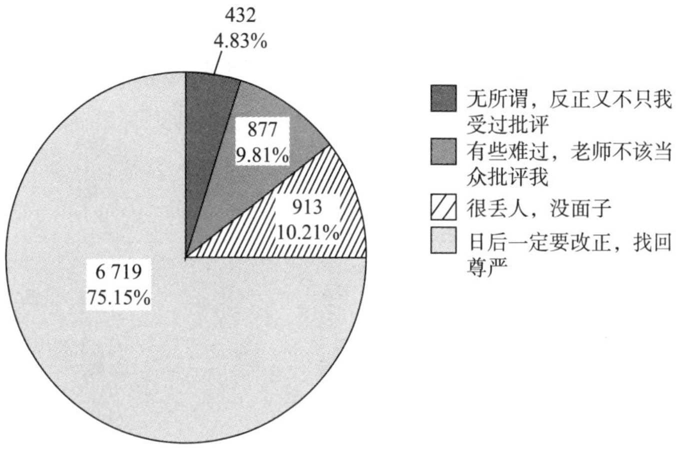

图 2-22 自尊感与儿童人数百分比分布图

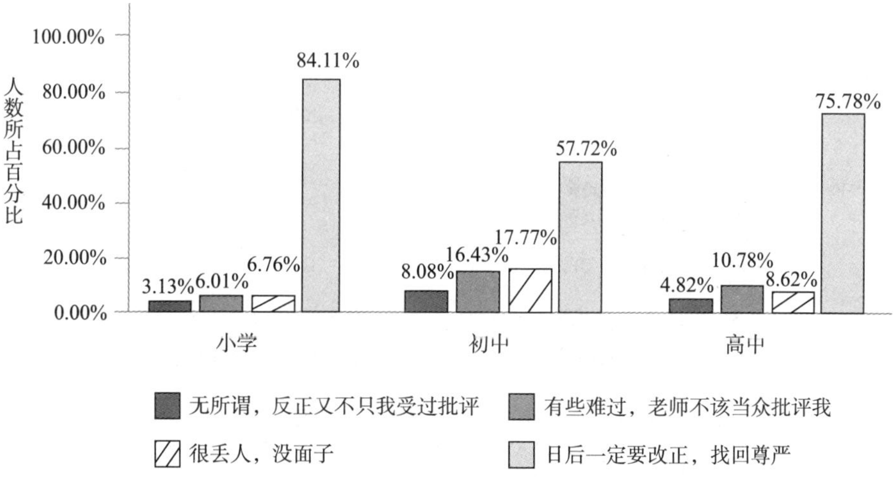

图 2-23 自尊感与儿童年段分布图

不同年段的儿童各选项百分比如图 2-23 所示，经进一步统计分析发现：

因犯错被老师当众批评时，小学儿童表现出“日后一定要改正，找回尊严”的人数比例高于初中儿童和高中儿童，且小学儿童和初中儿童之间差异非常显著($|AR|>2.58$)。初中儿童认为“很丢人，没面子”的人数比例高于高中儿童和小学儿童，且小学儿童和初中儿童之间差异非常显著($|AR|>2.58$)。初中儿童表现出“有些难过，老师不该当众批评我”的人数比例高于

高中儿童和小学儿童，且小学儿童和初中儿童之间差异非常显著（$|AR|>2.58$）。小学儿童表现出“无所谓，反正又不只我受过批评”的人数比例低于初中儿童和高中儿童，且小学儿童和初中儿童之间差异非常显著（$|AR|>2.58$）。

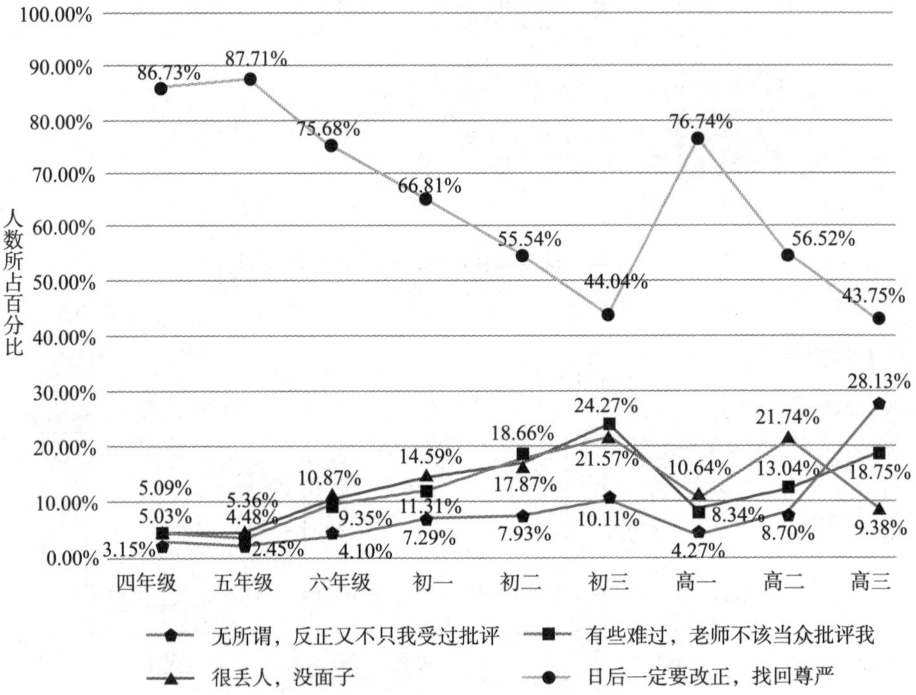

图 2-24　自尊感与儿童年级变化趋势图

对不同年级的儿童在自尊感方面进行差异检验发现，总体差异非常显著（卡方值=847.511，$P\leqslant 0.01$）。

各年级儿童都有强烈的自尊感，对比不同年级儿童自尊感的表现发现，年级越低的儿童，自尊感表现得更加明显（四、五、六年级儿童占比均在 75%以上），且随着年级的升高，选择“日后一定要改正，找回尊严”的比例整体呈波动下降的趋势。随着年级的上升，选择“无所谓，反正又不只我受过批评”和选择“有些难过，老师不该当众批评我”以及认为“很丢人，没面子”的人数比例整体都呈波动上升的趋势。（见图 2-24）

(2) 性别差异。

对不同性别的儿童在自尊感方面进行差异检验,发现总体差异非常显著(卡方值=41.214,$P\leqslant0.01$)。

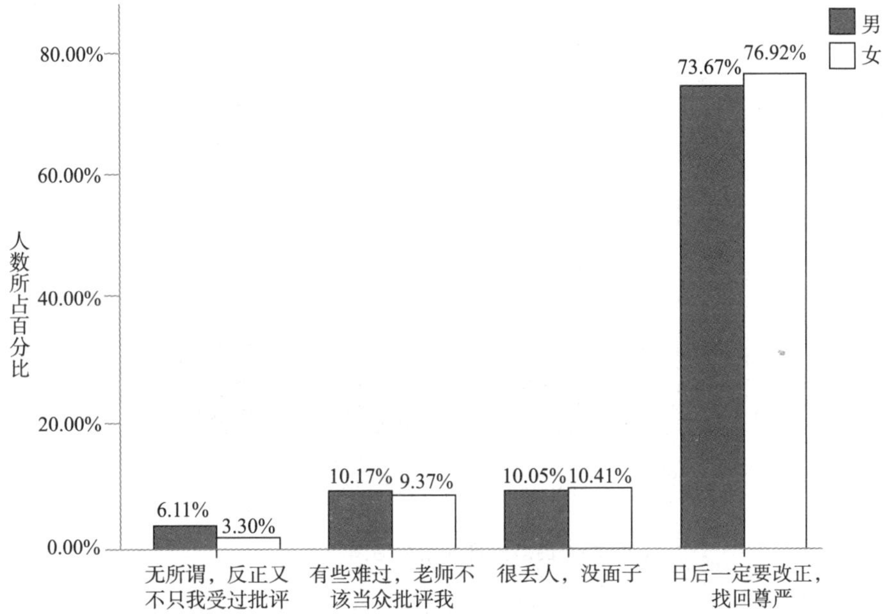

图 2-25 自尊感与儿童性别分布图

性别不同的儿童各选项百分比如图 2-25 所示,经进一步统计分析发现:

在受到老师当众批评时,男生比女生觉得无所谓的比例高,女生的自尊感更加强烈,且差异非常显著($|AR|>2.58$)。女生选择“日后一定要改正,找回尊严”的比例高于男生,且差异非常显著($|AR|>2.58$)。

女生表示“有些难过,老师不该当众批评我”的比例低于男生,差异不显著($|AR|\leqslant1.96$)。男生表示“很丢人,没面子”的比例和女生基本持平,差异不显著($|AR|\leqslant1.96$)。

(3) 生活满意度差异。

对不同生活满意度的儿童在自尊感方面进行差异检验发现,总体差异非常显著(卡方值=828.248,$P\leqslant0.01$)。

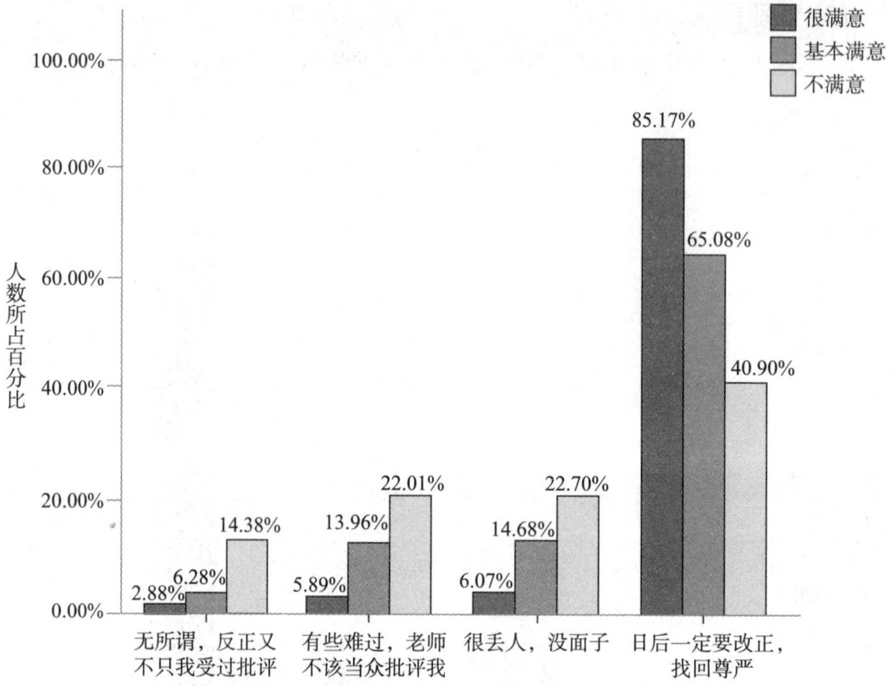

图 2－26　自尊感与儿童生活满意度分布图

不同生活满意度的儿童各选项百分比如图 2－26 所示，经进一步统计分析发现：

当因犯错受到老师当众批评时，持无所谓态度的儿童中，对生活不满意的儿童占比最高，其次是对生活基本满意的儿童，比例最低的是对生活很满意的儿童，且三种生活满意度的儿童之间差异均非常显著（$|AR|>2.58$）。对生活很满意的儿童感觉有些难过，认为老师不该当众批评自己的占比最低，其次是对生活基本满意的儿童，对生活不满意的儿童占比最高，且三种生活满意度的儿童之间差异均非常显著（$|AR|>2.58$）。对生活不满意的儿童认为受到老师当众批评"很丢人，没面子"的比例高于对生活很满意的儿童和对生活基本满意的儿童，且三种生活满意度的儿童之间差异均非常显著（$|AR|>2.58$）。对生活很满意的儿童倾向于日后改正并找回尊严的比例高于对生活基本满意的儿童和对生活不满意的儿童，且三种生活满意度的儿童之间差异均非常显著（$|AR|>2.58$）。

(4) 城乡差异。

对城乡儿童在自尊感方面进行差异检验发现,总体差异非常显著(卡方值=1 378.874,$P \leqslant 0.01$)。

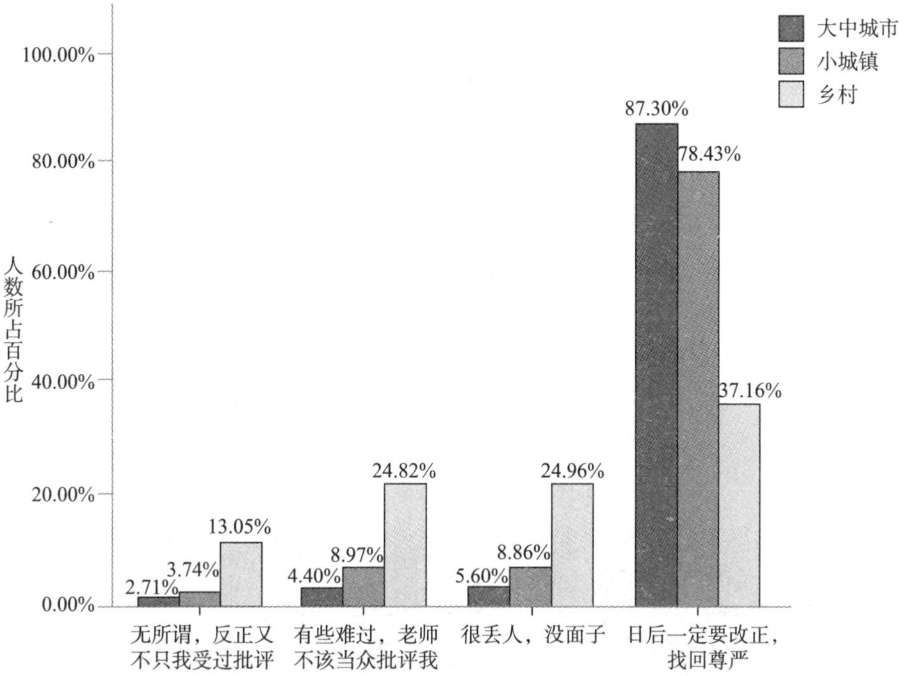

图 2-27 自尊感与儿童城乡分布图

城乡儿童各选项百分比如图 2-27 所示,经进一步统计分析发现:

大中城市儿童的自尊感表现得比小城镇和乡村的儿童更强烈。当受到老师当众批评时,乡村儿童认为"无所谓,反正又不只我受过批评"的比例比大中城市儿童和小城镇儿童高,且三者差异均非常显著($|AR|>2.58$)。乡村儿童选择"有些难过,老师不该当众批评我"的比例高于小城镇儿童和大中城市儿童,且乡村和大中城市的儿童之间差异非常显著($|AR|>2.58$)。乡村儿童选择"很丢人,没面子"的比例高于小城镇儿童和大中城市儿童,且三者之间差异均非常显著($|AR|>2.58$)。大中城市儿童选择"日后一定要改正,找回尊严"的比例高于小城镇儿童和乡村儿童,且相互之间差异非常显著($|AR|>2.58$)。

（5）家庭生活方式差异。

对不同家庭生活方式的儿童在自尊感方面进行差异检验发现，总体差异非常显著（卡方值＝181.730，$P \leqslant 0.01$）。

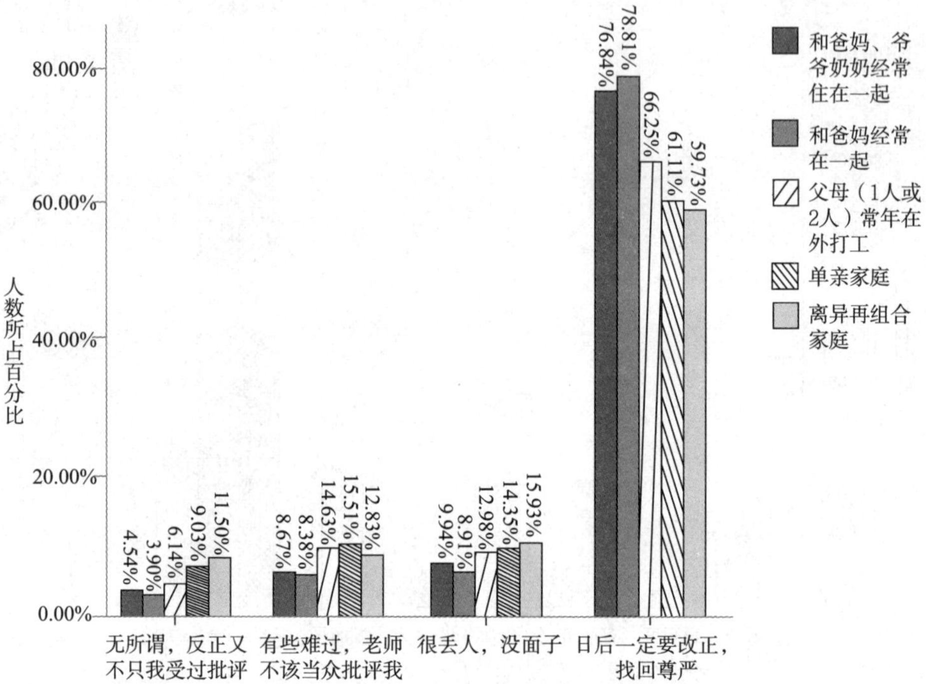

图 2－28　自尊感与儿童家庭生活方式分布图

不同家庭生活方式的儿童各选项百分比如图 2－28 所示，经进一步统计分析发现：

离异再组合家庭的儿童选择“无所谓，反正又不只我受过批评”的比例最高，其次是单亲家庭的儿童，比例最低的是“和爸妈经常在一起”的儿童，且“和爸妈经常在一起”的儿童、单亲家庭的儿童和离异再组合家庭的儿童之间差异均非常显著（$|AR|>2.58$）。单亲家庭儿童选择“有些难过，老师不该当众批评我”的比例最高，其次是“父母（1 人或 2 人）常年在外打工”的儿童，比例最低的是“和爸妈经常在一起”的儿童，且“和爸妈经常在一起”的儿童、“父母（1 人或 2 人）常年在外打工”的儿童和单亲家庭的儿童之间差异均非常显著（$|AR|>2.58$）。“和爸妈经常在一起”的儿童、“父母（1 人或 2 人）常年在外打工”的儿

童、单亲家庭儿童和离异再组合家庭儿童之间在“很丢人，没面子”“日后一定要改正，找回尊严”选项上差异均非常显著（$|AR|>2.58$）。

“和爸妈、爷爷奶奶经常住在一起”的儿童与其他家庭生活方式的儿童在“很丢人，没面子”“日后一定要改正，找回尊严”选项上差异不显著（$|AR|\leqslant 1.96$）。

2.5 羞耻感

湖北省儿童普遍具有很强的羞耻感。48.40%的湖北省儿童会为自己因作弊得到高分受到表扬而感到羞耻；33.15%的湖北省儿童认为抄袭是作弊，以后不能这么做了；13.94%的湖北省儿童处于纠结状态，有些高兴，又有些害怕；只有4.52%的湖北省儿童因作弊得到高分受到表扬而感到很开心，并且表示以后有机会还这么做。（见图2－29）

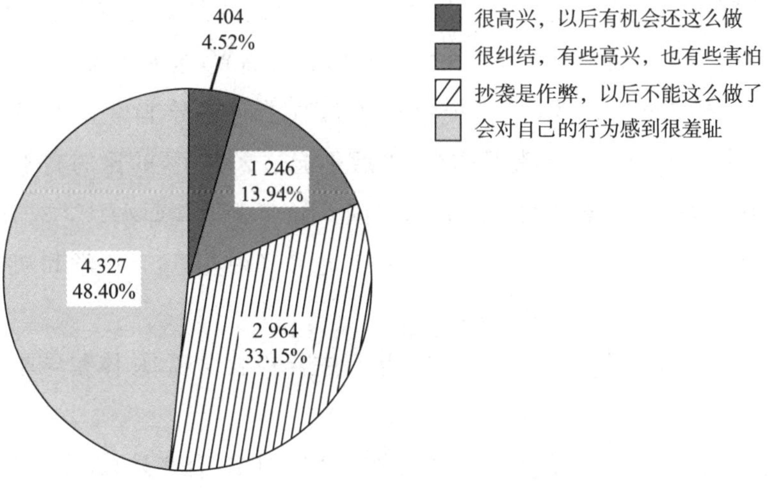

图2－29 羞耻感与儿童人数百分比分布图

(1) 年段差异。

对不同年段的儿童在自尊感上进行差异检验发现，总体差异非常显著（卡方值＝312.187，$P\leqslant 0.01$）。

不同年段的儿童各选项百分比如图2－30所示，经进一步统计分析发现：

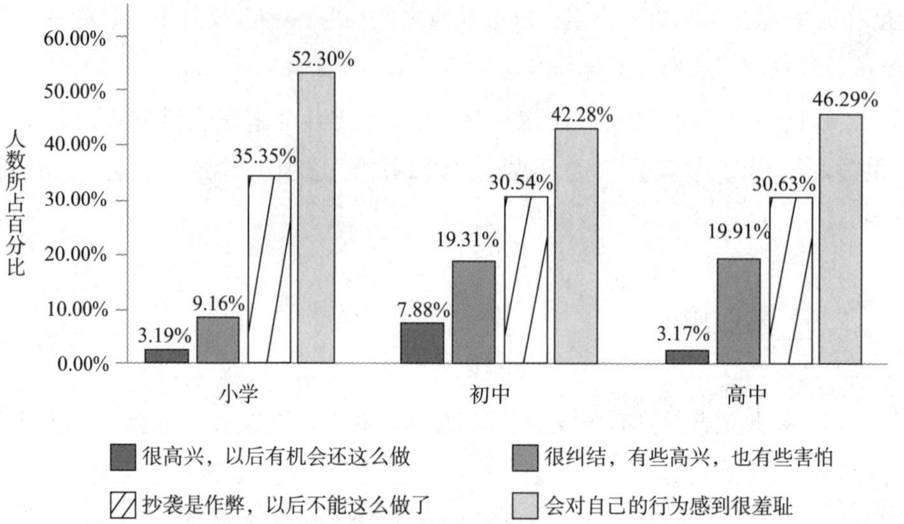

图 2－30　羞耻感与儿童年段分布图

因抄袭得高分受到表扬，初中儿童表现出“很高兴，以后有机会还这么做”的比例高于小学儿童和高中儿童，且三个年段的儿童之间差异非常显著（$|AR|>2.58$）。高中儿童表现出“很纠结，有些高兴，也有些害怕”的比例高于初中儿童和小学儿童，且三个年段的儿童之间差异非常显著（$|AR|>2.58$）。小学儿童认为“抄袭是作弊，以后不能这么做了”的比例高于高中儿童和初中儿童，且小学和初中的儿童之间差异非常显著（$|AR|>2.58$）。小学儿童为作弊感到羞耻的比例高于初中儿童和高中儿童，且小学和初中的儿童之间差异非常显著（$|AR|>2.58$）。

对不同年级的儿童在羞耻感方面进行差异检验发现，总体差异非常显著（卡方值$=550.098$，$P\leqslant 0.01$）。

选择“很高兴，以后有机会还这么做”和“很纠结，有些高兴，也有些害怕”的比例，随着儿童年级的升高整体呈波动上升的趋势。选择“抄袭是作弊，以后不能这么做了”的高三儿童人数比例最高，初一儿童人数比例最低，整体呈波动上升趋势。随着儿童年级的升高，选择“会对自己的行为感到很羞耻”的比例整体呈波动下降的趋势。（见图 2－31）

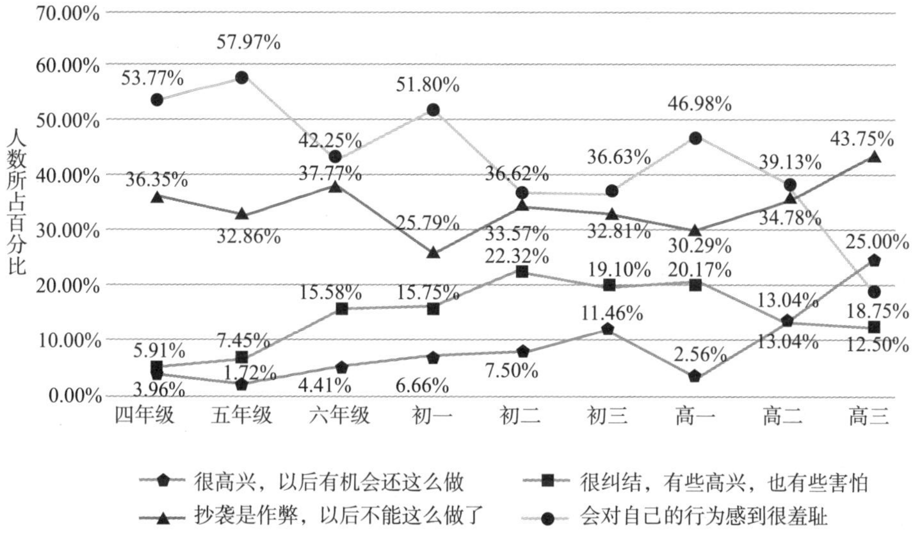

图 2－31　羞耻感与儿童年级变化趋势图

(2) 性别差异。

对不同性别的儿童在羞耻感方面进行差异检验，发现总体差异非常显著(卡方值=27.539，$P \leqslant 0.01$)。

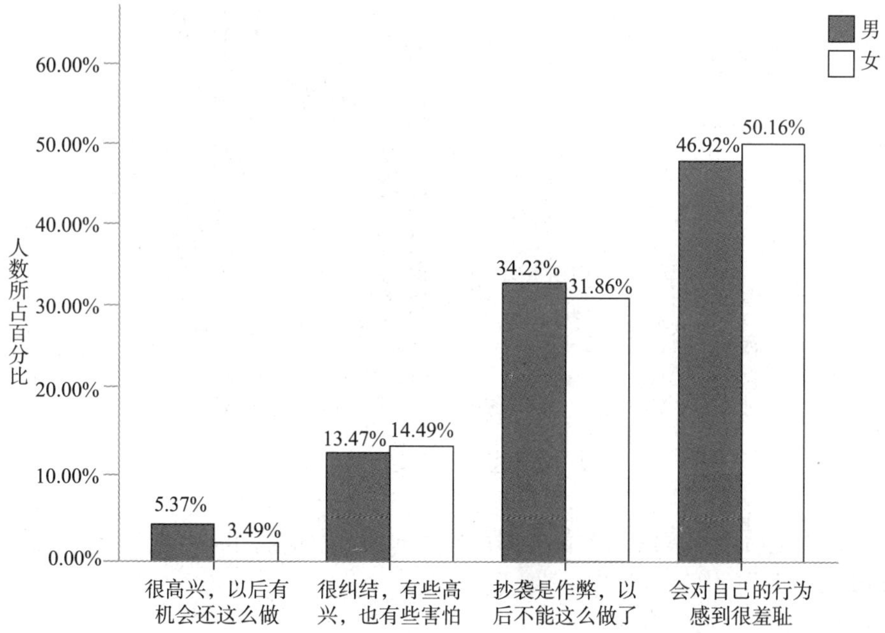

图 2－32　羞耻感与儿童性别分布图

不同性别的儿童各选项百分比如图 2－32 所示，经进一步统计分析发现：

女生的羞耻感表现得比男生更强烈，男生会为自己的作弊行为感到羞耻的比例低于女生，且差异非常显著（$|AR|>2.58$）。女生选择“很高兴，以后有机会还这么做”的比例低于男生，且差异非常显著（$|AR|>2.58$）。

男生选择“抄袭是作弊，以后不能这么做了”的比例高于女生，差异比较显著（$1.96<|AR|\leqslant 2.58$）。

女生选择“很纠结，有些高兴，也有些害怕”的比例高于男生，差异不显著（$|AR|\leqslant 1.96$）。

（3）生活满意度差异。

对不同生活满意度的儿童在羞耻感方面进行差异检验发现，总体差异非常显著（卡方值$=528.725$，$P\leqslant 0.01$）。

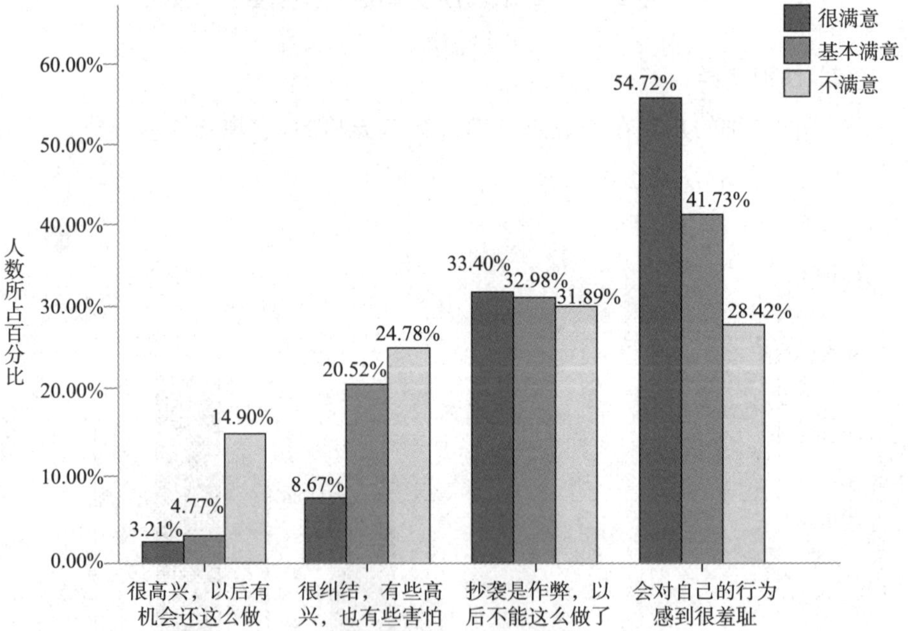

图 2－33　羞耻感与儿童生活满意度分布图

不同生活满意度的儿童各选项百分比如图 2－33 所示，经进一步统计分析发现：

对生活不满意的儿童选择“很高兴，以后有机会还这么做”的比例高于对生

活基本满意和对生活很满意的儿童，且对生活很满意的儿童和对生活不满意的儿童之间差异非常显著（$|AR|>2.58$）。对生活很满意的儿童选择“很纠结，有些高兴，也有些害怕”的比例低于对生活基本满意和对生活不满意的儿童，且三种满意度的儿童之间差异非常显著（$|AR|>2.58$）。对生活很满意的儿童会对自己的作弊行为感到羞耻的比例高于对生活基本满意和对生活不满意的儿童，且差异非常显著（$|AR|>2.58$）。

对生活很满意的儿童认为“抄袭是作弊，以后不能这么做了”的比例高于对生活基本满意和对生活不满意的儿童，差异不显著（$|AR|\leqslant 1.96$）。

(4) 城乡差异。

对城乡儿童在羞耻感方面进行差异检验发现，总体差异非常显著（卡方值＝647.663，$P\leqslant 0.01$）。

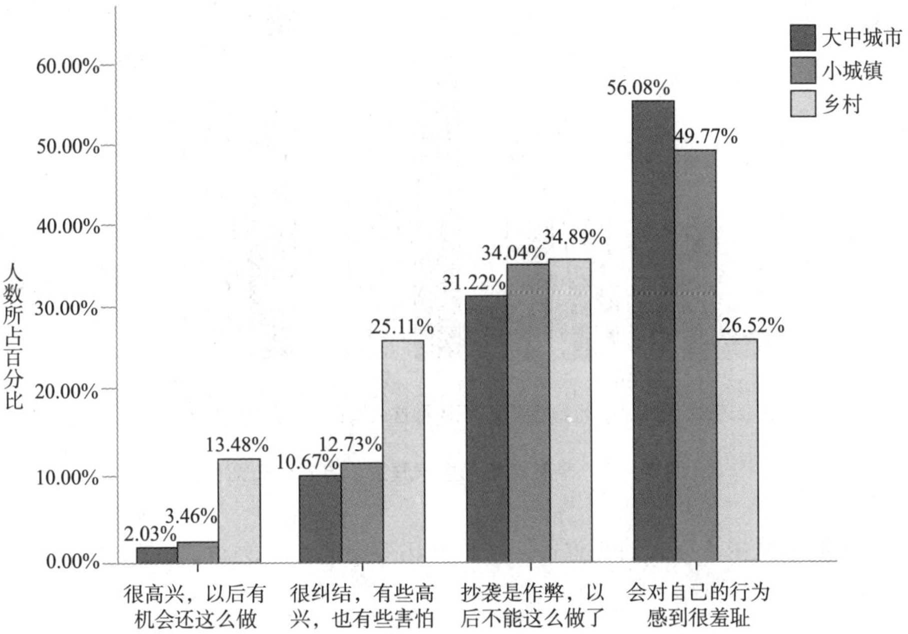

图 2－34　羞耻感与儿童城乡差异

城乡儿童各选项百分比如图 2－34 所示，经进一步统计分析发现：

大中城市儿童会对自己的作弊行为感到羞耻的占比高于小城镇和乡村的儿童，且大中城市和乡村的儿童之间差异非常显著（$|AR|>2.58$）。乡村儿童

选择“很纠结，有些高兴，也有些害怕”的比例高于小城镇和大中城市的儿童，且三者之间差异非常显著（$|AR|>2.58$）。

乡村儿童选择“抄袭是作弊，以后不能这么做了”的比例高于大中城市和小城镇的儿童，且小城镇和乡村的儿童之间差异不显著（$|AR|\leqslant 1.96$）。

（5）家庭生活方式差异。

对不同家庭生活方式的儿童在羞耻感方面进行差异检验，发现总体差异非常显著（卡方值=137.860，$P\leqslant 0.01$）

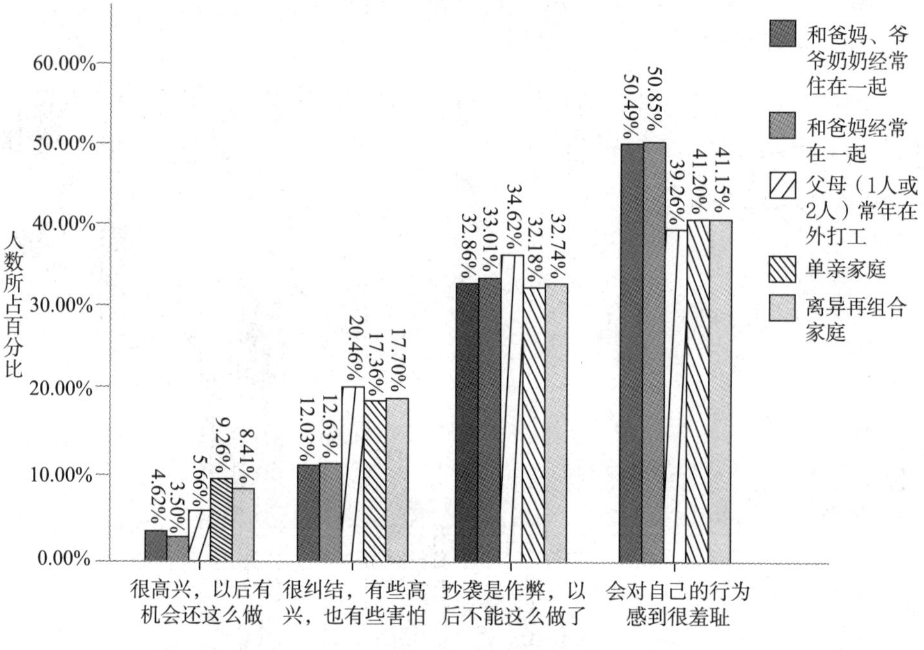

图2-35　羞耻感与儿童家庭生活方式分布图

不同家庭生活方式的儿童各选项百分比如图2-35所示，经进一步统计分析发现：

单亲家庭儿童选择“很高兴，以后有机会还这么做”的比例高于其他家庭的儿童，且“和爸妈经常在一起”的儿童、单亲家庭儿童和离异再组合家庭儿童之间差异均非常显著（$|AR|>2.58$）。“父母（1人或2人）常年在外打工”的儿童选择“很纠结，有些高兴，也有些害怕”的比例最高，“和爸妈、爷爷奶奶经常住在一起”的儿童、“和爸妈经常在一起”的儿童和“父母（1人或2人）常年在外打工”

的儿童之间差异均非常显著($|AR|>2.58$)。“和爸妈经常在一起”的儿童、“父母(1人或2人)常年在外打工”的儿童和单亲家庭儿童之间在“会对自己的行为感到很羞耻”选项上差异均非常显著($|AR|>2.58$)。

“父母(1人或2人)常年在外打工”的儿童选择“抄袭是作弊,以后不能这么做了”的比例最高,其他家庭生活方式的儿童人数比例基本持平,不同家庭生活方式的儿童之间差异不显著($|AR|\leqslant1.96$)。“和爸妈、爷爷奶奶经常住在一起”的儿童和离异再组合家庭的儿童在“会对自己的行为感到很羞耻”选项上差异不显著($|AR|\leqslant1.96$)。

3 湖北省儿童道德理性发展状况

3.1 儿童道德判断水平发展状况

本维度选取了吉姆·莱斯特(Jim Rest)确定问题测验法(Defining Issues Test,DIT)修订版中一个“饥饿的农民(李德)能否偷为富不仁的富翁的粮食”的两难故事,只保留原测验中故事评定一个题目,并将其中对故事评定的三点量表方式改编为选择题形式(即“支持”“不支持”“不知道是否支持”三个选项),然后针对三种不同的评定分别设置一道理由追问题,理由追问题的选项对应科尔伯格道德发展理论中的三水平六阶段。根据科尔伯格“两难问题”道德判断评定方法,回答支持与否不作为道德判断水平的判定标准,因为任一水平或阶段的儿童都有回答“支持”“不支持”和“不知道是否支持”的可能,主要判别依据是作出选择的理由,即“为什么支持”“为什么不支持”和“为什么不知道是否支持”。我们主要从作答的理由来对儿童道德判断水平的发展状况进行分析。

“支持”即“肯定性”道德判断的理由有五项,其包含的内容以及相对应的发展阶段分别是:第一项为“偷来粮食可以救自己家人的命”,选择此选项的儿童处于道德判断水平的阶段二“以个人的功利主义和交换为价值取向”;第二项为“父亲应该为家人想出解决问题的办法”,选择此选项的儿童处于道德判断水平的阶段三“以协调人际关系为价值取向”;第三项为“如果法律不合理,就不用遵守法律”,选择此选项的儿童处于道德判断水平的阶段四“以法律与秩序为价值取向”;第四项为“富人不仁(吝惜自己的粮食),穷人就可以不义(违法)”,选择此选项的儿童处于道德判断水平的阶段五“以社会契约为价值取向”;第五项为“生命最重要,其他都可以不考虑”,选择此选项的儿童处于道德判断水平的阶段六“以普遍伦理原则为价值取向”。

“不支持”即“否定性”道德判断的理由有五项,其包含的内容以及相对应的发展阶段分别是:第一项为“偷粮食会被惩罚”,选择此选项的儿童处于道德判断水平的阶段一“以惩罚与服从为价值取向”;第二项为“他成了小偷,就不是好爸爸了”,选择此选项的儿童处于道德判断水平的阶段三“以协调人际关系为价值取向”;第三项为“偷东西是违反法律和道德的”,选择此选项的儿童处于道德判断水平的阶段四“以法律与秩序为价值取向”;第四项为“富人不道德,但这不是穷人违反道德的理由”,选择此选项的儿童处于道德判断水平的阶段五“以社会契约为价值取向”;第五项为“不管怎么样,好人不能偷东西”,选择此选项的儿童处于道德判断水平的阶段六“以普遍伦理原则为价值取向”。

“不知道是否支持”即“两难性”道德判断理由有六项,其包含的内容以及相对应的发展阶段分别是:第一项为“家人饿死,李德会很伤心,但偷东西,可能会被抓住受惩罚”,选择此选项的儿童处于道德判断水平的阶段一“以惩罚与服从为价值取向”;第二项为“偷东西可以让家人活下来,但如果被抓住,他就不能再照顾家人”,选择此选项的儿童处于道德判断水平的阶段二“以个人功利主义和交换为价值取向”;第三项为“救家人是好父亲,但是偷东西就成了坏人”,选择此选项的儿童处于道德判断水平的阶段三“以协调人际关系为价值取向”;第四项为“法律没有保护穷人,但做事不能违反法律”,选择此选项的儿童处于道德判断水平的阶段四“以法律与秩序为价值取向”;第五项为“一个好父亲应当照顾好家人,但如果人人都这么做,天下会大乱”,选择此选项的儿童处于道德判断水平的阶段五“以社会契约为价值取向”;第六项为“不能救自己家人的生命,良心会过不去,但是偷别人的东西,即使没被抓住,还是会觉得人生有了污点”,选择此选项的儿童处于道德判断水平的阶段六“以普遍伦理原则为价值取向”。

3.1.1 儿童能否作出道德判断的情况

53.38%的湖北省儿童表示不支持李德去偷粮食;25.97%的湖北省儿童表示不知道是否支持李德去偷粮食;相比不支持李德偷粮的行为,明确表示支持

李德去偷粮食的人数比例相对偏小(20.65%)。(见图3-1)

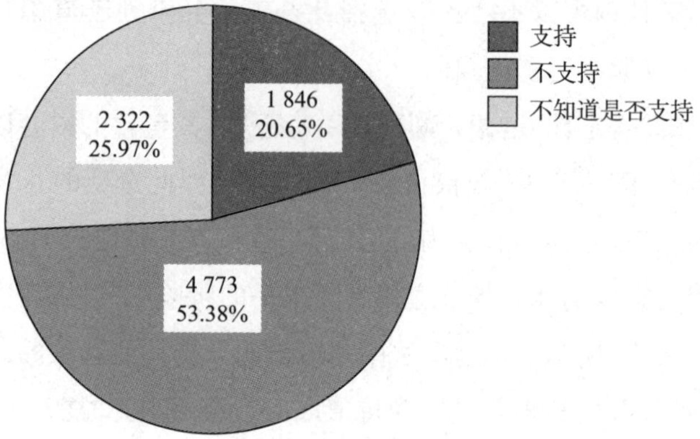

图3-1　道德判断与儿童人数百分比分布图

(1) 年段差异。

对不同年段儿童的道德判断情况进行差异检验发现，总体上存在非常显著的差异(卡方值=119.672，$P \leqslant 0.01$)。

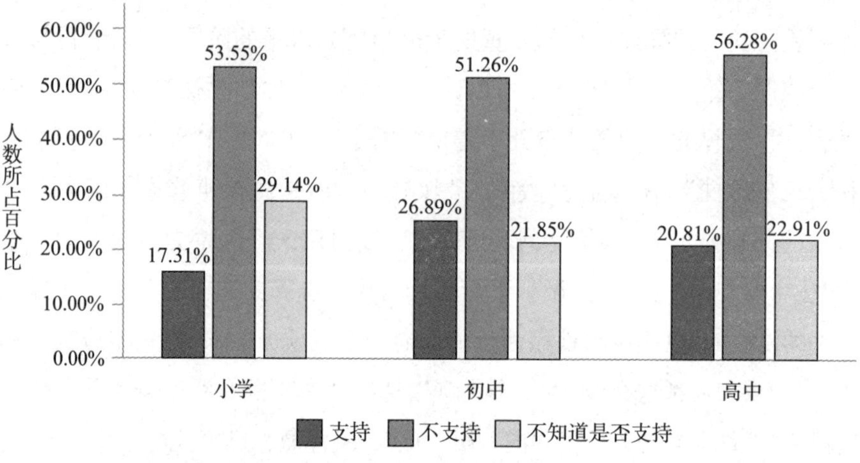

图3-2　道德判断与儿童年段分布图

不同年段的儿童各选项百分比如图3-2所示，经进一步统计分析发现：

初中儿童选择支持李德偷粮食的人数比例高于小学、高中儿童，且小学和初中的儿童之间差异非常显著($|AR|>2.58$)。高中儿童选择不支持李德偷粮食的人数比例高于小学和初中的儿童。小学儿童不知道是否支持李德偷粮食的人数比例高于初中、高中儿童，且小学、初中和高中儿童之间差异非常显著($|AR|>2.58$)。

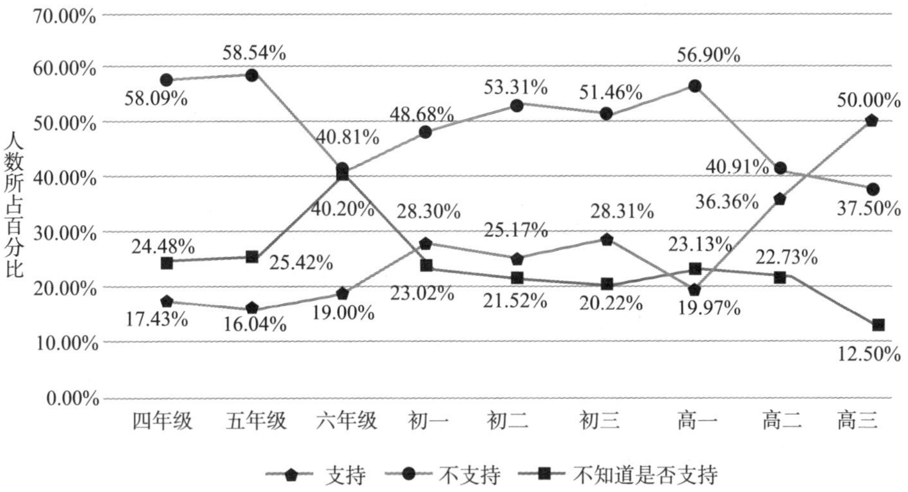

图 3－3　道德判断与儿童年级变化趋势图

从道德判断与儿童年级变化趋势图中可以看出，随着年龄的增加，儿童选择支持李德偷粮食的人数比例整体呈波动上升的趋势；选择不支持的儿童人数比例整体上呈先下降再上升再下降的趋势；选择不知道是否支持的儿童人数比例除六年级儿童外变动幅度不大，整体呈下降趋势，六年级儿童选择不知道是否支持的比例高于其他年级儿童。（见图 3－3）

（2）性别差异。

对不同性别儿童的道德判断情况进行差异检验发现，总体上存在非常显著的差异（卡方值＝55.920，$P \leqslant 0.01$）。

性别不同的儿童各选项百分比如图 3－4 所示，经进一步统计分析发现：

男生选择支持李德偷粮食的人数比例高于女生，且男女生之间差异非常显著（$|AR|>2.58$）。女生不知道是否支持李德偷粮食的人数比例高于男生，且男女生之间差异非常显著（$|AR|>2.58$）。

男生选择不支持李德偷粮食的人数比例高于女生，差异不显著（$|AR| \leqslant 1.96$）。

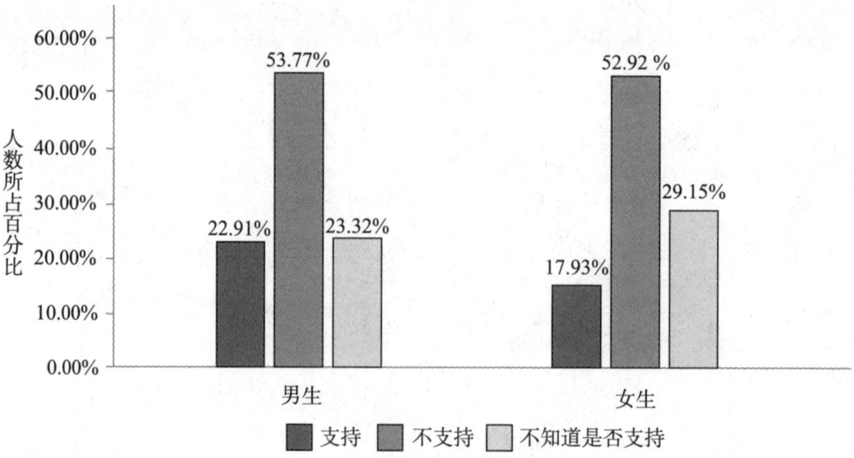

图 3－4　道德判断与儿童性别分布图

(3) 城乡差异。

对城乡儿童的道德判断情况进行差异检验发现，总体上存在非常显著的差异（卡方值＝423.348，$P\leqslant 0.01$）。

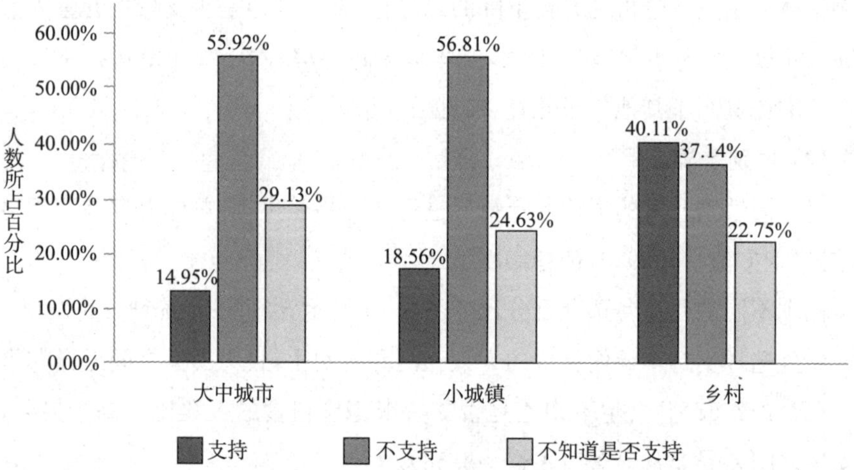

图 3－5　道德判断与儿童城乡分布图

城乡儿童各选项百分比如图 3－5 所示，经进一步统计分析发现：

乡村儿童选择支持李德偷粮食的人数比例高于大中城市、小城镇儿童，且大中城市、小城镇和乡村儿童之间差异均非常显著（$|AR|>2.58$）。大中城市、

小城镇儿童选择不支持李德偷粮食的人数比例均高于乡村儿童，且大中城市、小城镇和乡村儿童之间差异均非常显著（$|AR|>2.58$）。大中城市儿童不知道是否支持李德偷粮食的人数比例高于小城镇和乡村的儿童，且大中城市、小城镇和乡村儿童之间差异均非常显著（$|AR|>2.58$）。

(4) 生活满意度差异。

对不同生活满意度儿童的道德判断情况进行差异检验发现，总体上存在非常显著的差异（卡方值=186.306，$P\leqslant0.01$）。

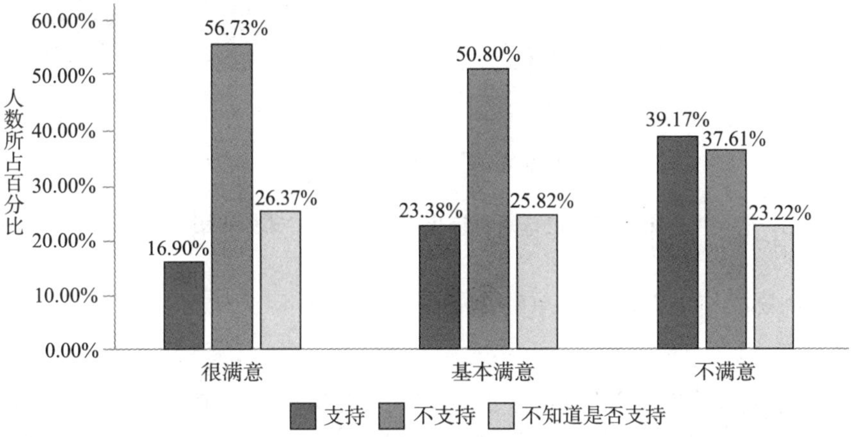

图 3-6 道德判断与儿童生活满意度分布图

不同生活满意度的儿童各选项百分比如图 3-6 所示，经进一步统计分析发现：

对生活不满意的儿童选择支持李德偷粮食的人数比例高于对生活很满意、对生活基本满意的儿童，且差异非常显著（$|AR|>2.58$）。对生活基本满意的儿童选择支持李德偷粮食的人数比例高于对生活很满意的儿童，且差异非常显著（$|AR|>2.58$）。对生活很满意的儿童选择不支持李德偷粮食的人数比例高于对生活基本满意、对生活不满意的儿童，且差异非常显著（$|AR|>2.58$）。对生活基本满意的儿童选择不支持李德偷粮食的人数比例高于对生活不满意的儿童，且差异非常显著（$|AR|>2.58$）。

对生活不满意的儿童、对生活很满意的儿童和对生活基本满意的儿童之间在不知道是否支持李德偷粮食选项上均不存在显著差异（$|AR|\leqslant1.96$）。

(5) 家庭生活方式差异。

对不同家庭生活方式儿童的道德判断情况进行差异检验发现，总体上存在非常显著的差异（卡方值=134.535，$P \leqslant 0.01$）。

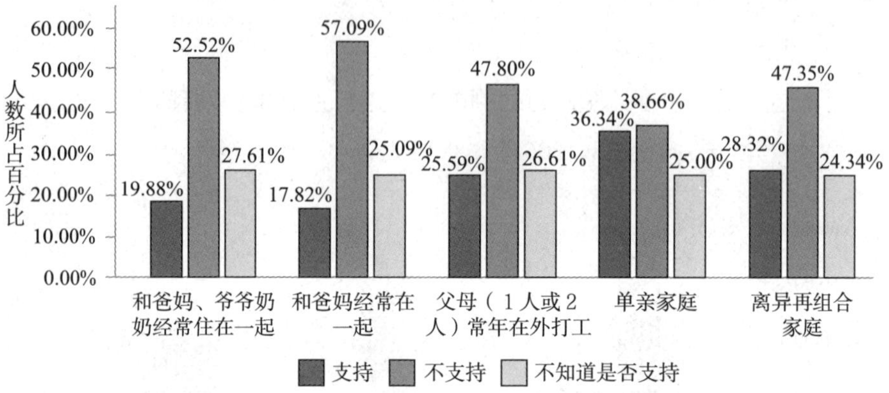

图3-7 道德判断与儿童家庭生活方式分布图

不同家庭生活方式的儿童各选项百分比如图3-7所示，经进一步统计分析发现：

"和爸妈经常在一起"的儿童、"父母(1人或2人)常年在外打工"的儿童、单亲家庭儿童和离异再组合家庭儿童之间在选择支持李德偷粮食上差异均非常显著（$|AR|>2.58$）。"和爸妈经常在一起"的儿童、"父母(1人或2人)常年在外打工"的儿童和单亲家庭儿童之间在选择不支持李德偷粮食上差异均非常显著（$|AR|>2.58$）。

"和爸妈、爷爷奶奶经常住在一起"的儿童和离异再组合家庭儿童在选择不支持李德偷粮食上差异不显著（$|AR| \leqslant 1.96$）。"和爸妈经常在一起"的儿童、"父母(1人或2人)常年在外打工"的儿童、单亲家庭儿童和离异再组合家庭儿童之间在不知道是否支持李德偷粮食上差异均不显著（$|AR| \leqslant 1.96$）。

3.1.2 儿童"肯定性"道德判断理由与水平

27.74%的湖北省儿童支持偷粮，认为"偷来粮食可以救自己家人的命"，表明这部分儿童的道德判断水平可能处于前习俗水平的阶段二"以个人的功利主义与交换为价值取向"。

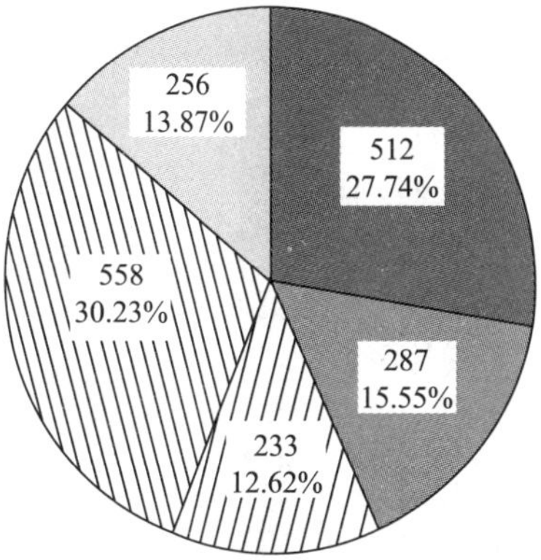

图 3－8 “肯定性”道德判断与儿童人数百分比分布图

30.23%的湖北省儿童支持偷粮，认为“富人不仁(吝惜自己的粮食)，穷人就可以不义(违法)”，表明这部分儿童的道德判断水平可能达到了后习俗水平的阶段五“以社会契约为价值取向”。

13.87%的湖北省儿童支持偷粮，认为“生命最重要，其他都可以不考虑”，表明这部分儿童的道德判断水平可能处在后习俗水平的阶段六“以普遍伦理原则为价值取向”。

12.62%的湖北省儿童支持偷粮，认为“如果法律不合理，就不用遵守法律”，表明这部分儿童的道德判断水平可能处在习俗水平的阶段四“以法律与秩序为价值取向”。

15.55%的湖北省儿童支持偷粮，认为“好父亲应该为家人想出解决问题的办法”，表明这部分儿童的道德判断水平可能处在习俗水平的阶段三“以协调人际关系为价值取向”。(见图 3－8)

(1) 年段差异。

对不同年段儿童的道德判断水平进行差异检验发现，总体上存在非常显著的差异(卡方值＝64.275，$P\leqslant 0.01$)。

不同年段的儿童各选项百分比如图 3－9 所示，经进一步统计分析发现：

认为“偷来粮食可以救自己家人的命”，即道德判断水平处于阶段二的高中儿童人数比例高于小学、初中儿童，且小学和初中儿童之间差异比较显著

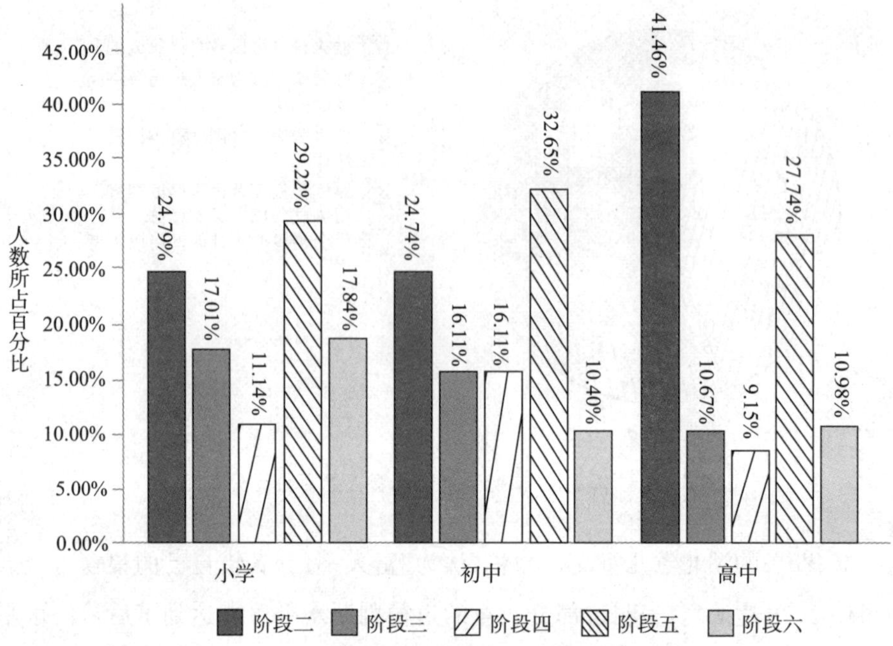

图 3-9 “肯定性”道德判断与儿童年段分布图

(1.96<|AR|≤2.58)。

认为“好父亲应该为家人想出解决问题的办法”，即道德判断水平处于阶段三的小学、初中儿童之间差异不显著(|AR|≤1.96)。

认为“如果法律不合理，就不用遵守法律”，即道德判断水平处于阶段四的初中儿童人数比例高于高中儿童，且差异非常显著(|AR|>2.58)。

认为“富人不仁(吝惜自己的粮食)，穷人就可以不义(违法)”，即道德判断水平处于阶段五的小学、初中、高中儿童之间差异不显著(|AR|≤1.96)。

认为“生命最重要，其他都可以不考虑”，即道德判断水平处于阶段六的小学儿童人数比例高于初中和高中儿童，且小学和初中儿童之间差异非常显著(|AR|>2.58)。

从“肯定性”道德判断与儿童年级变化趋势图可以看出，从道德判断水平处于阶段二的角度分析，小学和初中年段随着年级的升高，整体呈波动下降趋势，高中年段整体呈波动上升趋势。从阶段三、阶段四水平上分析，随着年级的升高，各年级儿童人数比例在15%左右波动。在阶段五水平上，高二年级儿童人

数比例最高，高三年级最低，除初一外，其他年级差异均不显著（$|AR| \leqslant 1.96$）。在阶段六水平上，小学和初中年段，随着儿童年龄的增加人数比例呈下降趋势，四年级儿童人数比例最高，比例最低的是高二儿童（湖北省参与调查的高二学生有8人，无人选择阶段六选项），除四年级、初一和高二外，其他年级差异均不显著（$|AR| \leqslant 1.96$）。（见图3-10）

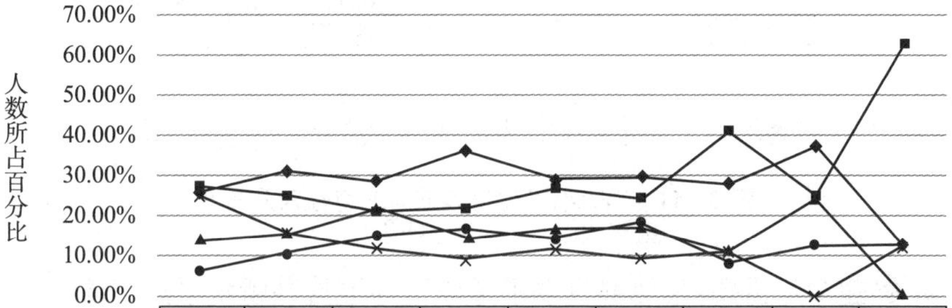

	四年级	五年级	六年级	初一	初二	初三	高一	高二	高三
─■─ 阶段二	27.08%	25.32%	21.60%	22.39%	26.99%	24.60%	40.79%	25.00%	62.50%
─▲─ 阶段三	14.08%	15.91%	21.60%	14.93%	16.61%	17.46%	10.86%	25.00%	0.00%
─●─ 阶段四	6.86%	11.69%	15.20%	16.42%	14.88%	18.25%	8.88%	12.50%	12.50%
─◆─ 阶段五	26.71%	31.49%	29.20%	36.57%	30.10%	30.16%	28.29%	37.50%	12.50%
─×─ 阶段六	25.27%	15.58%	12.40%	9.70%	11.42%	9.52%	11.18%	0.00%	12.50%

图3-10　"肯定性"道德判断与儿童年级变化趋势图

（2）性别差异。

对不同性别儿童的道德判断水平进行差异检验发现，不存在显著差异（卡方值=2.025，$P > 0.05$）。

不同性别的儿童各选项百分比如图3-11所示，经进一步统计分析发现：

认为"偷来粮食可以救自己家人的命"，即道德判断水平处于阶段二的男女生之间不存在显著差异（$|AR| \leqslant 1.96$）。

认为"好父亲应该为家人想出解决问题的办法"，即道德判断水平处于阶段三的男女生之间不存在显著差异（$|AR| \leqslant 1.96$）。

认为"如果法律不合理，就不用遵守法律"，即道德判断水平处于阶段四的男女生之间不存在显著差异（$|AR| \leqslant 1.96$）。

认为"富人不仁（吝惜自己的粮食），穷人就可以不义（违法）"，即道德判断水平处于阶段五的男女生之间不存在显著差异（$|AR| \leqslant 1.96$）。

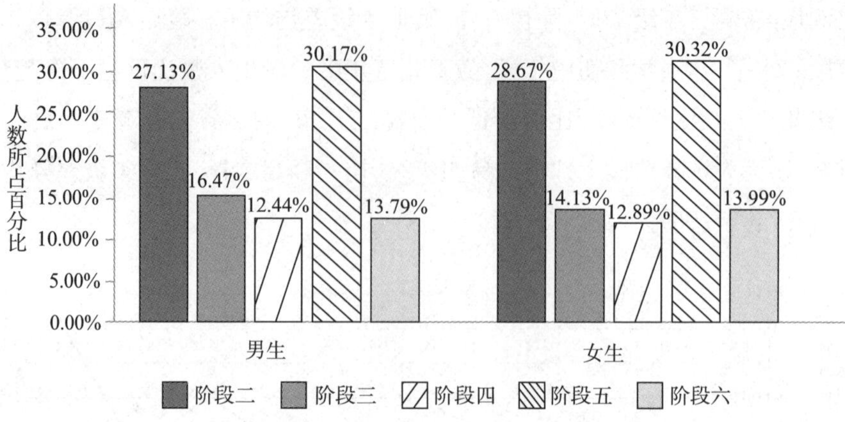

图3-11 “肯定性”道德判断与儿童性别分布图

认为“生命最重要，其他都可以不考虑”，即道德判断水平处于阶段六的男女生之间不存在显著差异（$|AR|\leqslant 1.96$）。

(3) 城乡差异。

对城乡儿童的道德判断水平进行差异检验发现，总体上存在非常显著的差异（卡方值＝24.959，$P\leqslant 0.01$）。

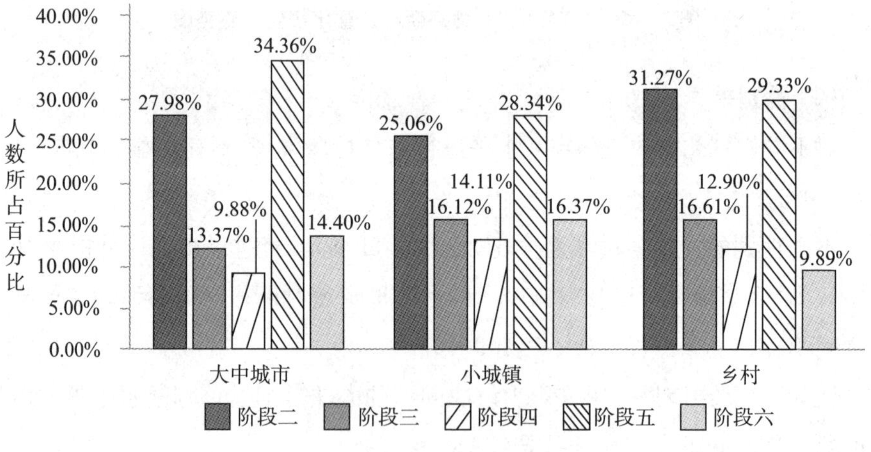

图3-12 “肯定性”道德判断与儿童城乡分布图

城乡儿童各选项百分比如图3-12所示，经进一步统计分析发现：

认为“偷来粮食可以救自己家人的命”，即道德判断水平处于阶段二的小城

镇和乡村儿童之间差异比较显著(1.96<|AR|≤2.58)。

认为“好父亲应该为家人想出解决问题的办法”，即道德判断水平处于阶段三的大中城市、小城镇和乡村儿童之间差异不显著(|AR|≤1.96)。

认为“如果法律不合理，就不用遵守法律”，即道德判断水平处于阶段四的小城镇、乡村儿童之间差异不显著(|AR|≤1.96)。

认为“富人不仁(吝惜自己的粮食)，穷人就可以不义(违法)”，即道德判断水平处于阶段五的小城镇、乡村儿童之间差异不显著(|AR|≤1.96)。

认为“生命最重要，其他都可以不考虑”，即道德判断水平处于阶段六的小城镇儿童和乡村儿童之间差异非常显著(|AR|>2.58)。

(4) 生活满意度差异。

对不同生活满意度儿童的道德判断水平进行差异检验发现，总体上差异非常显著(卡方值=28.439，$P\leqslant0.01$)。

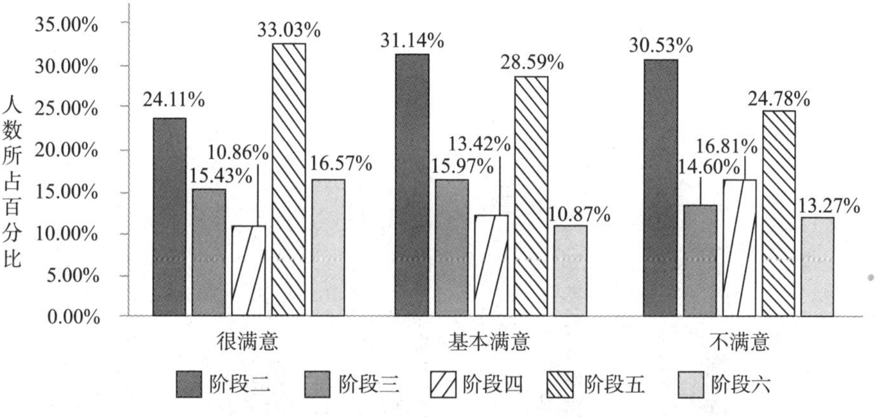

图 3-13 “肯定性”道德判断与儿童生活满意度分布图

不同生活满意度的儿童各选项百分比如图 3-13 所示，经进一步统计分析发现：

认为“偷来粮食可以救自己家人的命”，即道德判断水平处于阶段二的对生活很满意和对生活基本满意的儿童之间差异非常显著(|AR|>2.58)。

认为“好父亲应该为家人想出解决问题的办法”，即道德判断水平处于阶段三的对生活很满意、对生活基本满意和对生活不满意的儿童之间差异均不显著

（$|AR|\leqslant 1.96$）。

认为“如果法律不合理，就不用遵守法律”，即道德判断水平处于阶段四的对生活不满意的儿童和对生活很满意的儿童之间差异比较显著（$1.96<|AR|\leqslant 2.58$）。

认为“富人不仁（吝惜自己的粮食），穷人就可以不义（违法）”，即道德判断水平处于阶段五的对生活基本满意和对生活不满意的儿童之间差异均不显著（$|AR|\leqslant 1.96$）。

认为“生命最重要，其他都可以不考虑”，即道德判断水平处于阶段六的对生活很满意的儿童和对生活基本满意的儿童之间差异非常显著（$|AR|>2.58$）；对生活不满意的儿童与其他生活满意度儿童相比，差异不显著（$|AR|\leqslant 1.96$）。

(5) 家庭生活方式差异。

对不同家庭生活方式儿童的道德判断水平进行差异检验发现，差异比较显著（卡方值＝28.159，$0.01<P\leqslant 0.05$）。

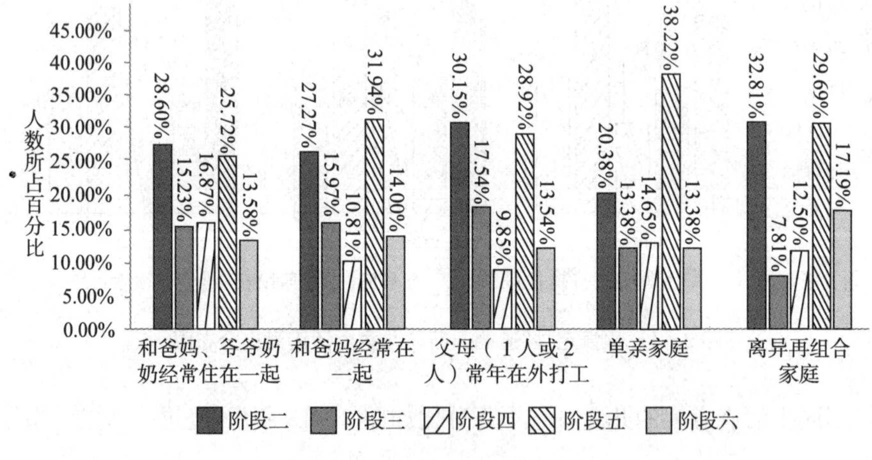

图3-14 “肯定性”道德判断与儿童家庭生活方式分布图

不同家庭生活方式的儿童各选项百分比如图3-14所示，经进一步统计分析发现：

认为“偷来粮食可以救自己家人的命”，即道德判断水平处于阶段二的“和爸妈、爷爷奶奶经常住在一起”的儿童、“和爸妈经常在一起”的儿童、“父母（1人

或 2 人)常年在外打工"的儿童和离异再组合家庭儿童之间差异均不显著($|AR| \leqslant 1.96$)。

认为"好父亲应该为家人想出解决问题的办法",即道德判断水平处于阶段三的不同家庭生活方式的儿童之间差异不显著($|AR| \leqslant 1.96$)。

认为"如果法律不合理,就不用遵守法律",即道德判断水平处于阶段四的"父母(1 人或 2 人)常年在外打工"的儿童、单亲家庭儿童和离异再组合家庭儿童之间差异均不显著($|AR| \leqslant 1.96$)。

认为"富人不仁(吝惜自己的粮食),穷人就可以不义(违法)",即道德判断水平处于阶段五的"和爸妈、爷爷奶奶经常住在一起"的儿童和单亲家庭儿童之间差异比较显著($1.96 < |AR| \leqslant 2.58$),其他家庭生活方式儿童之间差异均不显著($|AR| \leqslant 1.96$)。

认为"生命最重要,其他都可以不考虑",即道德判断水平处于阶段六的不同家庭生活方式的儿童之间差异不显著($|AR| \leqslant 1.96$)。

3.1.3 儿童"否定性"道德判断理由与水平

30.67%的湖北省儿童不支持李德去偷粮食,认为"富人不道德,但这不是穷人违反法律的理由",表明这部分儿童的道德判断水平可能处于后习俗水平的阶段五"以社会契约为价值取向"。

45.34%的湖北省儿童不支持李德去偷粮食,认为"偷东西都是违反法律和道德的",表明这部分儿童的道德判断水平可能处于习俗水平的阶段四"以法律与秩序为价值取向"。

12.09%的湖北省儿童不支持李德偷粮食,认为"不管怎样,好人不能偷东西",表明这部分儿童的道德判断水平可能达到了后习俗水平的阶段六"以普遍伦理原则为价值取向"。

7.27%的湖北省儿童不支持李德去偷粮食,认为"他成了小偷,就不是好爸爸了",表明这部分儿童的道德判断水平可能处于习俗水平的阶段三"以协调人际关系为价值取向"。

4.63%的湖北省儿童不支持李德去偷粮食,认为"偷粮食会被惩罚的",表明这部分儿童的道德判断水平可能处于前习俗水平的阶段一"以惩罚和服从为

价值取向”。（见图 3－15）

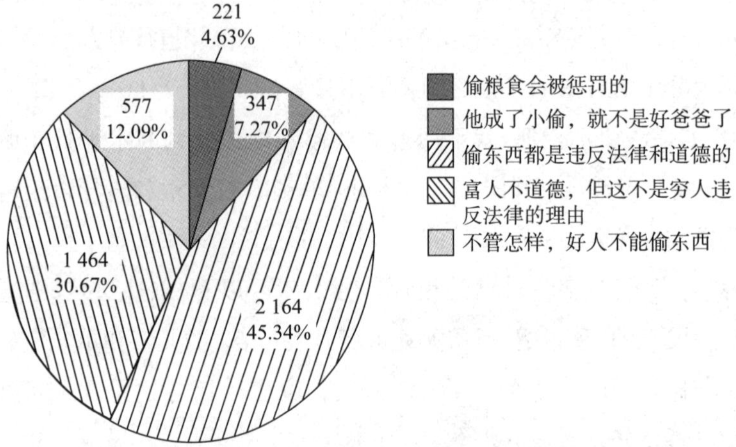

图 3－15 “否定性”道德判断与儿童人数百分比图

(1) 年段差异。

对不同年段儿童的道德判断水平进行差异检验发现，总体上存在非常显著的差异（卡方值＝183.724，$P \leqslant 0.01$）。

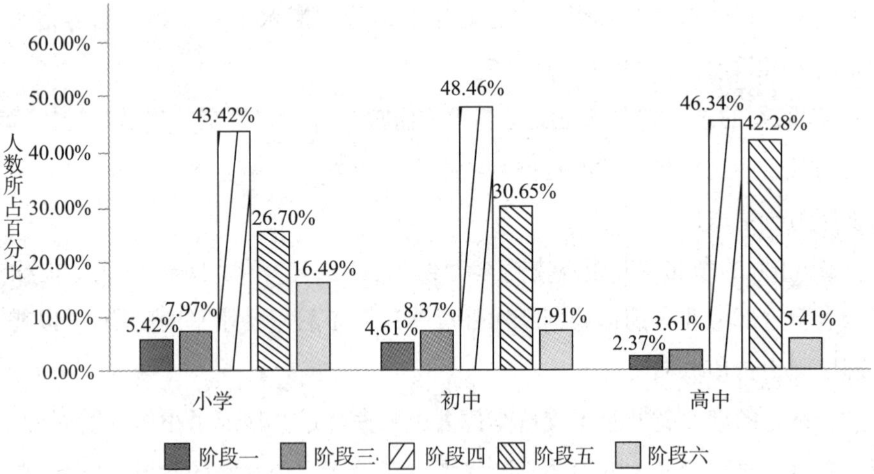

图 3－16 “否定性”道德判断与儿童年段分布图

不同年段的儿童各选项百分比如图 3－16 所示，经进一步统计分析发现：

认为“偷粮食会被惩罚的”，即道德判断水平处于阶段一的小学和高中儿童之间差异非常显著（$|AR|>2.58$）。

认为“他成了小偷，就不是好爸爸了”，即道德判断水平处于阶段三的初中儿童人数比例高于小学和高中儿童。

认为“偷东西都是违反法律和道德的”，即道德判断水平处于阶段四的小学和初中儿童之间差异非常显著（$|AR|>2.58$）。

认为“富人不道德，但这不是穷人违反法律的理由”，即道德判断水平处于阶段五的小学和高中儿童之间差异非常显著（$|AR|>2.58$）。

认为“不管怎样，好人不能偷东西”，即道德判断水平处于阶段六的各年段儿童之间差异非常显著（$|AR|>2.58$）。

从“否定性”道德判断与儿童年级变化趋势图可以看出，从小学四年级至高中三年级儿童的道德判断水平普遍处于阶段四和阶段五，且随着年龄的增长，处于阶段五的人数比例呈波动上升趋势；处于阶段四的人数比例随着儿童年龄的增长，整体上有波动下降趋势；处于阶段一、阶段三的人数比例在不同年段所占比例都比较小。（见图 3－17）

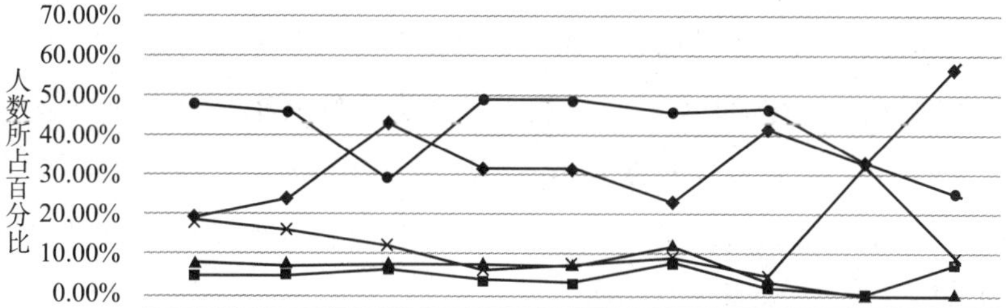

	四年级	五年级	六年级	初一	初二	初三	高一	高二	高三
—■—阶段一	5.09%	5.16%	6.52%	4.12%	3.59%	8.30%	2.31%	0.00%	8.33%
—▲—阶段三	8.02%	8.01%	7.82%	7.59%	7.52%	12.23%	3.70%	0.00%	0.00%
—●—阶段四	48.10%	46.26%	29.42%	49.02%	48.86%	46.29%	46.77%	33.33%	25.00%
—◆—阶段五	19.72%	24.47%	43.39%	32.54%	31.86%	23.58%	42.15%	33.33%	58.33%
—×—阶段六	19.07%	16.10%	12.85%	6.72%	8.17%	9.61%	5.08%	33.33%	8.33%

图 3－17 “否定性”道德判断与儿童年级变化趋势图

（2）性别差异。

对不同性别儿童的道德判断水平进行差异检验发现，总体上存在非常显著的差异(卡方值=23.581,$P\leqslant 0.01$)。

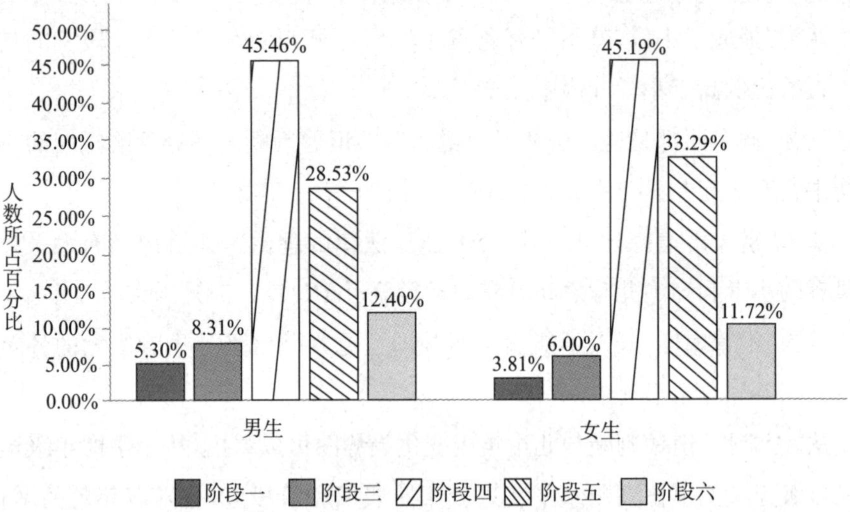

图 3-18 “否定性”道德判断与儿童性别分布图

性别不同的儿童各选项百分比如图 3-18 所示,经进一步统计分析发现:

认为“偷粮食会被惩罚的”,即道德判断水平处于阶段一的男生人数比例高于女生,且男女生之间差异比较显著($1.96<|AR|\leqslant 2.58$)。

认为“他成了小偷,就不是好爸爸了”,即道德判断水平处于阶段三的男生人数比例高于女生,且差异非常显著($|AR|>2.58$)。

认为“偷东西都是违反法律和道德的”,即道德判断水平处于阶段四的男女生之间差异不显著($|AR|\leqslant 1.96$)。

认为“富人不道德,但这不是穷人违反法律的理由”,即道德判断水平处于阶段五的男女生之间差异非常显著($|AR|>2.58$)。

认为“不管怎样,好人不能偷东西”,即道德判断水平处于阶段六的男生人数比例高于女生,但男女生之间差异不显著($|AR|\leqslant 1.96$)。

(3) 城乡差异。

对城乡儿童的道德判断水平进行差异检验发现,总体上存在非常显著的差异(卡方值=100.515,$P\leqslant 0.01$)。

城乡儿童各选项百分比如图 3-19 所示,经进一步统计分析发现:

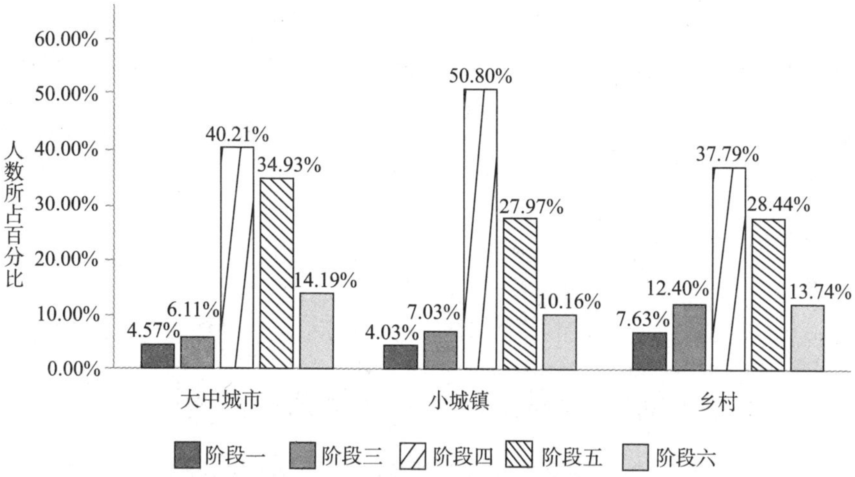

图 3-19 “否定性”道德判断与儿童城乡分布图

认为“偷粮食会被惩罚的”，即道德判断水平处于阶段一的乡村儿童的人数比例高于大中城市和小城镇儿童。

认为“他成了小偷，就不是好爸爸了”，即道德判断水平处于阶段三的乡村儿童人数比例高于大中城市、小城镇儿童。

认为“偷东西都是违反法律和道德的”，即道德判断水平处于阶段四的大中城市、小城镇与乡村儿童之间差异非常显著($|AR|>2.58$)。

认为“富人不道德，但这不是穷人违反法律的理由”，即道德判断水平处于阶段五的大中城市儿童人数比例高于小城镇和乡村儿童，且大中城市和小城镇儿童之间差异非常显著($|AR|>2.58$)。

认为“不管怎样，好人不能偷东西”，即道德判断水平处于阶段六的大中城市儿童人数比例高于小城镇和乡村儿童，且大中城市和小城镇儿童之间差异非常显著($|AR|>2.58$)。

(4) 生活满意度差异。

对不同生活满意度儿童的道德判断水平进行差异检验发现，总体上存在非常显著的差异(卡方值=42.195，$P\leqslant 0.01$)。

不同生活满意度的儿童各选项百分比如图 3-20 所示，经进一步统计分析发现：

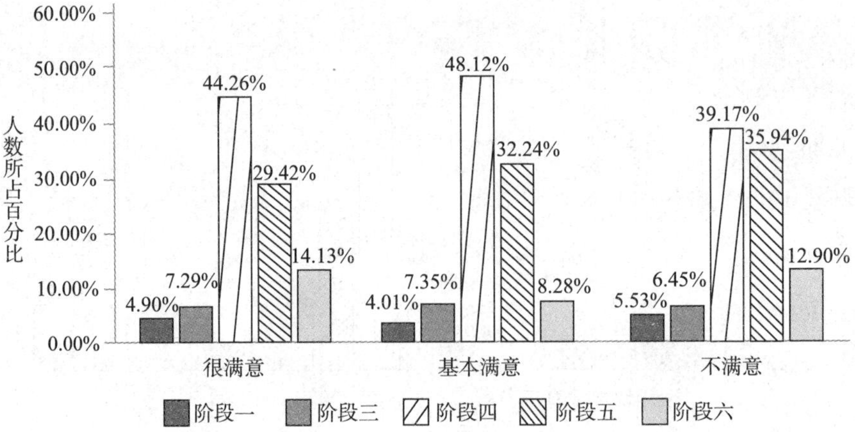

图3－20 “否定性”道德判断与儿童生活满意度分布图

认为“偷粮食会被惩罚的”，即道德判断水平处于阶段一的对生活不满意的儿童人数比例高于对生活很满意的儿童和对生活基本满意的儿童，且三者之间差异均不显著（$|AR| \leqslant 1.96$）。

认为“他成了小偷，就不是好爸爸了”，即道德判断水平处于阶段三的对生活很满意、对生活基本满意、对生活不满意的儿童之间差异均不显著（$|AR| \leqslant 1.96$）。

认为“偷东西都是违反法律和道德的”，即道德判断水平处于阶段四的对生活很满意的儿童与对生活不满意的儿童之间差异不显著（$|AR| \leqslant 1.96$）。

认为“富人不道德，但这不是穷人违反法律的理由”，即道德判断水平处于阶段五的对生活基本满意的儿童与对生活不满意的儿童之间差异不显著（$|AR| \leqslant 1.96$）。

认为“不管怎样，好人不能偷东西”，即道德判断水平处于阶段六的对生活很满意的儿童人数比例高于对生活基本满意的儿童和对生活不满意的儿童，且对生活很满意的儿童与对生活基本满意的儿童之间差异非常显著（$|AR| > 2.58$）。

（5）家庭生活方式差异。

对不同家庭生活方式儿童的道德判断水平进行差异检验发现，总体上差异不显著（卡方值＝25.011，$P > 0.05$）。

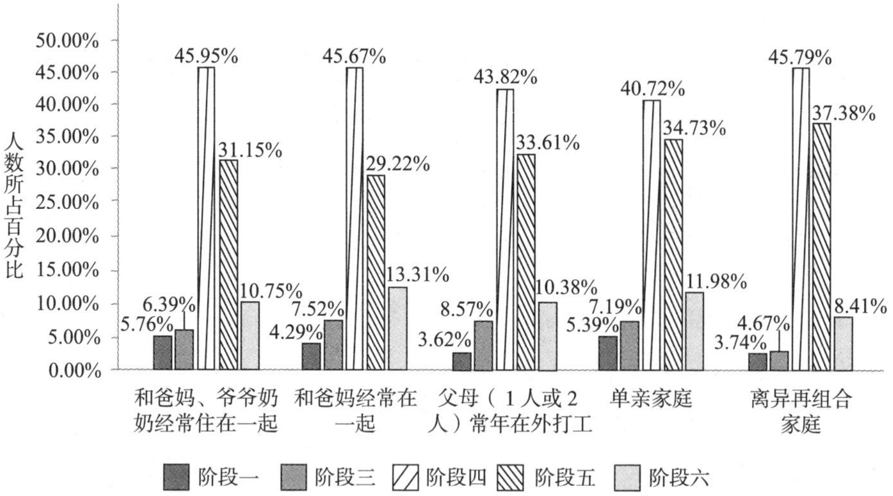

图 3-21 “否定性”道德判断与儿童家庭生活方式分布图

不同家庭生活方式的儿童各选项百分比如图 3-21 所示，经进一步统计分析发现：

认为“偷粮食会被惩罚的”，即道德判断水平处于阶段一的“和爸妈、爷爷奶奶经常住在一起”的儿童、“和爸妈经常在一起”的儿童、“父母(1 人或 2 人)常年在外打工”的儿童、单亲家庭儿童和离异再组合家庭儿童之间差异均不显著($|AR| \leqslant 1.96$)。

认为“他成了小偷，就不是好爸爸了”，即道德判断水平处于阶段三的“和爸妈、爷爷奶奶经常住在一起”的儿童、“和爸妈经常在一起”的儿童、“父母(1 人或 2 人)常年在外打工”的儿童、单亲家庭儿童和离异再组合家庭儿童之间差异均不显著($|AR| \leqslant 1.96$)。

认为“偷东西都是违反法律和道德的”，即道德判断水平处于阶段四的“和爸妈、爷爷奶奶经常住在一起”的儿童、“和爸妈经常在一起”的儿童、“父母(1 人或 2 人)常年在外打工”的儿童、单亲家庭儿童和离异再组合家庭儿童之间差异均不显著($|AR| \leqslant 1.96$)。

认为“富人不道德，但这不是穷人违反法律的理由”，即道德判断水平处于阶段五的“和爸妈、爷爷奶奶经常住在一起”的儿童、“父母(1 人或 2 人)常年在外打工”的儿童、单亲家庭儿童和离异再组合家庭儿童之间差异均不显著

($|AR|\leqslant 1.96$)。

认为“不管怎样，好人不能偷东西”，即道德判断水平处于阶段六的“和爸妈、爷爷奶奶经常住在一起”的儿童、“父母(1人或2人)常年在外打工”的儿童、单亲家庭儿童和离异再组合家庭儿童之间差异均不显著($|AR|\leqslant 1.96$)。

3.1.4 儿童“两难性”道德判断理由与水平

36.82%的湖北省儿童不知道是否该支持李德偷粮食，认为“不能救自己家人的生命，良心会过意不去，但是偷别人的东西，即使没被抓住，还是会觉得人生有了污点”，表明这部分儿童的道德判断水平可能达到了后习俗水平的阶段六“以普遍伦理原则为价值取向”。

11.93%的湖北省儿童不知道是否该支持李德偷粮食，认为“救家人是好父亲，但偷东西就成了坏人”，表明这部分儿童的道德判断水平可能处于习俗水平的阶段三“以协调人际关系为价值取向”。

16.49%的湖北省儿童不知道是否支持李德偷粮食，认为“家人饿死，李德会很伤心，但偷东西，可能会被抓住受惩罚”，表明这部分儿童的道德判断水平可能处于前习俗水平的阶段一“以惩罚和服从为价值取向”。

8.91%的湖北省儿童不知道是否该支持李德偷粮食，认为“偷东西可以让家人活下来，但如果被抓住，他就不能再照顾家人了”，表明这部分儿童的道德判断水平可能处于前习俗水平的阶段二“以个人的功利主义与交换为价值取向”。

13.01%的湖北省儿童不知道是否该支持李德偷粮食，认为“一个好父亲应当照顾好家人，但如果人人都这么做，天下会大乱”，表明这部分儿童的道德判断水平可能处于后习俗水平的阶段五“以社会契约为价值取向”。

11.28%的湖北省儿童不知道是否该支持李德偷粮食，认为“法律没有保护穷人，但做事不能违反法律”，表明这部分儿童的道德判断水平可能处于习俗水平的阶段四“以法律与秩序为价值取向”。(见图3-22)

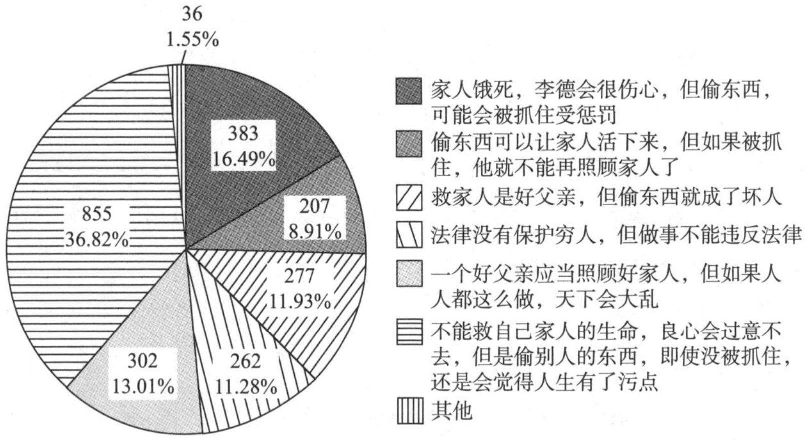

图 3－22 "两难性"道德判断与儿童人数百分比分布图

(1) 年段差异。

对不同年段儿童的道德判断水平进行差异检验发现，总体上存在非常显著的差异(卡方值＝40.941，$P \leqslant 0.01$)。

不同年段的儿童各选项百分比如图 3－23 所示，经进一步统计分析发现：

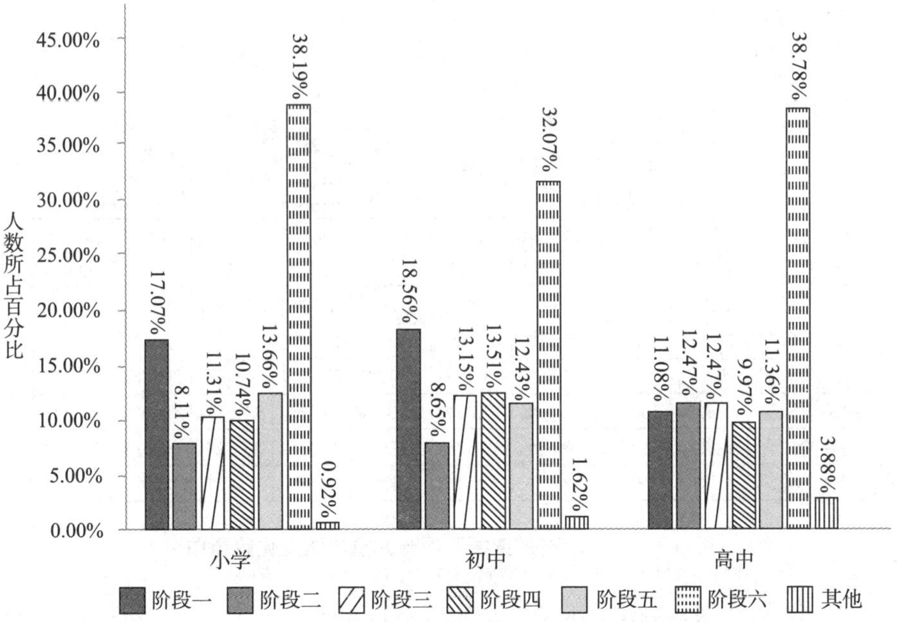

图 3－23 "两难性"道德判断与儿童年段分布图

认为“家人饿死，李德会很伤心，但偷东西，可能会被抓住受惩罚”，即道德判断水平处于阶段一的小学和初中儿童差异不显著（$|AR| \leqslant 1.96$）。

认为“偷东西可以让家人活下来，但如果被抓住，他就不能再照顾家人了”，即道德判断水平处于阶段二的小学和初中儿童差异不显著（$|AR| \leqslant 1.96$）。

认为“救家人是好父亲，但偷东西就成了坏人”，即道德判断水平处于阶段三的小学、初中、高中儿童之间差异均不显著（$|AR| \leqslant 1.96$）。

认为“法律没有保护穷人，但做事不能违反法律”，即道德判断水平处于阶段四的小学、初中、高中儿童之间差异均不显著（$|AR| \leqslant 1.96$）。

认为“一个好父亲应当照顾好家人，但如果人人都这么做，天下会大乱”，即道德判断水平处于阶段五的小学、初中、高中儿童之间差异均不显著（$|AR| \leqslant 1.96$）。

认为“不能救自己家人的生命，良心会过意不去，但是偷别人的东西，即使没被抓住，还是会觉得人生有了污点”，即道德判断水平处于阶段六的高中儿童比例最高，初中儿童比例最低，小学和高中儿童差异不显著（$|AR| \leqslant 1.96$）。

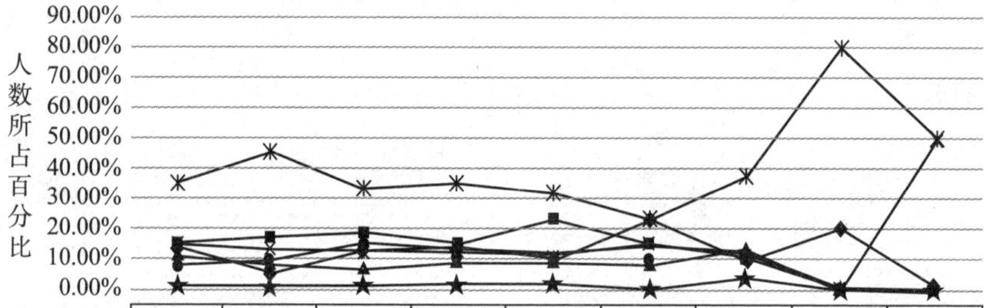

	四年级	五年级	六年级	初一	初二	初三	高一	高二	高三
阶段一	15.17%	17.42%	18.15%	14.68%	23.08%	15.56%	11.36%	0.00 %	0.00%
阶段二	10.80%	7.79%	6.43%	8.72%	8.91%	7.78%	12.78%	0.00%	0.00%
阶段三	7.97%	9.84%	15.12%	13.76%	12.15%	14.44%	12.78%	0.00%	0.00%
阶段四	14.14%	5.74%	12.85%	13.30%	10.12%	23.33%	9.94%	20.00%	0.00%
阶段五	15.42%	13.11%	12.85%	12.39%	11.34%	15.56%	11.08%	0.00%	50.00%
阶段六	35.73%	45.08%	33.65%	35.32%	32.39%	23.33%	38.07%	80.00%	50.00%
其他	0.77%	1.02%	0.95%	1.83%	2.02%	0.00%	3.98%	0.00%	0.00%

图 3-24 “两难性”道德判断与儿童年级变化趋势图

从“两难性”道德判断与儿童年级变化趋势图可以看出，从小学四年级至高中三年级儿童的道德判断水平处于阶段六的人数比例普遍较高，从小学五年级至初中三年级处于阶段六的人数比例整体上呈下降趋势。处于其他阶段的人数比例均比较低。（见图 3－24）

（2）性别差异。

对不同性别儿童的道德判断水平进行差异检验发现，总体上差异不显著（卡方值＝6.153，$P>0.05$）。

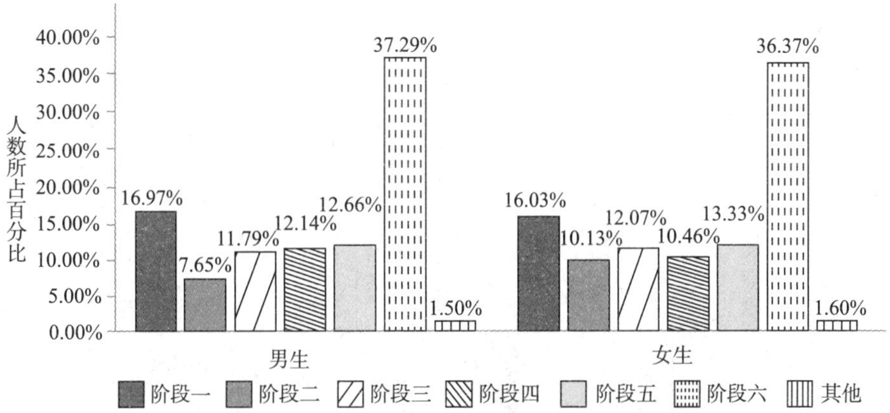

图 3－25 "两难性"道德判断与儿童性别分布图

不同性别的儿童各选项百分比如图 3－25 所示，经进一步统计分析发现：

认为"家人饿死，李德会很伤心，但偷东西，可能会被抓住受惩罚"，即道德判断水平处于阶段一的男生人数比例高于女生，男女生之间差异不显著（$|AR|\leqslant 1.96$）。

认为"偷东西可以让家人活下来，但如果被抓住，他就不能再照顾家人了"，即道德判断水平处于阶段二的男女生之间差异比较显著（$1.96<|AR|\leqslant 2.58$）。

认为"救家人是好父亲，但偷东西就成了坏人"，即道德判断水平处于阶段三的男女生之间不存在显著差异（$|AR|\leqslant 1.96$）。

认为"法律没有保护穷人，但做事不能违反法律"，即道德判断水平处于阶段四的男女生之间差异不显著（$|AR|\leqslant 1.96$）。

认为"一个好父亲应当照顾好家人，但如果人人都这么做，天下会大乱"，即道德判断水平处于阶段五的男女生之间不存在显著差异（$|AR|\leqslant 1.96$）。

认为“不能救自己家人的生命，良心会过意不去，但是偷别人的东西，即使没被抓住，还是会觉得人生有了污点”，即道德判断水平处于阶段六的男女生之间不存在显著差异（$|AR|\leqslant 1.96$）。

(3) 城乡差异。

对城乡儿童的道德判断水平进行差异检验发现，总体上差异非常显著（卡方值=56.265，$P\leqslant 0.01$）。

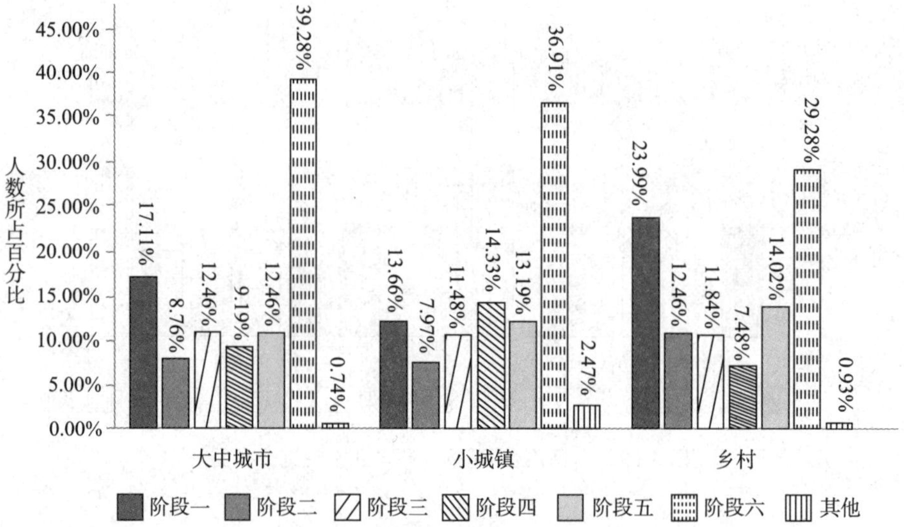

图 3-26 “两难性”道德判断与儿童城乡分布图

城乡儿童各选项百分比如图 3-26 所示，经进一步统计分析发现：

认为“家人饿死，李德会很伤心，但偷东西，可能会被抓住受惩罚”，即道德判断水平处于阶段一的小城镇和乡村儿童之间差异非常显著（$|AR|>2.58$）。

认为“偷东西可以让家人活下来，但如果被抓住，他就不能再照顾家人了”，即道德判断水平处于阶段二的大中城市和小城镇儿童之间差异不显著（$|AR|\leqslant 1.96$）。

认为“救家人是好父亲，但偷东西就成了坏人”，即道德判断水平处于阶段三的城乡儿童之间均不存在显著差异（$|AR|\leqslant 1.96$）。

认为“法律没有保护穷人，但做事不能违反法律”，即道德判断水平处于阶段四的大中城市和小城镇儿童之间差异非常显著（$|AR|>2.58$）。

认为“一个好父亲应当照顾好家人，但如果人人都这么做，天下会大乱”，即道德判断水平处于阶段五的城乡儿童之间均不存在显著差异（$|AR| \leqslant 1.96$）。

认为“不能救自己家人的生命，良心会过意不去，但是偷别人的东西，即使没被抓住，还是会觉得人生有了污点”，即道德判断水平处于阶段六的大中城市儿童的比例高于小城镇和乡村儿童。

(4) 生活满意度差异。

对不同生活满意度儿童的道德判断水平进行差异检验发现，总体上差异不显著（卡方值=19.277，$P>0.05$）。

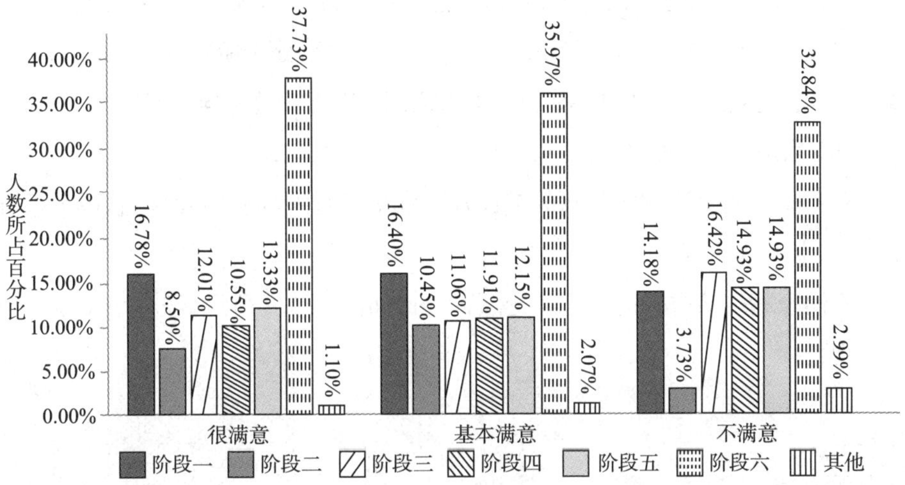

图 3-27 “两难性”道德判断与儿童生活满意度分布图

不同生活满意度的儿童各选项百分比如图 3-27 所示，经进一步统计分析发现：

认为“家人饿死，李德会很伤心，但偷东西，可能会被抓住受惩罚”，即道德判断水平处于阶段一的对生活很满意、对生活基本满意、对生活不满意的儿童之间不存在显著差异（$|AR| \leqslant 1.96$）。

认为“偷东西可以让家人活下来，但如果被抓住，他就不能再照顾家人了”，即道德判断水平处于阶段二的对生活很满意和对生活基本满意的儿童之间不存在显著差异（$|AR| \leqslant 1.96$）。

认为“救家人是好父亲，但偷东西就成了坏人”，即道德判断水平处于阶段

三的对生活很满意、对生活基本满意、对生活不满意的儿童之间不存在显著差异（$|AR|\leqslant 1.96$）。

认为“法律没有保护穷人，但做事不能违反法律”，即道德判断水平处于阶段四的对生活很满意、对生活基本满意、对生活不满意的儿童之间不存在显著差异（$|AR|\leqslant 1.96$）。

认为“一个好父亲应当照顾好家人，但如果人人都这么做，天下会大乱”，即道德判断水平处于阶段五的对生活很满意、对生活基本满意、对生活不满意的儿童之间不存在显著差异（$|AR|\leqslant 1.96$）。

认为“不能救自己家人的生命，良心会过意不去，但是偷别人的东西，即使没被抓住，还是会觉得人生有了污点”，即道德判断水平处于阶段六的对生活很满意、对生活基本满意、对生活不满意的儿童之间不存在显著差异（$|AR|\leqslant 1.96$）。

（5）家庭生活方式差异。

对不同家庭生活方式儿童的道德判断水平进行差异检验发现，总体上差异不显著（卡方值＝32.162，$P>0.05$）。

不同家庭生活方式的儿童各选项百分比如图 3－28 所示，经进一步统计分析发现：

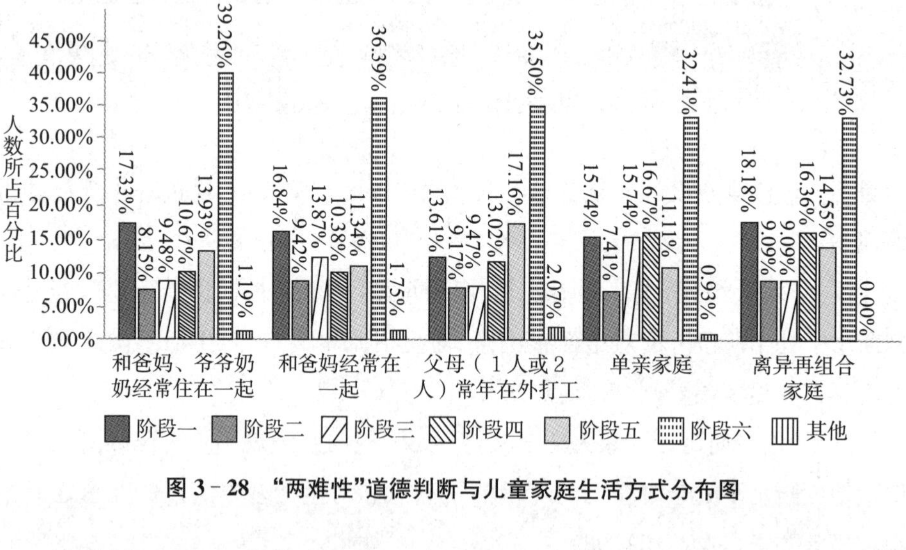

图 3－28 “两难性”道德判断与儿童家庭生活方式分布图

认为“家人饿死，李德会很伤心，但偷东西，可能会被抓住受惩罚”，即道德

判断水平处于阶段一的“和爸妈、爷爷奶奶经常住在一起”的儿童、“和爸妈经常在一起”的儿童、“父母(1 人或 2 人)常年在外打工”的儿童、单亲家庭儿童和离异再组合家庭儿童之间均不存在显著差异($|AR| \leqslant 1.96$)。

认为“偷东西可以让家人活下来,但如果被抓住,他就不能再照顾家人了”,即道德判断水平处于阶段二的“和爸妈、爷爷奶奶经常住在一起”的儿童、“和爸妈经常在一起”的儿童、“父母(1 人或 2 人)常年在外打工”的儿童、单亲家庭儿童和离异再组合家庭儿童之间均不存在显著差异($|AR| \leqslant 1.96$)。

认为“救家人是好父亲,但偷东西就成了坏人”,即道德判断水平处于阶段三的“父母(1 人或 2 人)常年在外打工”的儿童、单亲家庭儿童和离异再组合家庭儿童之间均不存在显著差异($|AR| \leqslant 1.96$)。

认为“法律没有保护穷人,但做事不能违反法律”,即道德判断水平处于阶段四的“和爸妈、爷爷奶奶经常住在一起”的儿童、“和爸妈经常在一起”的儿童、“父母(1 人或 2 人)常年在外打工”的儿童、单亲家庭儿童和离异再组合家庭儿童之间均不存在显著差异($|AR| \leqslant 1.96$)。

认为“一个好父亲应当照顾好家人,但如果人人都这么做,天下会大乱”,即道德判断水平处于阶段五的“和爸妈、爷爷奶奶经常住在一起”的儿童、单亲家庭儿童和离异再组合家庭儿童之间均不存在显著差异($|AR| \leqslant 1.96$)。

认为“不能救自己家人的生命,良心会过意不去,但是偷别人的东西,即使没被抓住,还是会觉得人生有了污点”,即道德判断水平处于阶段六的“和爸妈、爷爷奶奶经常住在一起”的儿童、“和爸妈经常在一起”的儿童、“父母(1 人或 2 人)常年在外打工”的儿童、单亲家庭儿童和离异再组合家庭儿童之间均不存在显著差异($|AR| \leqslant 1.96$)。

3.2　儿童道德行为理由

本维度的设计意在对当前儿童的道德行为依据进行调查。在调查问卷中,我们设计了问题“刘晓同学总是坚持自觉排队,我觉得他这样做最主要是因为……”并提供了六个选项,分别为“老师和爸妈都教过他要自觉排队”“经常看到自己尊敬的校长自觉排队打饭,所以自己要排队”“排队可以得到表扬”“排队效率更快”“排队是一种文明行为”“其他(需自己填写)”。调查结果显示：

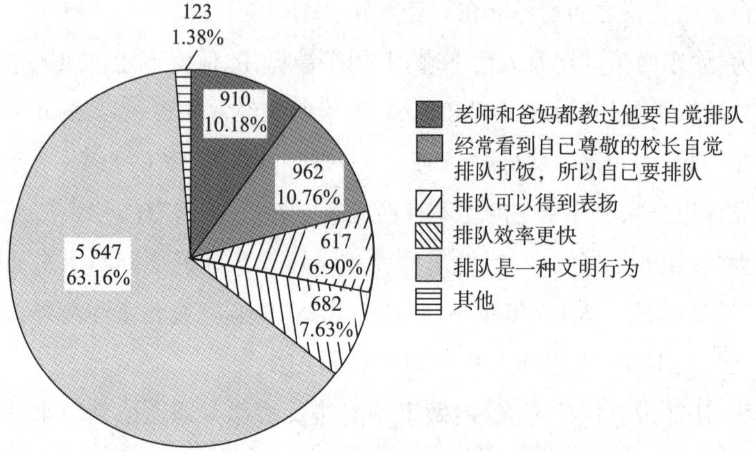

图 3-29　道德行为理由与儿童人数百分比分布图

63.16%的湖北省儿童选择“排队是一种文明行为”，表明这部分儿童道德行为的依据更倾向于社会普遍认可的规范或观念；10.18%的湖北省儿童选择“老师和爸妈都教过他要自觉排队”，表明这部分儿童道德行为的依据更倾向于权威力量的要求；10.76%的湖北省儿童选择“经常看到自己尊敬的校长自觉排队打饭，所以自己要排队”，表明这部分儿童道德行为的动力更可能来自于道德榜样；7.63%的湖北省儿童选择“排队效率更快”，表明这部分儿童道德行为的依据可能是集体效率；6.90%的湖北省儿童选择“排队可以得到表扬”，表明这部分儿童道德行为的依据可能是个体功利。(见图 3-29)

(1) 年段差异。

对不同年段儿童认可的道德行为理由进行差异检验发现，总体上存在非常显著的差异(卡方值=556.687，$P \leqslant 0.01$)。

不同年段的儿童各选项百分比如图 3-30 所示，经进一步统计分析发现：

选择“老师和爸妈都教过他要自觉排队”，即认可的道德行为理由是权威力量要求的小学儿童和高中儿童之间差异均非常显著($|AR|>2.58$)。

选择“经常看到自己尊敬的校长自觉排队打饭，所以自己要排队”，即认可的道德行为理由是道德榜样的小学儿童与初中儿童之间差异非常显著

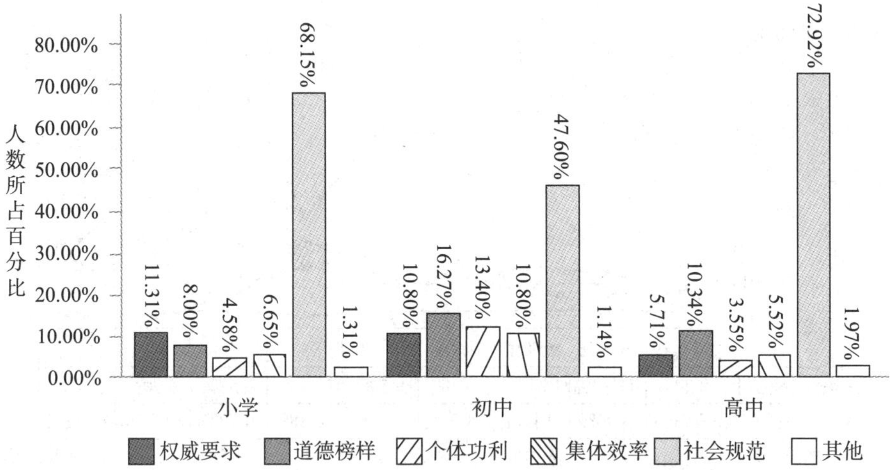

图 3－30 道德行为理由与儿童年段分布图

(|AR|＞2.58)。

选择“排队可以得到表扬”，即认可的道德行为理由是个体功利的小学、初中、高中儿童之间差异均非常显著(|AR|＞2.58)。

选择“排队效率更快”，即认可的道德行为理由是集体效率的小学、初中、高中儿童之间差异均非常显著(|AR|＞2.58)。

选择“排队是一种文明行为”，即认可的道德行为理由是社会规范的小学、初中、高中儿童之间差异均非常显著(|AR|＞2.58)。

从道德行为理由与儿童年级变化趋势图中可以看出，从小学四年级至高中三年级儿童普遍认可的道德行为理由是社会规范，且随着年龄的增加，小学和初中儿童认可的道德行为理由是社会规范的比例呈下降的趋势，高中年段的三个年级也呈下降的趋势。儿童认可的其他道德行为理由除高中年段外，基本上不随年龄的变化而发生大幅度变化。(见图 3－31)

(2) 性别差异。

对不同性别儿童认可的道德行为理由进行差异检验发现，总体上存在非常显著的差异(卡方值＝81.658，$P \leqslant 0.01$)。

不同性别的儿童各选项百分比如图 3－32 所示，经进一步统计分析发现：

选择“老师和爸妈都教过他要自觉排队”，即认可的道德行为理由是权威力

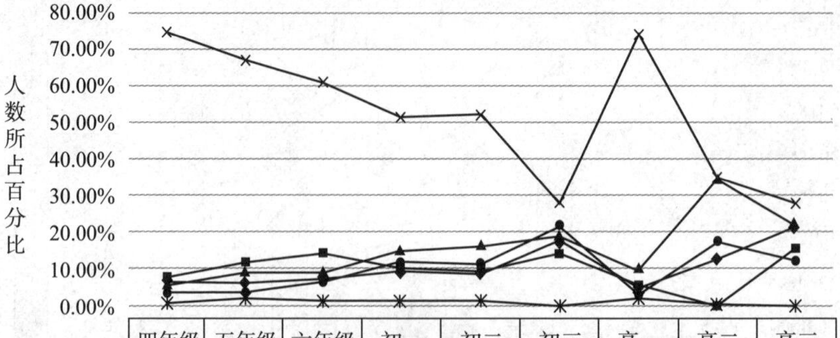

	四年级	五年级	六年级	初一	初二	初三	高一	高二	高三
权威要求	8.24%	11.93%	14.13%	10.78%	9.59%	13.93%	5.58%	0.00%	15.63%
道德榜样	5.91%	8.96%	9.12%	14.90%	16.39%	18.88%	9.72%	34.78%	21.88%
个体功利	3.77%	3.65%	6.91%	12.16%	11.16%	21.80%	3.15%	17.39%	12.50%
集体效率	6.42%	6.15%	7.67%	9.51%	9.15%	17.75%	5.06%	13.04%	21.88%
社会规范	74.84%	67.66%	60.79%	51.16%	52.40%	27.64%	74.44%	34.78%	28.13%
其他	0.82%	1.67%	1.37%	1.48%	1.31%	0.00%	2.04%	0.00%	0.00%

图3－31　道德行为理由与儿童年级变化趋势图

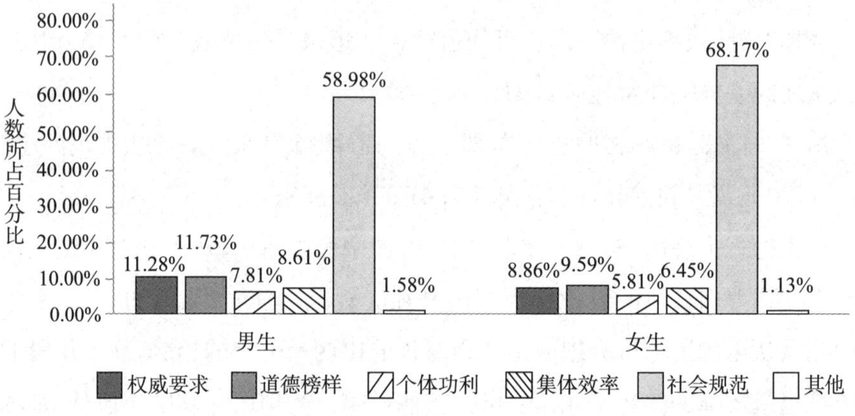

图3－32　道德行为理由与儿童性别分布图

量要求的男生人数比例高于女生，且男女生之间差异非常显著（$|AR|>2.58$）。

选择“经常看到自己尊敬的校长自觉排队打饭，所以自己要排队”，即认可的道德行为理由是道德榜样的男女生之间差异非常显著（$|AR|>2.58$）。

选择“排队可以得到表扬”，即认可的道德行为理由是个体功利的男女生之间差异非常显著（$|AR|>2.58$）。

选择“排队效率更快”，即认可的道德行为理由是集体效率的男女生之间差异非常显著（$|AR|>2.58$）。

选择“排队是一种文明行为”，即认可的道德行为理由是社会规范的女生人数比例高于男生，且差异非常显著（$|AR|>2.58$）。

(3) 城乡差异。

对城乡儿童认可的道德行为理由进行差异检验发现，总体上存在非常显著的差异（卡方值=1059.421，$P\leqslant0.01$）。

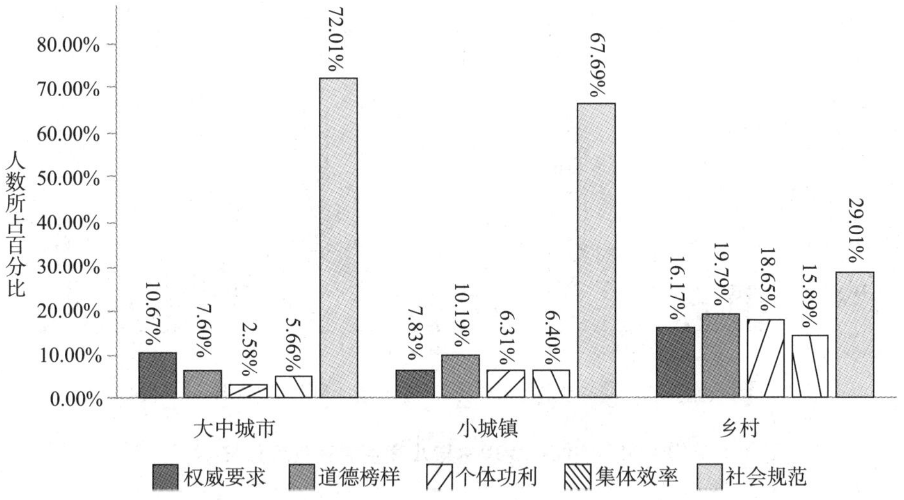

图 3-33 道德行为理由与儿童城乡分布图

城乡儿童各选项百分比如图 3-33 所示，经进一步统计分析发现：

选择“老师和爸妈都教过他要自觉排队”，即认可的道德行为理由是权威力量要求的乡村和小城镇儿童之间差异非常显著（$|AR|>2.58$）。

选择“经常看到自己尊敬的校长自觉排队打饭，所以自己要排队”，即认可的道德行为理由是道德榜样的大中城市和乡村儿童之间差异非常显著（$|AR|>2.58$）。

选择“排队可以得到表扬”，即认可的道德行为理由是个体功利的大中城市和乡村儿童之间差异非常显著（$|AR|>2.58$）。

选择“排队效率更快”，即认可的道德行为理由是集体效率的大中城市、小

城镇、乡村儿童之间差异均非常显著（$|AR|>2.58$）。

选择“排队是一种文明行为”，即认可的道德行为理由是社会规范的大中城市、小城镇、乡村儿童之间差异均非常显著（$|AR|>2.58$）。

(4) 生活满意度差异。

对不同生活满意度儿童认可的道德行为理由进行差异检验发现，总体上存在非常显著的差异（卡方值=399.232，$P\leqslant 0.01$）。

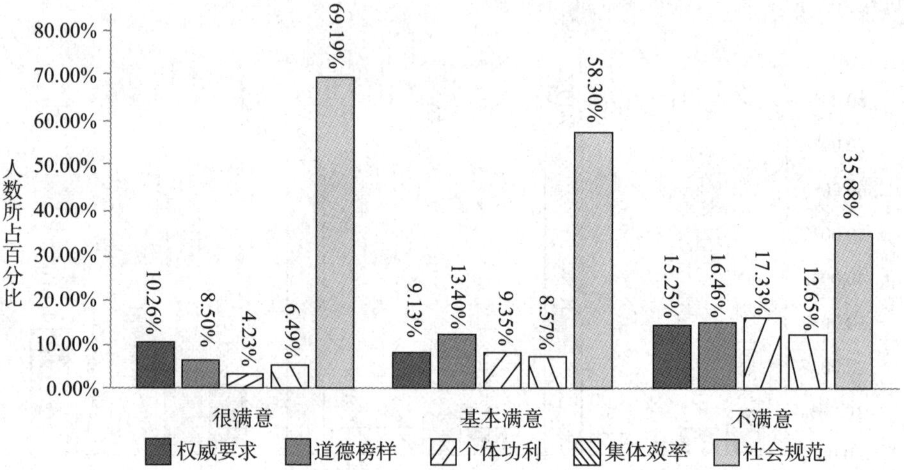

图 3-34　道德行为理由与儿童生活满意度分布图

不同生活满意度的儿童各选项百分比如图 3-34 所示，经进一步统计分析发现：

选择“老师和爸妈都教过他要自觉排队”，即认可的道德行为理由是权威力量要求的对生活不满意的儿童比例最高，对生活基本满意的儿童比例最低。

选择“经常看到自己尊敬的校长自觉排队打饭，所以自己要排队”，即认可的道德行为理由是道德榜样的对生活很满意、对生活基本满意和对生活不满意的儿童之间差异非常显著（$|AR|>2.58$）。

选择“排队可以得到表扬”，即认可的道德行为理由是个体功利的对生活很满意、对生活基本满意、对生活不满意的儿童之间差异均非常显著（$|AR|>2.58$）。

选择“排队效率更快”，即认可的道德行为理由是集体效率的对生活很满意

和对生活不满意的儿童之间差异非常显著(|AR|>2.58)。

选择“排队是一种文明行为”,即认可的道德行为理由是社会规范的对生活很满意、对生活基本满意、对生活不满意的儿童之间差异均非常显著(|AR|>2.58)。

(5) 家庭生活方式差异。

对不同家庭生活方式儿童认可的道德行为理由进行差异检验发现,差异非常显著(卡方值=146.846,$P \leqslant 0.01$)。

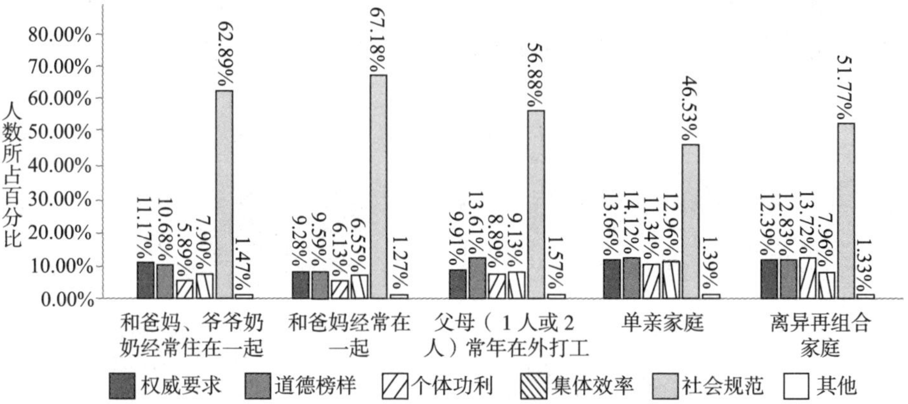

图 3-35 道德行为理由与儿童家庭方式分布图

不同家庭生活方式的儿童各选项百分比如图 3-35 所示,经进一步统计分析发现:

选择“老师和爸妈都教过他要自觉排队”,即认可的道德行为理由是权威力量要求的“和爸妈、爷爷奶奶经常住在一起”的儿童、“父母(1 人或 2 人)常年在外打工”的儿童和离异再组合家庭儿童之间均不存在显著差异(|AR|≤1.96)。

选择“经常看到自己尊敬的校长自觉排队打饭,所以自己要排队”,即认可的道德行为理由是道德榜样的“和爸妈经常在一起”的儿童与“父母(1 人或 2 人)常年在外打工”的儿童之间差异非常显著(|AR|>2.58),“和爸妈、爷爷奶奶经常住在一起”的儿童与离异再组合家庭儿童之间差异不显著(|AR|≤1.96)。

选择“排队可以得到表扬”,即认可的道德行为理由是个体功利的“和爸妈

经常在一起”的儿童、“父母(1人或2人)常年在外打工”的儿童、单亲家庭儿童和离异再组合家庭儿童之间差异均非常显著($|AR|>2.58$)。

选择“排队效率更快”，即认可的道德行为理由是集体效率的“和爸妈经常在一起”的儿童与单亲家庭儿童之间差异非常显著($|AR|>2.58$)，“和爸妈、爷爷奶奶经常住在一起”的儿童和离异再组合家庭儿童之间差异不显著($|AR|\leqslant 1.96$)。

选择“排队是一种文明行为”，即认可的道德行为理由是社会规范的“和爸妈经常在一起”的儿童、“父母(1人或2人)常年在外打工”的儿童、单亲家庭儿童和离异再组合家庭儿童之间差异均非常显著($|AR|>2.58$)。

4 湖北省儿童道德行为发展状况

4.1 个人诚信行为

整体上看,湖北省儿童行为的诚信度高,诚信行为表现良好。

调查结果显示,84.62%的湖北省儿童表示买东西多找钱时,会主动告诉卖家并退回多找的钱,诚信度较高,5.41%的湖北省儿童会因为已经远离商店而懒得把多找的钱还回去,另外 9.97%的湖北省儿童则表示不会主动退还卖家多找的钱。(见图 4-1)

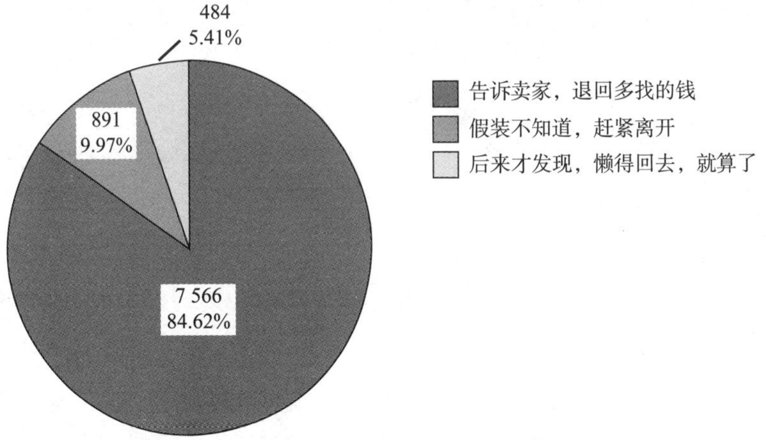

图 4-1 诚信行为与儿童人数百分比分布图

(1) 年段差异。

对不同年段的儿童进行差异检验发现，总体差异非常显著（卡方值=574.926，$P \leqslant 0.01$）。

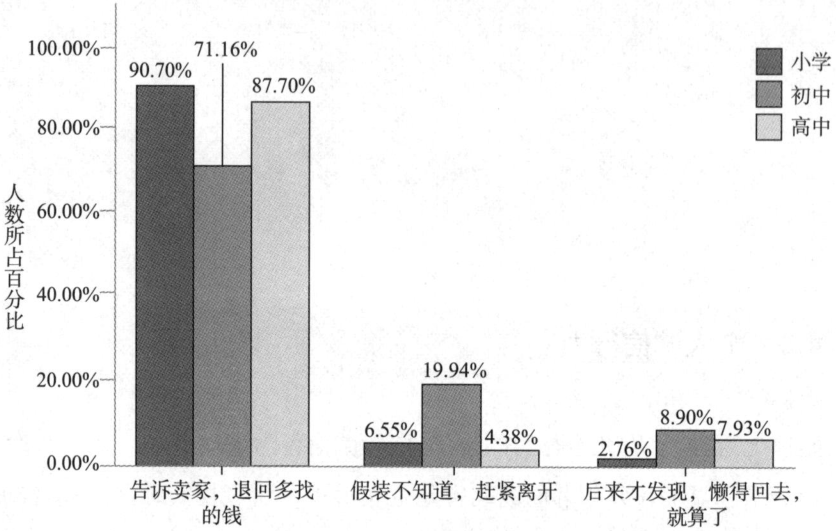

图 4-2　诚信行为与儿童年段分布图

不同年段的儿童各选项百分比如图 4-2 所示，经进一步统计分析发现：

大部分学生能够做到诚信自律，主动归还卖家多找的钱，小学生的诚信度最高，其次是高中生，最后是初中生，且差异非常显著（$|AR|>2.58$）。初中生假装不知道多找了钱的比例高于小学生和高中生，小学、初中、高中三个年段的儿童之间差异非常显著（$|AR|>2.58$）。初中生后来发现卖家多找了钱而懒得还回去的人数比例高于小学生和高中生，且差异非常显著（$|AR|>2.58$）。

对不同年级的儿童道德行为选项进行差异检验发现，总体差异非常显著（卡方值=807.726，$P \leqslant 0.01$）。

由诚信行为与儿童年级变化趋势图发现，随着年级的上升，儿童中能保持诚信行为的人数比例整体呈下降趋势，高一有所回升，儿童诚信度总体上逐渐降低。小学、初中、高中儿童之间差异非常显著（$|AR|>2.58$）。（见图 4-3）

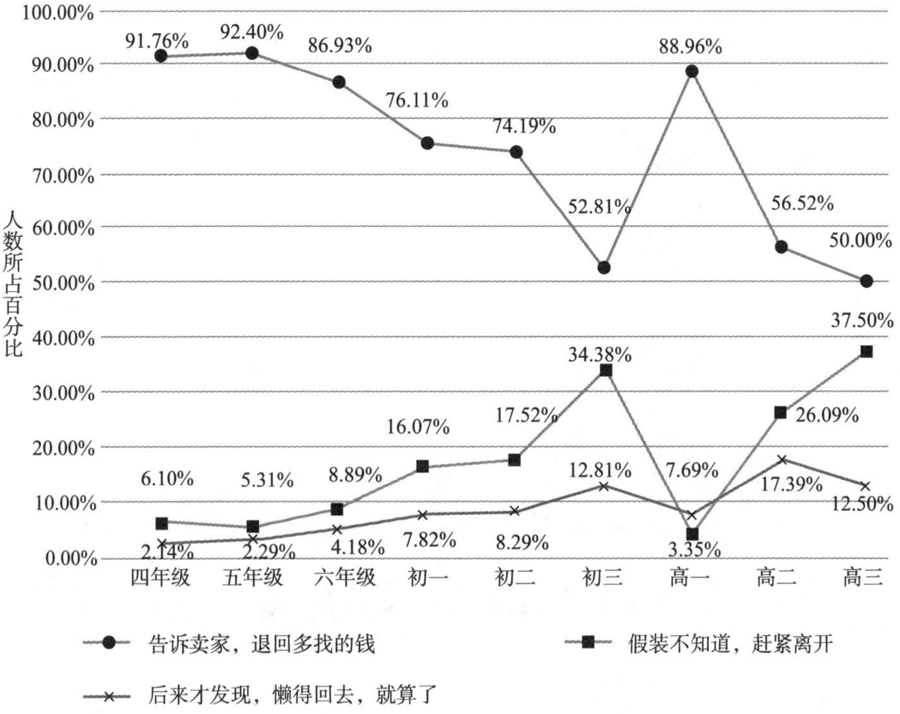

图 4-3 诚信行为与儿童年级变化趋势图

(2) 性别差异。

对不同性别儿童的诚信行为进行差异检验发现，总体差异比较显著(卡方值=7.631，$0.01<P\leqslant0.05$)。

不同性别的儿童各选项百分比如图 4-4 所示，经进一步统计分析发现：

大部分儿童能够做到诚信自律，男生的诚信度整体上与女生基本持平。小部分男生和女生会因为已经远离卖家而“懒得回去”退回多找的钱，差异比较显著($1.96<|AR|\leqslant2.58$)。

能做到诚信自律的男生和女生比例基本持平，差异不显著($|AR|\leqslant1.96$)。男生选择“假装不知道，赶紧离开”的比例高于女生，差异不显著($|AR|\leqslant1.96$)。

(3) 城乡差异。

对城乡儿童进行差异检验发现，总体差异非常显著(卡方值=1 649.540，$P\leqslant0.01$)。

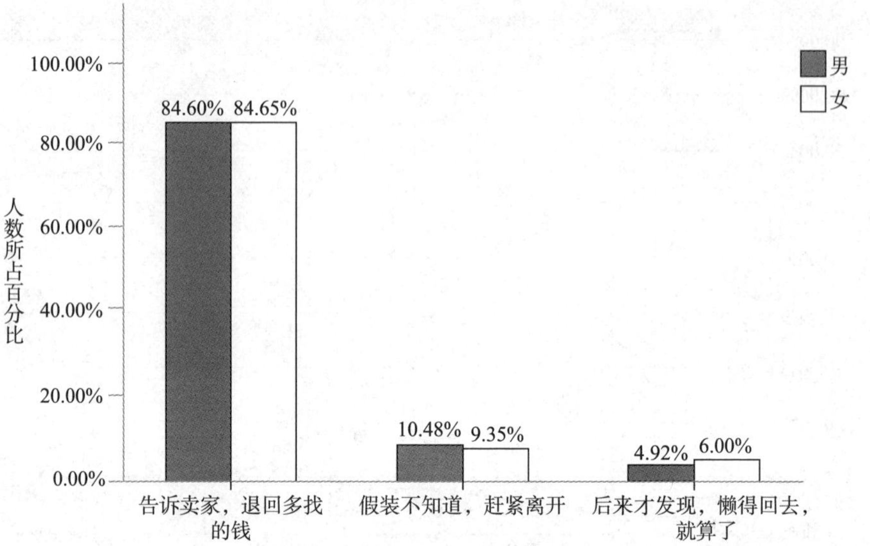

图 4－4　诚信行为与儿童性别分布图

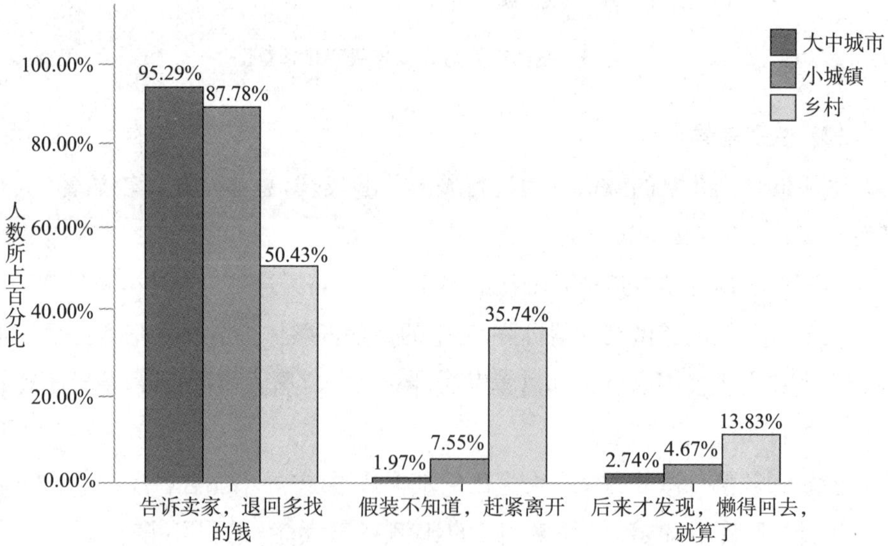

图 4－5　诚信行为与儿童城乡分布图

城乡儿童各选项百分比如图 4－5 所示，经进一步统计分析发现：

大中城市儿童能够做到诚信自律的人数比例高于小城镇和乡村的儿童，三者呈阶梯状下降趋势，城乡儿童之间差异非常显著($|AR|>2.58$)。乡村儿童选择“假装不知道，赶紧离开”的比例高于小城镇儿童和大中城市儿童，三者之间差异非常显著($|AR|>2.58$)。

(4) 生活满意度差异。

对不同生活满意度的儿童进行差异检验发现，总体差异非常显著(卡方值=719.323，$P\leqslant 0.01$)。对生活状况很满意的儿童体现出来的个人诚信行为更为良好。

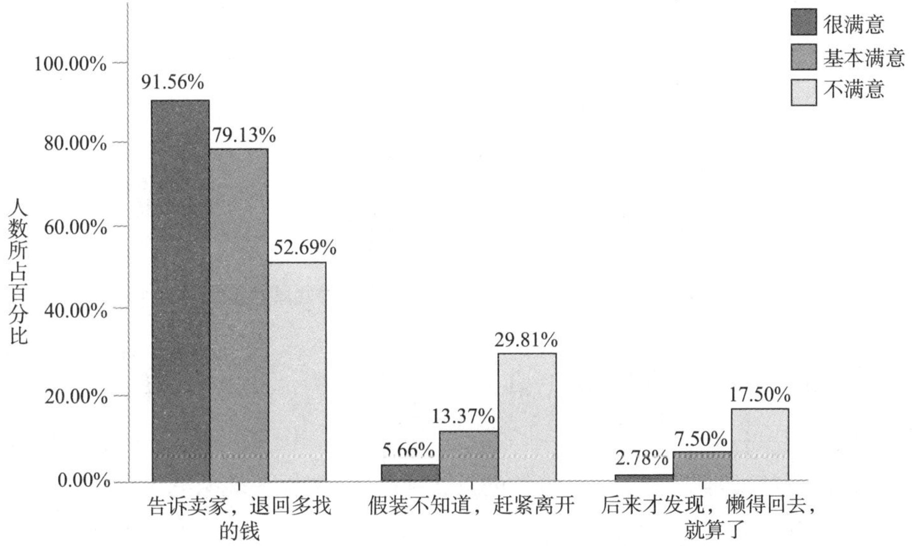

图4-6 诚信行为与儿童生活满意度分布图

不同生活满意度的儿童各选项百分比如图4-6所示，经进一步统计分析发现：

对生活很满意的儿童诚信度较高，人数比例高于同种行为选择下对生活基本满意和对生活不满意的儿童，且差异非常显著($|AR|>2.58$)。同时也可以发现，对生活状况越满意，儿童的诚信行为表现越好(诚信度高的人数比例越高)。

（5）家庭生活方式差异。

对不同家庭生活方式的儿童进行差异检验发现，总体差异非常显著（卡方值=203.969，$P \leqslant 0.01$）。和爸妈在一起生活的儿童诚信度较高，单亲家庭儿童的诚信度相对较低。

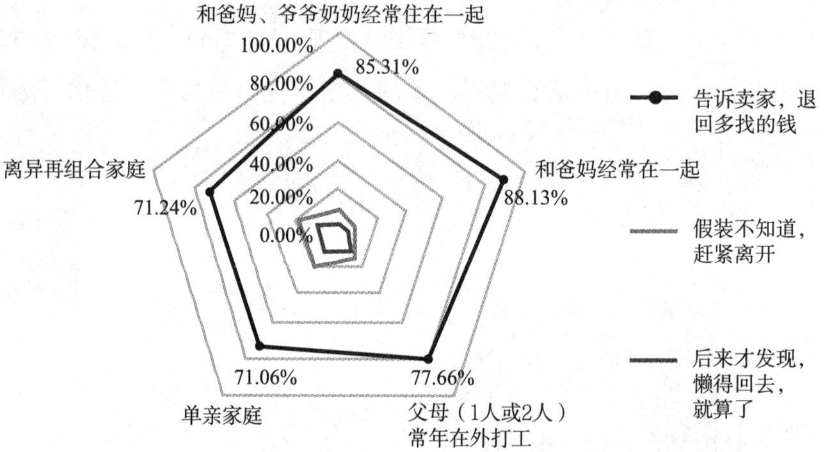

图4-7　诚信行为与儿童家庭生活方式雷达图

不同家庭生活方式的儿童各选项百分比如图4-7所示，经进一步统计分析发现：

大部分和父母生活在一起的儿童能做到诚信，高于其他家庭生活方式下该项的占比，除和父母祖辈生活在一起的儿童外，其他家庭生活方式下的儿童间差异非常显著（$|AR| > 2.58$）。单亲家庭的儿童选择“告诉卖家，退回多找的钱”的比例相对低于其他家庭生活方式下该项的占比。健全的家庭生活模式更有利于良好的诚信行为的出现。

4.2　家庭感恩回报行为

对于家人的关心，78.46%的湖北省儿童在家庭生活中有感恩行为，12.54%的湖北省儿童偶尔记得并回报，另外还有9.00%的湖北省儿童常常忘记回应家人的关心，家庭感恩回报行为表现较差。（见图4-8）

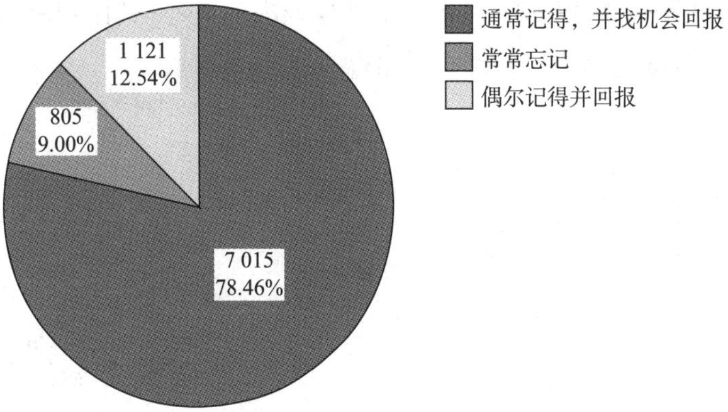

图 4-8 家庭感恩回报行为与儿童人数百分比图

(1) 年段差异。

对不同年段的儿童进行差异检验发现，总体差异非常显著（卡方值＝585.877，$P \leqslant 0.01$）。

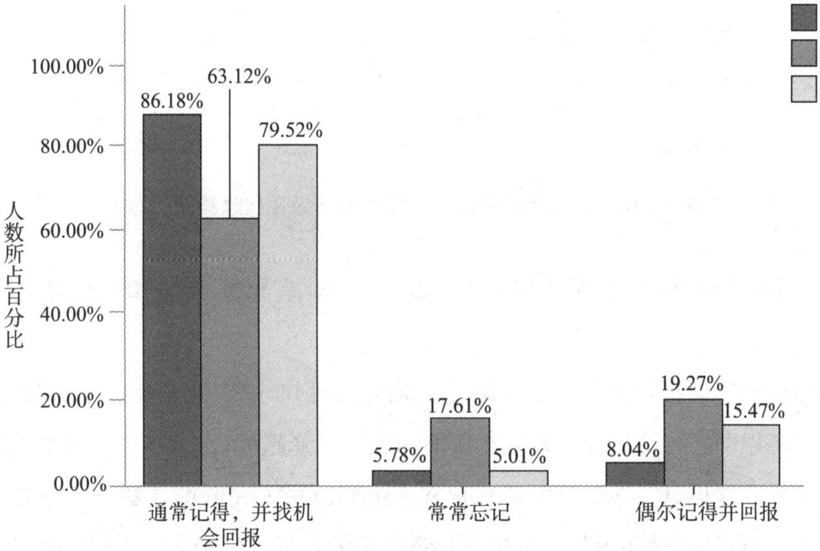

图 4-9 家庭感恩回报行为与儿童年段分布图

不同年段的儿童各选项百分比如图 4-9 所示，经进一步统计分析发现：

小学生在常常回报家人的关心的行为选择上，比例高于高中生和初中生，且小学生与初中生的差异非常显著（$|AR|>2.58$）。初中生偶尔记得回应家人的关心的比例高于高中生和小学生，且差异非常显著（$|AR|>2.58$）。初中生

家庭感恩回报行为表现较差，常常忘记回应家人的关心，其比例高于小学生和高中生，且差异非常显著（$|AR|>2.58$）。

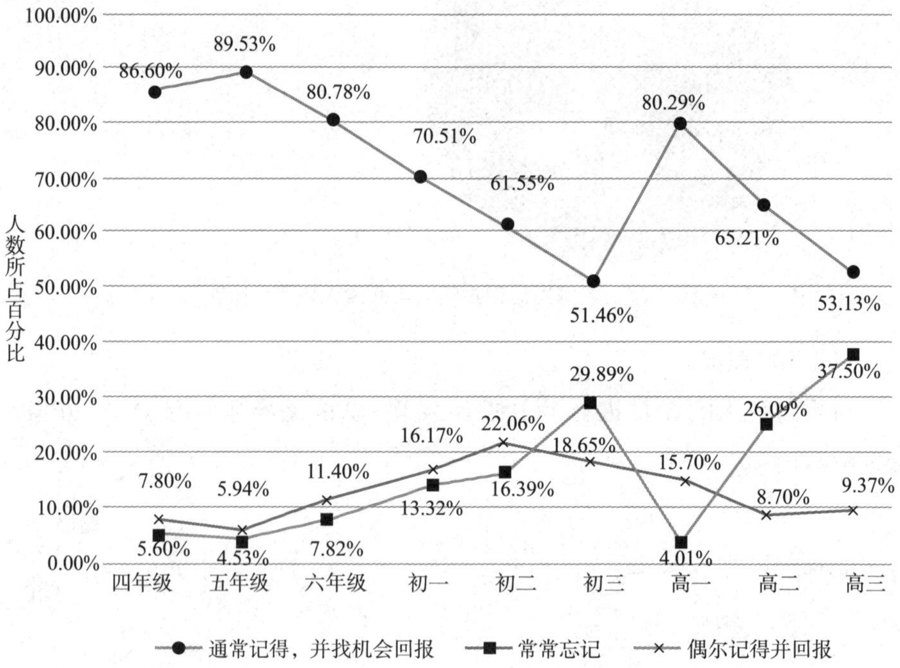

图 4－10　家庭感恩回报行为与儿童年级变化趋势图

对不同年级儿童进行差异检验发现，总体差异非常显著（卡方值＝802.597，$P\leqslant0.01$）。

由家庭感恩回报行为与儿童年级变化趋势图可知，随着儿童年级的增长，能保持家庭感恩回报行为的儿童人数比例整体上呈下降趋势，三个不同年段的儿童之间的差异非常显著（$|AR|>2.58$）；常常忘记回应家人关心的人数比例总体呈小幅上涨趋势，且小学高段儿童与初中儿童之间的差异非常显著（$|AR|>2.58$）。（见图 4－10）

（2）性别差异。

对不同性别的儿童进行差异检验发现，总体差异不显著（卡方值＝0.537，$P>0.05$）。

不同性别的儿童各选项百分比如图 4－11 所示，经进一步统计分析发现：

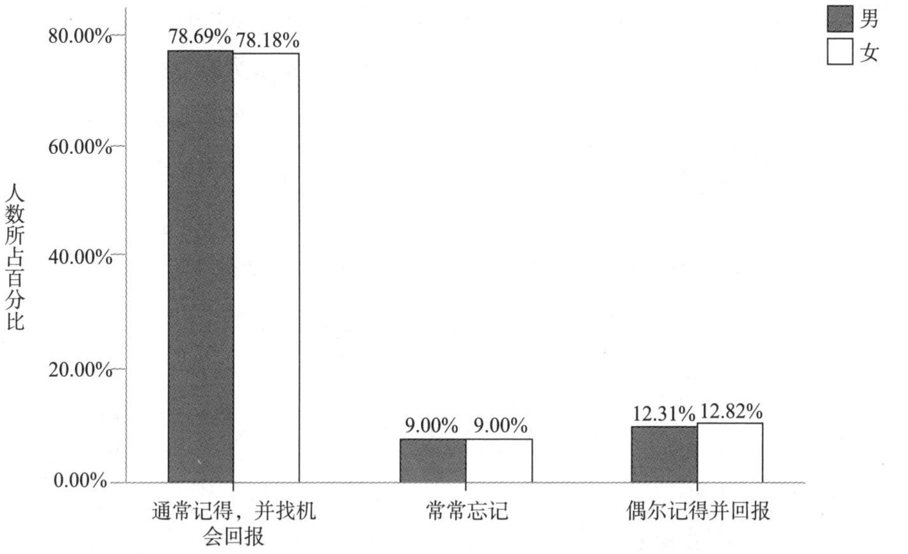

图 4－11　家庭感恩回报行为与儿童性别分布图

男生能保持家庭感恩回报行为的比例与女生基本持平，差异不显著（$|AR|\leqslant1.96$）。男生偶尔记得并回报的比例和女生基本持平，差异不显著（$|AR|\leqslant1.96$）。

(3) 城乡差异。

对城乡儿童进行差异检验发现，总体差异非常显著（卡方值＝1002.140，$P\leqslant0.01$）。

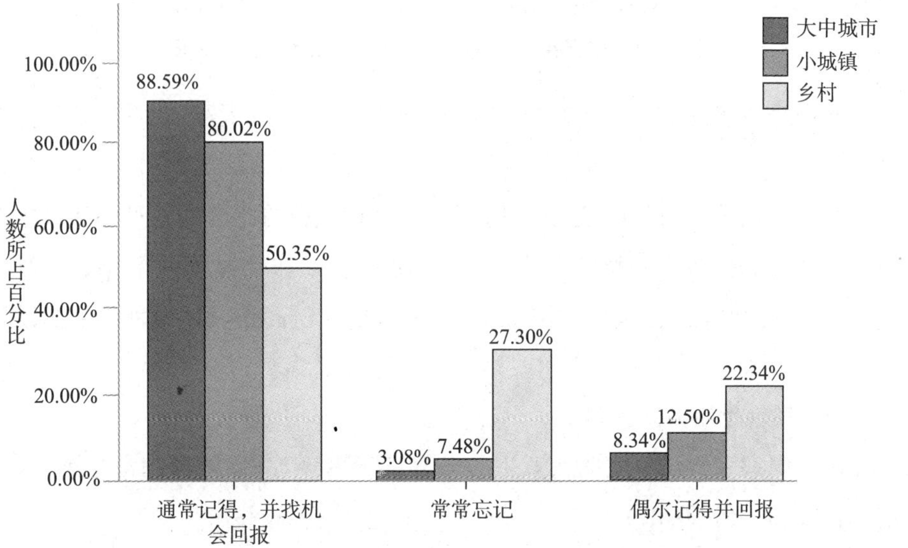

图 4－12　家庭感恩回报行为与儿童城乡分布图

城乡儿童各选项百分比如图 4－12 所示，经进一步统计分析发现：

大中城市的儿童家庭感恩回报行为较为良好，人数比例高于小城镇和乡村儿童，且三者之间差异非常显著（$|AR|>2.58$）。乡村儿童常常忘记家庭感恩回报的人数比例高于小城镇和大中城市儿童，且三者之间差异非常显著（$|AR|>2.58$）。

（4）生活满意度差异。

对不同生活满意度的儿童进行差异检验发现，总体差异非常显著（卡方值＝675.474，$P\leqslant 0.01$）。

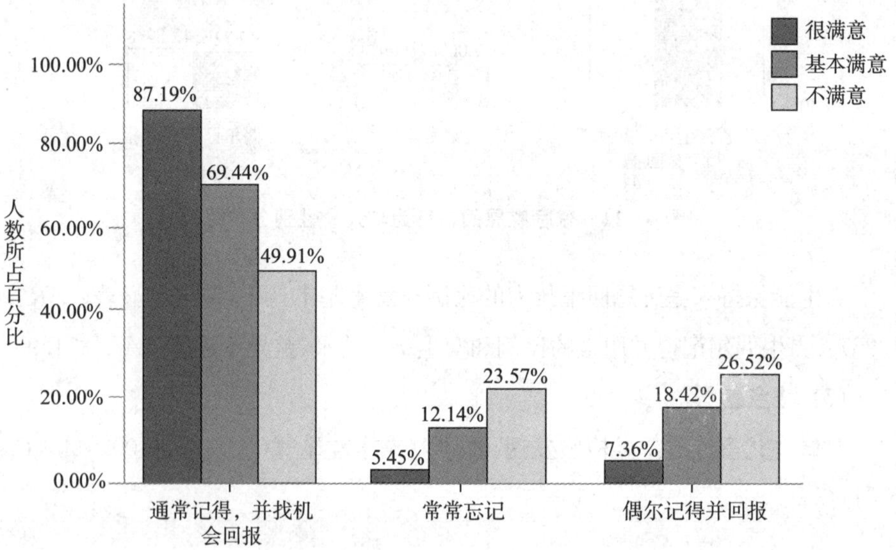

图 4－13　家庭感恩回报行为与儿童生活满意度分布图

不同生活满意度的儿童各选项百分比如图 4－13 所示，经进一步统计分析发现：

对生活很满意的儿童“通常记得，并找机会回报”的比例高于对生活基本满意的儿童和对生活不满意的儿童，且三者之间存在非常显著的差异（$|AR|>2.58$）。对生活不满意的儿童“常常忘记”回报的比例高于其他两种生活满意度下该项的人数占比，且三者之间差异非常显著（$|AR|>2.58$）。

（5）家庭生活方式差异。

对不同家庭生活方式的儿童进行差异检验发现，总体差异非常显著（卡方值＝193.490，$P\leqslant 0.01$）。

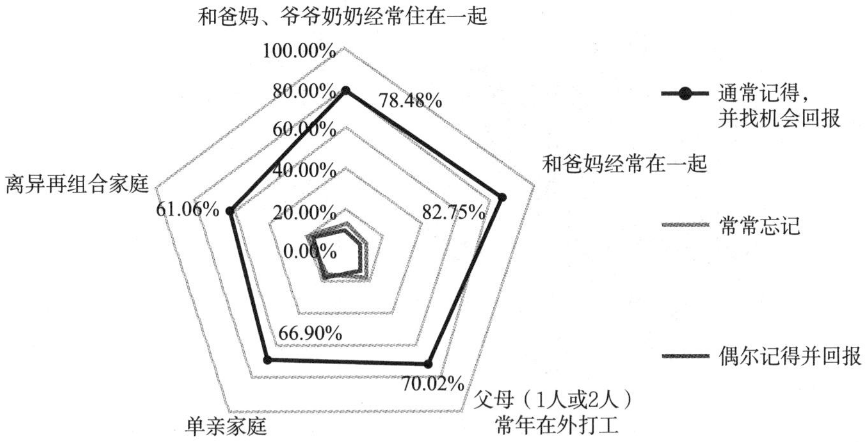

图 4－14　家庭感恩回报行为与儿童家庭生活方式雷达图

不同家庭生活方式的儿童各选项百分比如图 4－14 所示，经进一步统计分析发现：

大部分和爸妈生活在一起的儿童会常常回应家人的爱和关心，在家庭生活中表现较为良好；其次是与父母祖辈生活在一起的儿童；接着是父母中有 1 人或 2 人常年在外打工的儿童、单亲家庭儿童，最后是离异再组合家庭儿童。除了和父母祖辈住在一起的儿童外，其余四种家庭生活方式下儿童的家庭感恩回报行为间存在非常显著的差异（$|AR|>2.58$）。

4.3　同伴错误提醒行为

通过对“面对同伴犯错是否主动提醒他（她）”问卷数据的分析可知，74.14%的湖北省儿童面对同伴犯错都会主动提醒，16.81%的湖北省儿童有时会指出同伴的错误之处，还有 9.05%的湖北省儿童通常不会提醒犯错的同伴。（见图 4－15）

(1) 年段差异。

对不同年段的儿童进行差异检验发现，总体差异非常显著（卡方值＝675.711，$P\leqslant 0.01$）。

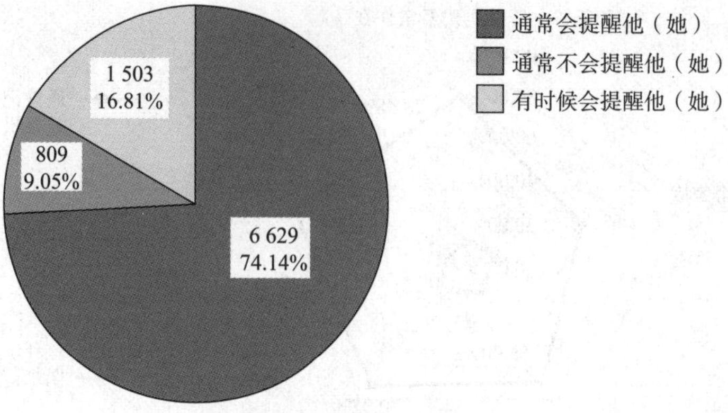

图 4－15　同伴错误提醒行为与儿童人数百分比分布图

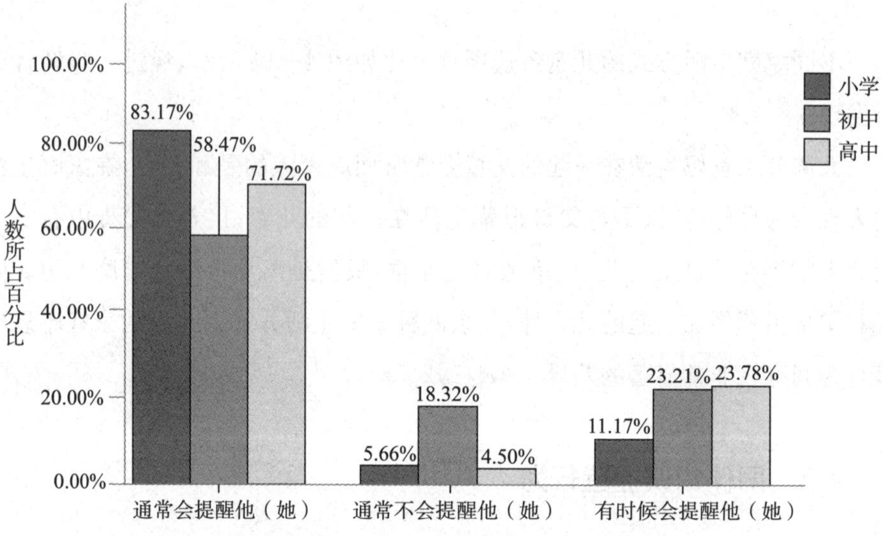

图 4－16　同伴错误提醒行为与儿童年段分布图

不同年段的儿童各选项百分比如图 4－16 所示，经进一步统计分析发现：

初中生通常不会提醒同伴所犯错误的比例高于小学生和高中生，且差异非常显著（$|AR|>2.58$）。高中生有时会提醒同伴的错误行为的比例高于初中生和小学生，且三个年段儿童之间的差异非常显著（$|AR|>2.58$）。

小学生在同伴共处中通常会指出对方错误之处的比例高于高中生和初中生，且三个年段儿童之间的差异比较显著($1.96<|AR|\leqslant 2.58$)。

对不同年级的儿童进行差异检验发现，总体差异非常显著(卡方值=891.670，$P\leqslant 0.01$)。

通过年级比较分析可以发现，随着儿童年级的增长，在同伴错误提醒行为中能直接指出同伴错误的人数比例整体呈下降趋势，且各年级间的差异非常显著($|AR|>2.58$)；通常不会提醒的儿童人数比例整体呈小幅上升趋势，不同年级间的差异非常显著($|AR|>2.58$)；有时会提醒的儿童人数比例整体呈上升趋势，且除六年级、高二和高三儿童外，不同年级的儿童之间的差异非常显著($|AR|>2.58$)。(见图4-17)

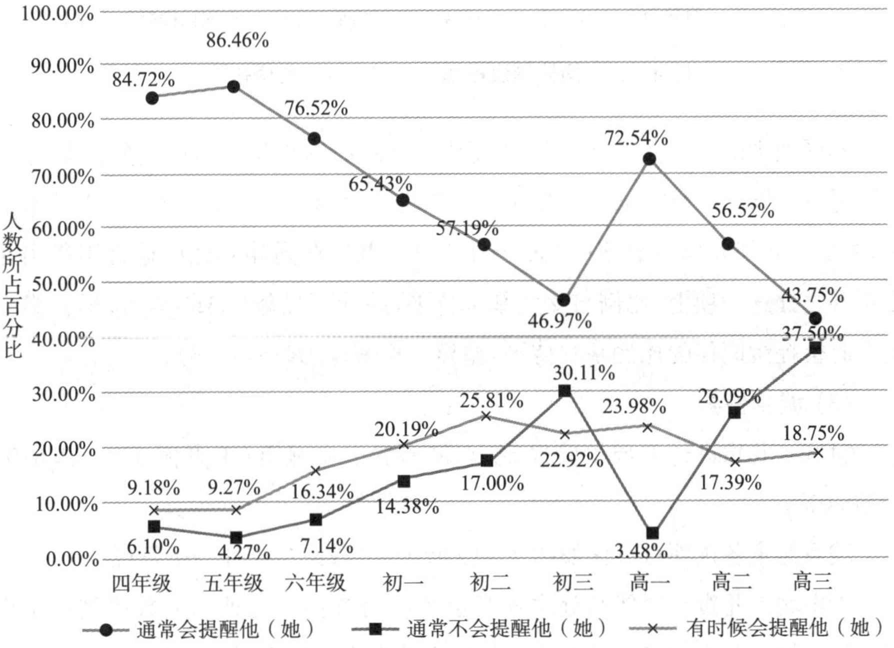

图4-17 同伴错误提醒行为与儿童年级变化趋势图

(2) 性别差异。

对不同性别的儿童进行差异检验发现，总体差异不显著(卡方值=0.344，$P>0.05$)。

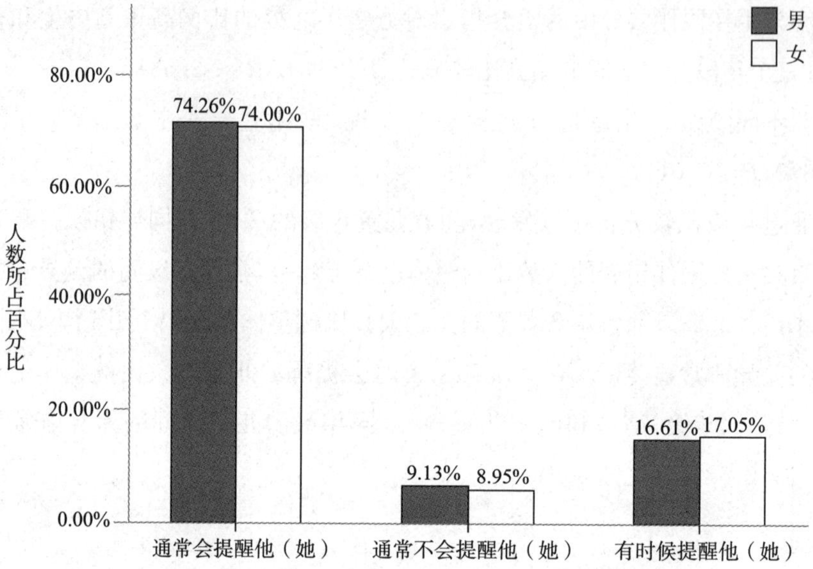

图 4－18　同伴错误提醒行为与儿童性别分布图

不同性别的儿童各选项百分比如图 4－18 所示，经进一步统计分析发现：

男生在同伴共处中通常会指出对方错误之处这一项上，比例与女生基本持平，男女生之间差异不显著（$|AR|\leqslant 1.96$）。男生在同伴共处中通常不指出对方错误之处这一项上，比例与女生基本持平，差异不显著（$|AR|\leqslant 1.96$）。男女生有时会提醒同伴的比例基本持平，差异不显著（$|AR|\leqslant 1.96$）。

(3) 城乡差异。

对城乡儿童进行差异检验发现，总体差异非常显著（卡方值＝1 012.670，$P\leqslant 0.01$）。

城乡儿童各选项百分比如图 4－19 所示，经进一步统计分析发现：

大中城市儿童在同伴共处中通常会指出对方错误之处的人数比例高于小城镇和乡村的儿童，三者之间存在非常显著的差异（$|AR|>2.58$）。乡村儿童通常不会提醒同伴所犯错误的人数比例高于大中城市和小城镇的儿童，城乡儿童之间存在非常显著的差异（$|AR|>2.58$）。乡村儿童有时候会提醒同伴的人数比例高于大中城市和小城镇的儿童，大中城市和乡村的儿童之间存在非常显著的差异（$|AR|>2.58$）。

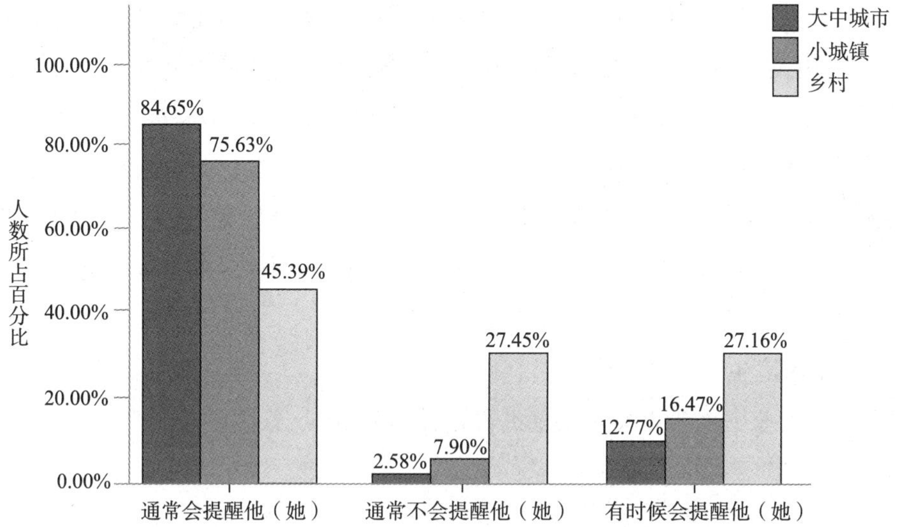

图 4-19　同伴错误提醒行为与儿童城乡分布图

(4) 生活满意度差异。

对不同生活满意度的儿童进行差异检验发现，总体差异非常显著(卡方值=690.767，$P \leqslant 0.01$)。

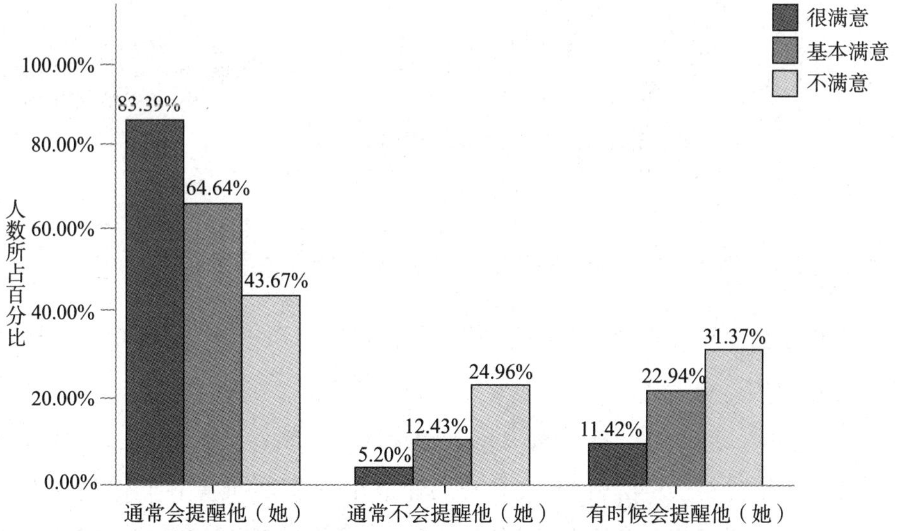

图 4-20　同伴错误提醒行为与儿童生活满意度分布图

不同生活满意度的儿童各选项百分比如图 4-20 所示，经进一步统计分析发现：

对生活很满意的儿童在同伴共处中表现最好，其次是对生活基本满意的儿童，再次是对生活不满意的儿童。对生活很满意的儿童在同伴共处中通常会指出对方错误之处的人数比例高于对生活基本满意和对生活不满意的儿童，且差异非常显著（$|AR|>2.58$）。对生活不满意的儿童选择“有时候会提醒他（她）”的人数比例高于对生活基本满意和对生活很满意的儿童，且差异非常显著（$|AR|>2.58$）。通常不会提醒犯错的同伴的三种不同生活满意度的儿童间的差异非常显著（$|AR|>2.58$）。

(5) 家庭生活方式差异。

对不同家庭生活方式的儿童进行差异检验发现，总体差异非常显著（卡方值$=196.317$，$P\leqslant0.01$）。

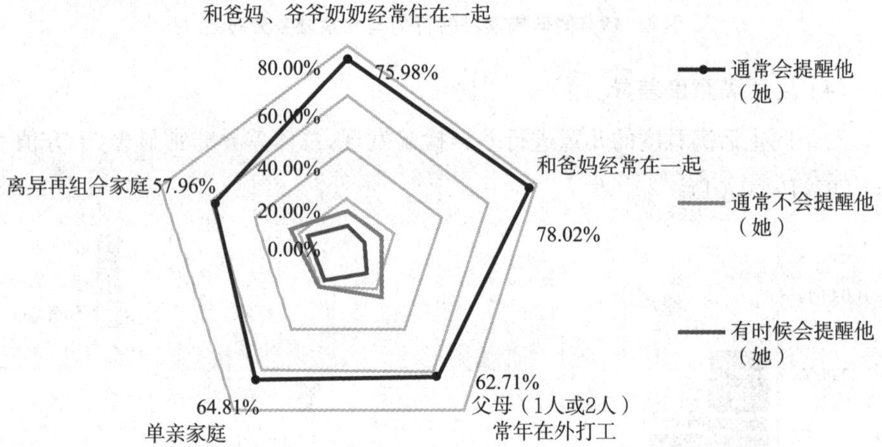

图 4-21　同伴错误提醒行为与儿童家庭生活方式雷达图

不同家庭生活方式的儿童各选项百分比如图 4-21 所示，经进一步统计分析发现：

“和爸妈经常在一起”的儿童更乐于指出同伴的错误言行，提醒其改正，表现出较好的同伴错误提醒行为。“和爸妈经常在一起”的儿童在同伴共处中通常会指出对方错误之处的人数比例比“和爸妈、爷爷奶奶经常住在一起”的儿童略高，五种不同家庭生活方式间存在非常显著的差异（$|AR|>2.58$）。

4.4 公共生活行为

4.4.1 违反规则的行为

通过对“即使在公共场合，我也不太在乎规则和对别人的影响，还是先考虑自己的需要”问卷数据的分析可知，49.86%的湖北省儿童通常不会在公共生活中为一己私利破坏公共规则，20.42%的湖北省儿童偶尔会为自己的利益逾越规则，29.72%的湖北省儿童通常会首先考虑自己的利益，甚至很可能会因为自身的利益而破坏公共规则、损害他人利益。（见图 4-22）

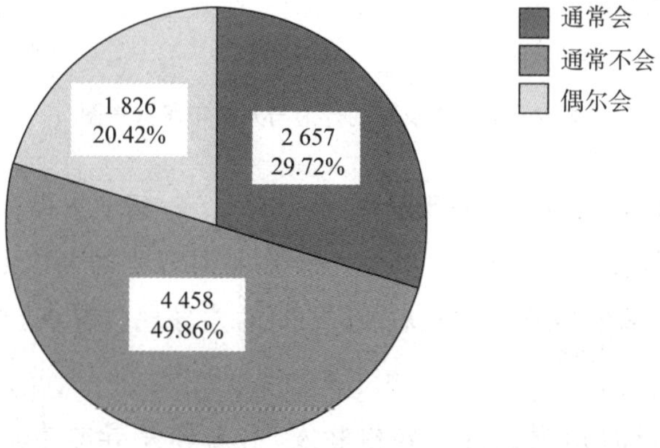

图 4-22 违反规则行为与儿童人数百分比分布图

(1) 年段差异。

对不同年段的儿童进行差异检验发现，总体差异非常显著（卡方值=99.260，$P\leqslant 0.01$）。

不同年段的儿童各选项百分比如图 4-23 所示，经进一步统计分析发现：

高中生在公共生活中通常不会为一己私利破坏公共规则的人数比例高于小学生和初中生，且三者之间的差异非常显著（$|AR|>2.58$）。初中生在公共生活中偶尔会为个人利益破坏公共规则的人数比例高于高中生和小学生，且小学生与初中生之间差异非常显著（$|AR|>2.58$）。

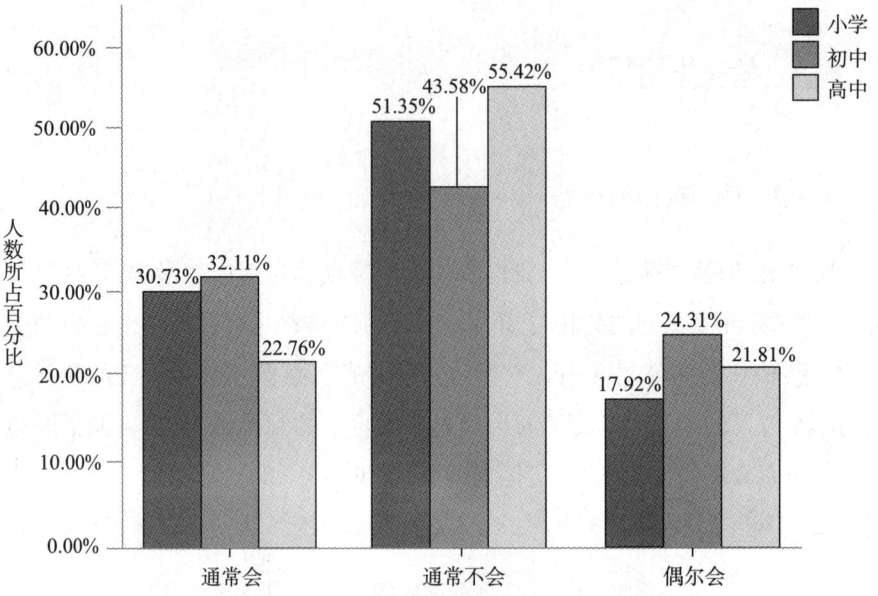

图4-23　违反规则行为与儿童年段分布图

高中生的公共生活行为表现最好，小学生次之，初中生再次之。初中生在公共生活中通常会为一己之利不顾他人感受、破坏规则的人数比例高于小学生和高中生，且小学生、初中生与高中生之间的差异比较显著（$1.96<|AR|\leqslant 2.58$）。

对不同年级的儿童进行差异检验发现，总体差异非常显著（卡方值＝180.864，$P\leqslant 0.01$）。

令人欣慰的是，从违反规则行为与儿童年级变化趋势图可以看出，随着年级的升高，儿童不会在公共场合为一己之私违反规则的人数比例整体上呈下降趋势，小学五年级、初一、初三与高一儿童之间的差异非常显著（$|AR|>2.58$）。在公共生活行为中，儿童逐渐能够做到遵守规则以及照顾他人感受，偶尔会为个人利益不顾他人感受的比例有上升趋势，小学四、五、六年级和初一儿童之间的差异非常显著（$|AR|>2.58$）。（见图4-24）

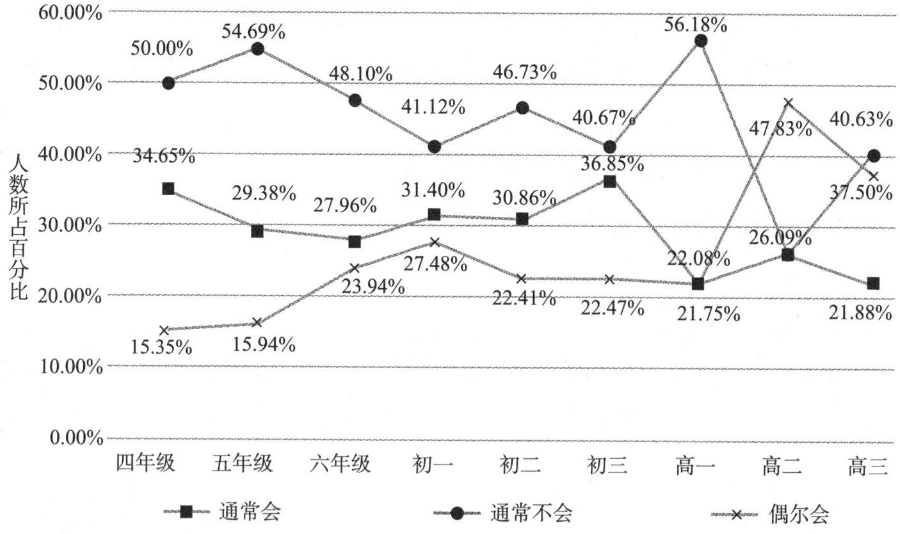

图 4-24 违反规则行为与儿童年级变化趋势图

(2) 性别差异。

对不同性别的儿童进行差异检验发现，总体差异非常显著(卡方值=151.671，$P\leqslant 0.01$)。

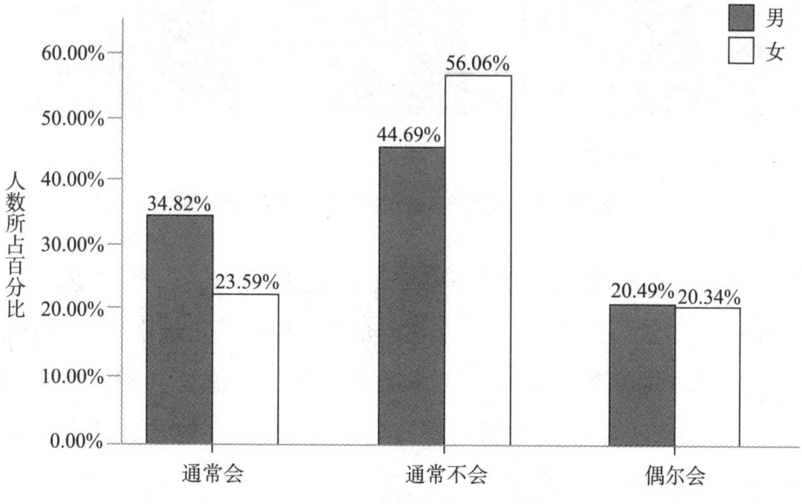

图 4-25 违反规则行为与儿童性别分布图

不同性别的儿童各选项百分比如图4－25所示，经进一步统计分析发现：

男生在公共生活中通常会为一己之利不顾他人感受、破坏规则的人数比例高于女生，且差异非常显著（$|AR|>2.58$）。女生通常不会只顾私利的人数比例高于男生，且差异非常显著（$|AR|>2.58$）。

男生偶尔会为一己私利不顾他人感受的人数比例与女生基本持平，但差异不显著（$|AR|\leqslant 1.96$）。

(3) 城乡差异。

对城乡儿童进行差异检验发现，总体差异非常显著（卡方值＝70.631，$P\leqslant 0.01$）。

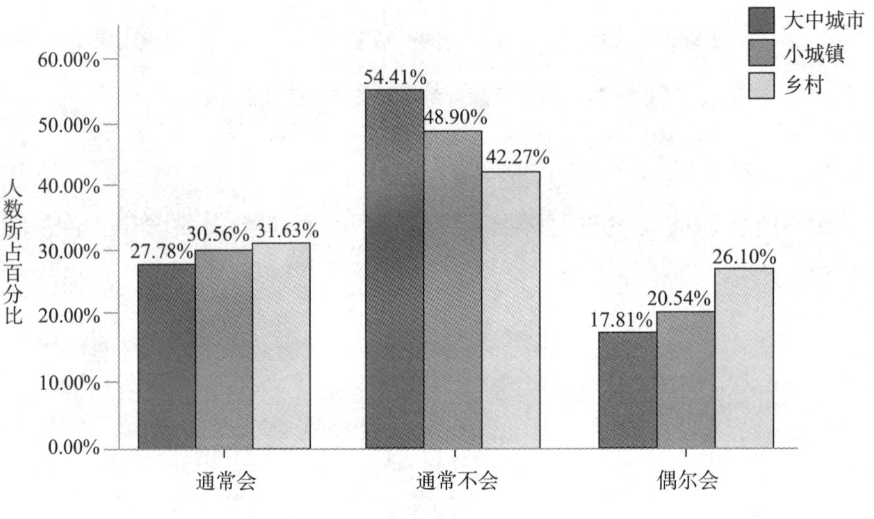

图4－26　违反规则行为与儿童城乡分布图

城乡儿童各选项百分比如图4－26所示，经进一步统计分析发现：

大中城市儿童的公共生活行为表现最好，小城镇儿童次之，乡村儿童再次之。大中城市的儿童在公共生活中通常会优先考虑公共利益而不是个人利益，高于同项下小城镇和乡村的儿童，大中城市和乡村的儿童之间的差异非常显著（$|AR|>2.58$）。

大中城市的儿童在公共生活中通常会为一己之利不顾他人感受、破坏规则的人数比例低于小城镇和乡村的儿童，但三者之间差异不显著（$|AR|\leqslant 1.96$）。

(4) 生活满意度差异。

对不同生活满意度的儿童进行差异检验发现,总体差异非常显著(卡方值=134.880,$P \leqslant 0.01$)。

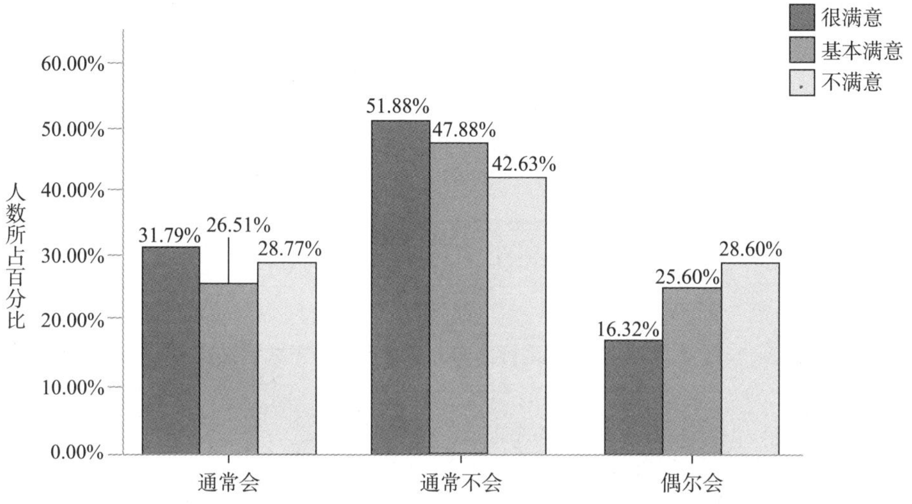

图 4-27 违反规则行为与儿童生活满意度分布图

不同生活满意度的儿童各选项百分比如图 4-27 所示,经进一步统计分析发现:

对生活很满意的儿童在公共生活中通常会为一己之利不顾他人感受、破坏规则的人数比例高于对生活不满意的儿童和对生活基本满意的儿童,对生活很满意和对生活基本满意的儿童之间的差异非常显著($|AR|>2.58$)。对生活很满意的儿童在公共生活中通常不会只顾私利的人数比例高于对生活基本满意和对生活不满意的儿童,且三者之间的差异非常显著($|AR|>2.58$)。

(5) 家庭生活方式差异。

对不同家庭生活方式的儿童进行差异检验发现,总体差异非常显著(卡方值=43.461,$P \leqslant 0.01$)。

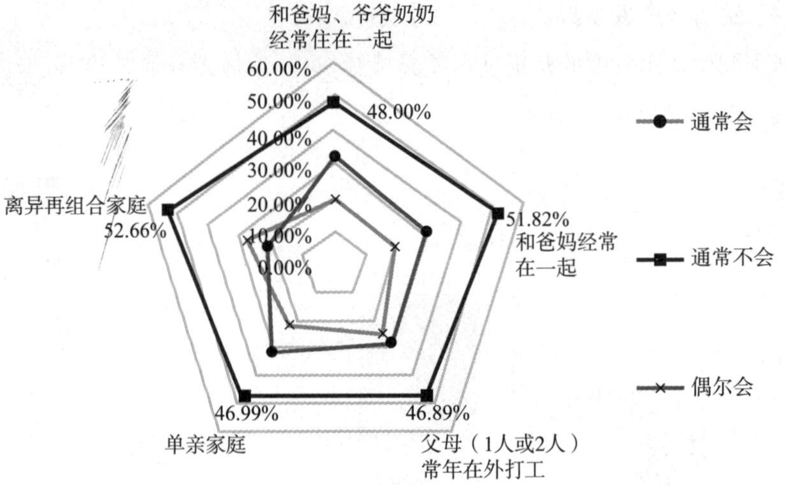

图 4－28　违反规则行为与儿童家庭生活方式雷达图

不同家庭生活方式的儿童各选项百分比如图 4－28 所示，经进一步统计分析发现：

“和爸妈、爷爷奶奶经常住在一起”的儿童在公共生活中通常会为一己私利破坏规则的行为，与离异再组合家庭的儿童间的差异非常显著（$|AR|>2.58$）。“和爸妈经常在一起”的儿童偶尔会首先考虑自己的利益而不顾他人感受的行为，与“父母（1 人或 2 人）常年在外打工”的儿童间的差异非常显著（$|AR|>2.58$）。

离异再组合家庭的儿童在公共生活中通常不会为一己私利不顾他人感受的人数比例高于“和爸妈经常在一起”的儿童、“和爸妈、爷爷奶奶经常住在一起”的儿童、单亲家庭儿童、“父母（1 人或 2 人）常年在外打工”的儿童，且“和爸妈、爷爷奶奶经常住在一起”的儿童、“和爸妈经常在一起”的儿童与“父母（1 人或 2 人）常年在外打工”的儿童之间的差异比较显著（$1.96<|AR|\leqslant 2.58$）。

4.4.2　制止欺负行为

通过对“在路上看到有人欺负残疾或精神病人，我常常会……”的问卷数据分析可以发现，4.65％的湖北省儿童会在弱势人群被欺负时想“去看看好不好玩”；6.68％的湖北省儿童则是因为“不想多事”，而漠视他人的痛苦和需求；17.55％的湖北省儿童有制止欺负弱势人群的倾向，但又因害怕自己惹上麻烦而不敢上前；15.76%的湖北省儿童会上前劝止欺负弱势人群的行为；55.36%的湖北省儿童会在弱势人群陷入困境的时候伸出援助之手，必要时还会寻求周围其他人的帮助。（见图4-29）

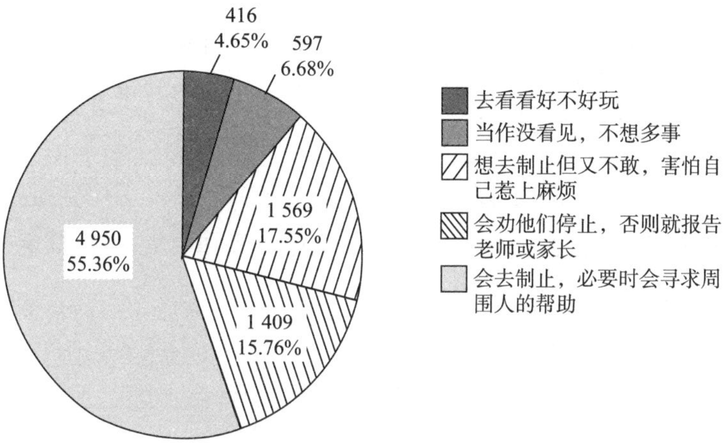

图4-29　制止欺负行为与儿童人数百分比分布图

(1) 年段差异。

对不同年段的儿童进行差异检验发现，总体差异非常显著（卡方值=760.478，$P \leqslant 0.01$）。

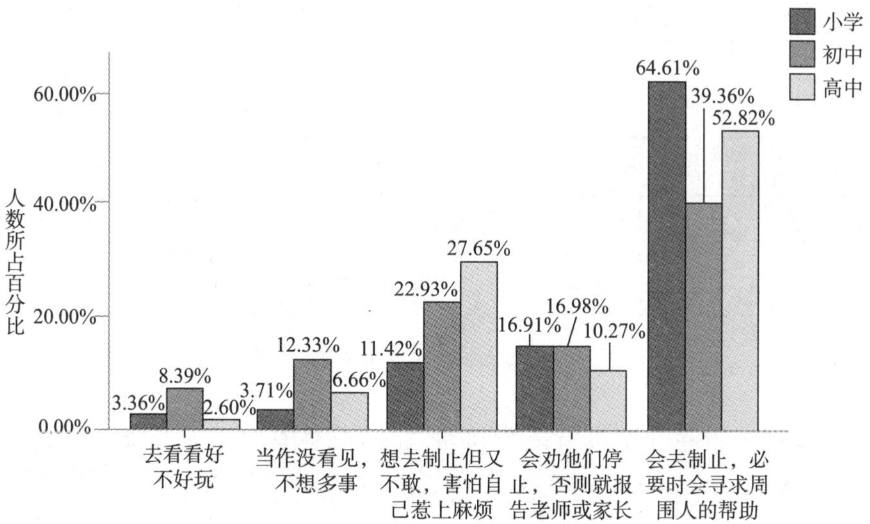

图4-30　制止欺负行为与儿童年段分布图

不同年段的儿童各选项百分比如图4－30所示，经进一步统计分析发现：

高中生会在弱势群体受欺负时想“去看看好不好玩”的人数比例低于小学生和初中生，且小学生、初中生与高中生间的差异非常显著（$|AR|>2.58$）。初中生会当作没看见的人数比例高于高中生和小学生，且小学生和初中生间的差异非常显著（$|AR|>2.58$）。高中生有制止的行为倾向却又害怕惹上麻烦的人数比例高于初中生和小学生，且三个年段儿童间的差异非常显著（$|AR|>2.58$）。初中生会上前劝止欺负弱势人群的行为的人数比例高于小学生和高中生，且小学生与高中生间的差异非常显著（$|AR|>2.58$）。小学生会上前制止并在必要时向周围人求助的人数比例高于高中生和初中生，且小学生与初中生间的差异非常显著（$|AR|>2.58$）。

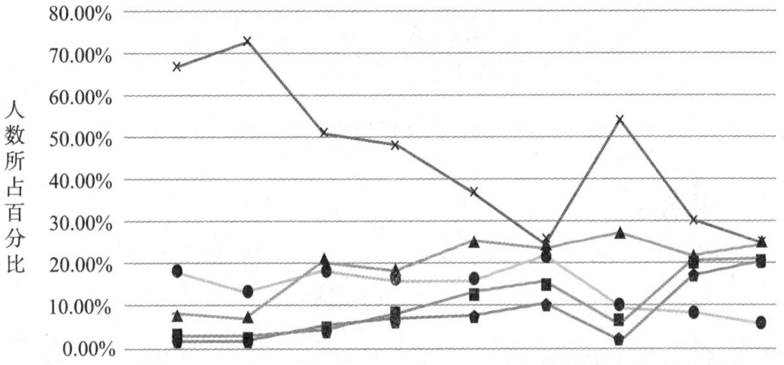

	四年级	五年级	六年级	初一	初二	初三	高一	高二	高三
去看看好不好玩	2.96%	2.55%	5.02%	7.40%	8.11%	11.24%	1.97%	17.39%	21.88%
当作没看见，不想多事	3.02%	3.49%	4.86%	9.20%	13.34%	16.40%	6.11%	21.74%	21.88%
想去制止但又不敢，害怕自己惹上麻烦	8.81%	7.55%	20.21%	19.13%	25.20%	25.17%	27.79%	21.74%	25.00%
会劝他们停止，否则就报告老师或家长	18.93%	13.80%	19.00%	16.17%	15.61%	22.25%	10.38%	8.70%	6.24%
会去制止，必要时会寻求周围人的帮助	66.28%	72.61%	50.91%	48.10%	37.74%	24.94%	53.75%	30.43%	25.00%

图4－31　制止欺负行为与儿童年级变化趋势图

对不同年级的儿童进行差异检验发现，总体差异非常显著（卡方值＝1 097.013，$P\leqslant 0.01$）。

通过制止欺负行为与儿童年级变化趋势图可以发现，随着年级的上升，儿

童中以看热闹的态度面对欺负行为的人数比例整体呈上升趋势，且除了六年级外，其余各年级儿童间的差异非常显著（$|AR|>2.58$）；不想多事、怕惹上麻烦的儿童人数比例也有增长的趋势，且小学生与初中生之间的差异非常显著（$|AR|>2.58$）；会上前制止的儿童人数比例明显下降，小学生与初中生之间的差异非常显著（$|AR|>2.58$）。（见图 4－31）

（2）性别差异。

对不同性别的儿童进行差异检验发现，总体差异非常显著（卡方值＝48.038，$P\leqslant 0.01$）。

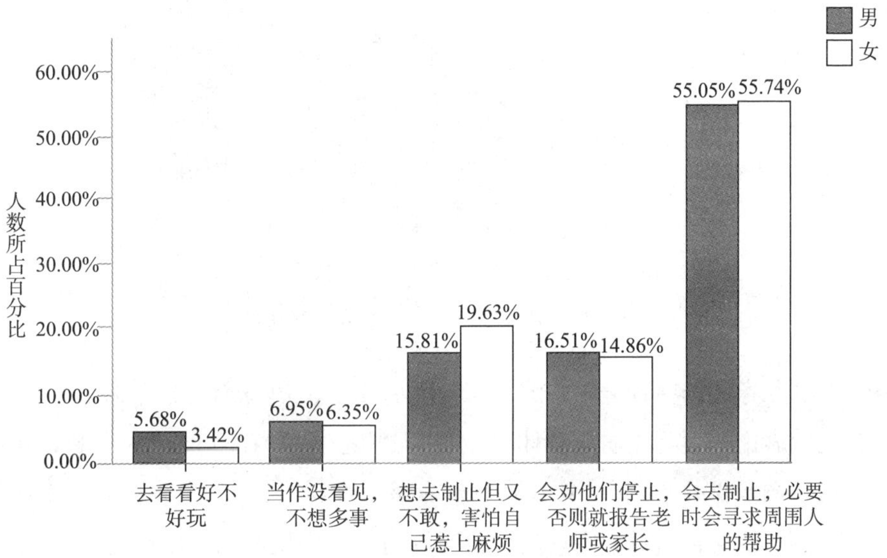

图 4－32 制止欺负行为与儿童性别分布图

不同性别的儿童各选项百分比如图 4－32 所示，经进一步统计分析发现：

男女生在会选择上前看看好不好玩、想制止但怕惹上麻烦的行为上，差异非常显著（$|AR|>2.58$）。

男女生在会上前劝止的行为上，差异比较显著（$1.96<|AR|\leqslant 2.58$）。

男女生在不想多事和会上前制止他人欺负弱势群体并在必要时寻求周围人帮助的行为选择上，不存在显著的差异（$|AR|\leqslant 1.96$）。

(3) 城乡差异。

对城乡儿童进行差异检验发现，总体差异非常显著（卡方值＝939.612，$P \leqslant 0.01$）。

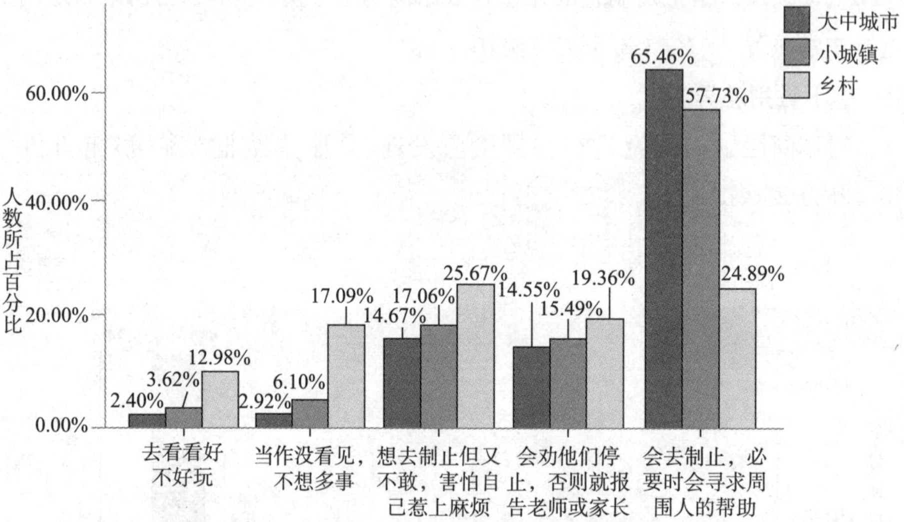

图4－33　制止欺负行为与儿童城乡分布图

城乡儿童各选项百分比如图4－33所示，经进一步统计分析发现：

大中城市儿童会在弱势群体受欺负时想“去看看好不好玩”的人数比例低于小城镇和乡村的儿童，三者差异非常显著（$|AR|>2.58$）。乡村儿童有制止的行为倾向却又害怕惹上麻烦的人数比例高于大中城市和小城镇的儿童，且大中城市和乡村的儿童间差异非常显著（$|AR|>2.58$）。大中城市儿童会上前制止并在必要时向周围人求助的人数比例高于小城镇和乡村的儿童，且三者间差异非常显著（$|AR|>2.58$）。

乡村儿童会上前劝止欺负弱势人群的行为的人数比例高于小城镇和大中城市的儿童，且大中城市和乡村的儿童间差异比较显著（$1.96<|AR|\leqslant 2.58$）。

(4) 生活满意度差异。

对不同生活满意度的儿童进行差异检验发现，总体差异非常显著（卡方值＝772.015，$P \leqslant 0.01$）。

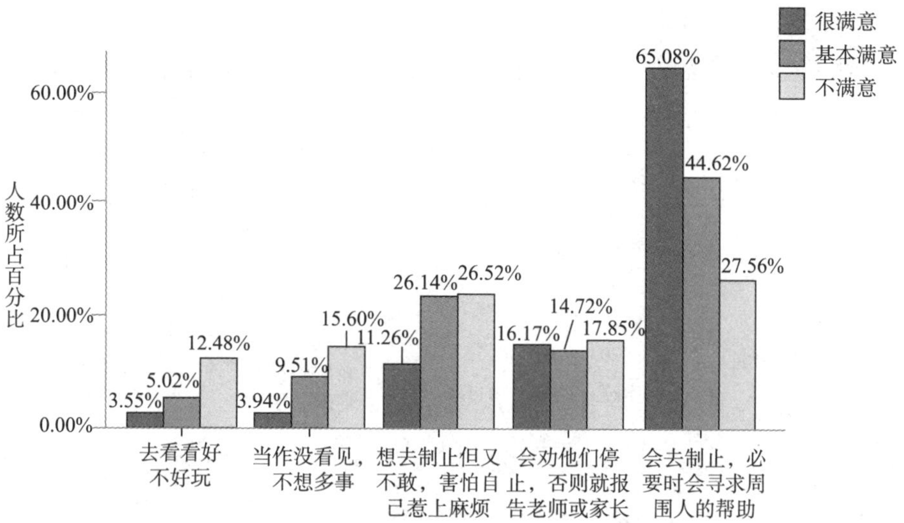

图 4-34　制止欺负行为与儿童生活满意度分布图

不同生活满意度的儿童各选项百分比如图 4-34 所示，经进一步统计分析发现：

从整体来看，对生活很满意的儿童更加关爱弱势人群，会更主动地与危害弱势人群的行为作斗争。少数对生活很满意的儿童会在弱势群体受欺负时想“去看看好不好玩”，人数比例低于同项下对生活基本满意和不满意的儿童，且对生活很满意和对生活不满意的儿童之间的差异非常显著($|AR|>2.58$)。对生活很满意的儿童会因不想多事而忽视欺负弱势人群的行为的人数比例低于对生活基本满意和对生活不满意的儿童，且差异非常显著($|AR|>2.58$)。对生活不满意的儿童有制止的行为倾向却又害怕惹上麻烦的人数比例高于对生活基本满意和对生活很满意的儿童，且三者之间差异非常显著($|AR|>2.58$)。对生活很满意的儿童会上前制止并在必要时向周围人求助的人数比例高于对生活基本满意和对生活不满意的儿童，且三者之间差异非常显著($|AR|>2.58$)。

对生活不满意的儿童会上前劝止欺负弱势人群的行为并提出警告的人数比例高于对生活很满意和对生活基本满意的儿童，但差异不显著($|AR|\leqslant 1.96$)。

（5）家庭生活方式差异。

对不同家庭生活方式的儿童进行差异检验发现，总体差异非常显著（卡方值=194.202，$P \leqslant 0.01$）。

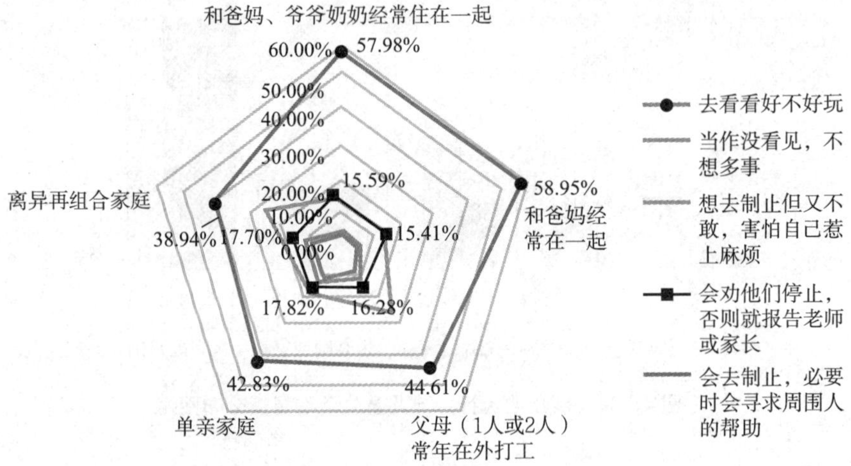

图 4-35　制止欺负行为与儿童家庭生活方式雷达图

不同家庭生活方式的儿童各选项百分比如图 4-35 所示，经进一步统计分析发现：

“和爸妈经常在一起”的儿童在会上前制止欺负弱势群体行为并寻求周围人帮助的人数比例高于“和爸妈、爷爷奶奶经常在一起”的儿童、“父母（1 人或 2 人）常年在外打工”的儿童、单亲家庭儿童、离异再组合家庭儿童，且五种不同家庭生活方式的儿童之间的差异非常显著（$|AR|>2.58$）。“和爸妈经常住在一起”的儿童、单亲家庭儿童选择在弱势群体受欺负时想“去看看好不好玩”，和离异再组合家庭儿童之间存在非常显著的差异（$|AR|>2.58$）。除了“和爸妈、爷爷奶奶经常住在一起”的儿童以外，其余四种家庭生活方式的儿童在因不想多事而漠视弱势人群受欺负的行为上存在非常显著的差异（$|AR|>2.58$）。除了单亲家庭儿童和离异再组合家庭儿童外，其余生活方式的儿童在想去制止但怕惹上麻烦的行为上存在非常显著的差异（$|AR|>2.58$）。

各种家庭生活方式的儿童在会劝止欺负弱势人群的行为上，不存在显著差异（$|AR|\leqslant 1.96$）。

5 湖北省儿童愿意接受的道德教育方式

儿童愿意接受的学校德育方式有很多，其中有 30.39％的湖北省儿童倾向于实际锻炼法，喜欢组织一些有主题的实践活动；有 27.09％的湖北省儿童倾向于说理教育法，喜欢通过讲故事、寓言或真实事例来让自己明白道理；还有 14.45％的湖北省儿童倾向于榜样示范法，喜欢观看榜样人物的纪录片。当然，也还有一小部分儿童愿意接受其他的道德教育方式，如：有 9.37％的湖北省儿童倾向于讨论法，喜欢举办讨论会或辩论赛；有 9.42％的湖北省儿童倾向于协商法，认为班里的事情，大家商量着办；有 9.28％的湖北省儿童倾向于陶冶教育法，认为老师自己做得让人称赞。

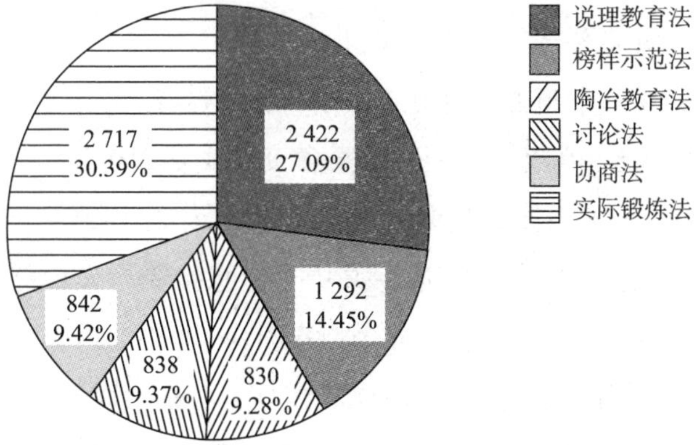

图 5－1　愿意接受的道德教育方式与儿童人数百分比分布图

从以上数据可以看出，绝大多数儿童愿意接受以实际锻炼法、说理教育法、榜样示范法为主的道德教育方式，而愿意接受讨论法、协商法、陶冶教育法的儿

童则较少。（见图 5－1）

（1）年段差异。

对不同年段的儿童愿意接受的道德教育方式的结果进行差异检验发现，总体差异非常显著（卡方值＝480.134，$P\leqslant0.01$）。

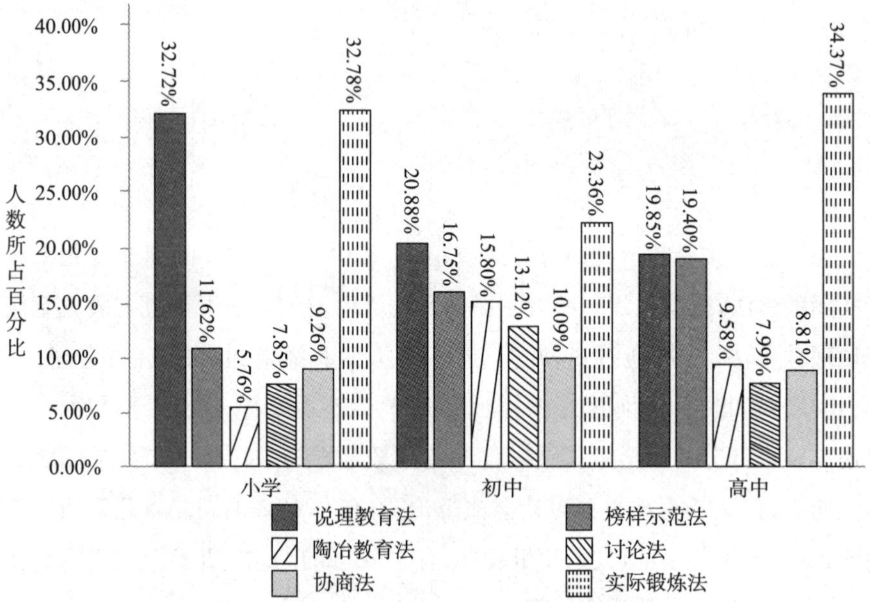

图 5－2　愿意接受的道德教育方式与儿童年段分布图

年段不同的儿童各选项百分比如图 5－2 所示，经进一步统计分析发现：

在儿童愿意接受的道德教育方式当中，实际锻炼法在三个年段中所占的比例最高，且高中生比小学生、初中生更愿意接受实际锻炼法，其差异非常显著（$|AR|>2.58$）。小学生愿意接受说理教育法的人数比例高于初中生和高中生，且差异非常显著（$|AR|>2.58$）。高中生愿意接受榜样示范法的人数比例高于初中生和小学生，且差异非常显著（$|AR|>2.58$）。初中生愿意接受陶冶教育法的人数比例高于小学生，且差异非常显著（$|AR|>2.58$）。初中生愿意接受讨论法的人数比例高于小学生，且差异非常显著（$|AR|>2.58$）。

对不同年级的儿童愿意接受的道德教育方式的结果进行差异检验发现，总体差异非常显著（卡方值＝628.589，$P\leqslant0.01$）。

从愿意接受的道德教育方式与儿童年级变化趋势图来看，随着儿童年级的升高，愿意接受说理教育法的儿童人数比例逐渐降低，但高一、高三两个年级愿意接受说理教育法的学生人数比例呈增长趋势，且增长趋势较明显；随着年级的升高，愿意接受实际锻炼法的儿童人数比例也逐渐降低，但在高一出现了大幅度的上升。

从年级趋势图中还可以看出，随着年级的升高，愿意接受榜样示范法的儿童人数比例逐渐上升，尤其是高二的学生，喜欢榜样示范法的儿童人数比例最大，但到了高三，喜欢榜样示范法的儿童人数比例出现大幅度下降。其他几种道德教育方式，如陶冶教育法、讨论法、协商法，从整体上来看，随着年级的升高，愿意接受这几种道德教育方式的儿童人数比例均呈增长趋势，但高一年级出现了较明显的下降趋势。（见图 5－3）

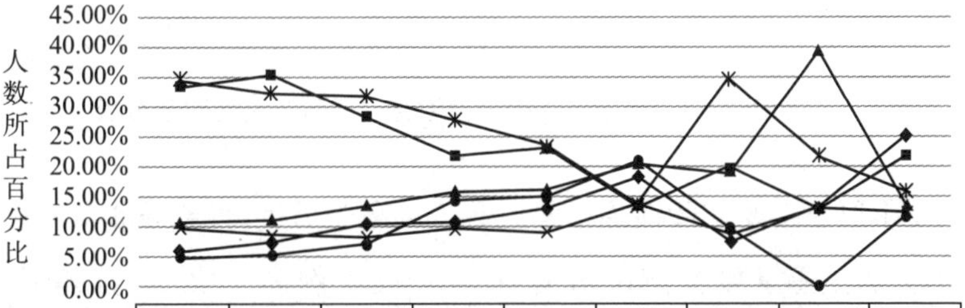

	四年级	五年级	六年级	初一	初二	初三	高一	高二	高三
说理教育法	33.58%	35.05%	28.27%	21.78%	23.19%	13.03%	19.91%	13.04%	21.88%
榜样示范法	10.69%	10.99%	13.68%	15.96%	16.04%	20.22%	19.25%	39.13%	12.50%
陶冶教育法	5.09%	5.36%	7.14%	14.38%	15.00%	20.90%	9.66%	0.00%	12.50%
讨论法	6.10%	7.45%	10.56%	10.78%	12.99%	18.43%	7.56%	13.04%	25.00%
协商法	10.13%	9.06%	8.51%	9.51%	9.15%	13.71%	8.67%	13.04%	12.50%
实际锻炼法	34.40%	32.08%	31.84%	27.59%	23.63%	13.71%	34.95%	21.74%	15.63%

图 5－3 愿意接受的道德教育方式与儿童年级变化趋势图

（2）性别差异。

对不同性别的儿童愿意接受的道德教育方式的结果进行差异检验发现，总体差异非常显著（卡方值＝43.623，$P \leqslant 0.01$）。

不同性别的儿童各选项百分比如图 5－4 所示，经进一步统计分析发现：

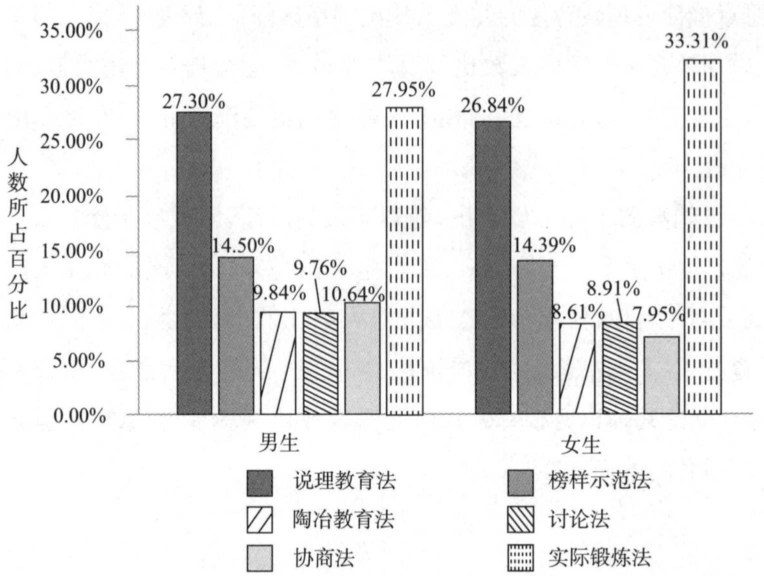

图 5－4　愿意接受的道德教育方式与儿童性别分布图

女生愿意接受实际锻炼法的人数比例高于男生，且差异非常显著（$|AR|>2.58$）。男生愿意接受陶冶教育法的人数比例高于女生，且差异非常显著（$|AR|>2.58$）。男生愿意接受协商法的人数比例高于女生，且差异非常显著（$|AR|>2.58$）。

(3) 城乡差异。

对城乡儿童愿意接受的道德教育方式的结果进行差异检验发现，总体差异非常显著（卡方值＝715.208，$P\leqslant 0.01$）。

城乡儿童各选项百分比如图 5－5 所示，经进一步统计分析发现：

大中城市儿童选择实际锻炼法的人数比例高于乡村儿童，且差异非常显著（$|AR|>2.58$）。小城镇儿童选择说理教育法的人数比例高于乡村儿童，且差异非常显著（$|AR|>2.58$）。乡村儿童选择榜样示范法的人数比例高于大中城市儿童，且差异非常显著（$|AR|>2.58$）。乡村儿童选择陶冶教育法的人数比例高于大中城市儿童，且差异非常显著（$|AR|>2.58$）。乡村儿童选择讨论法的人数比例高于小城镇和大中城市的儿童，且差异非常显著（$|AR|>2.58$）。乡村儿童选择协商法的人数比例高于大中城市儿童，且差异非常显著（$|AR|>2.58$）。

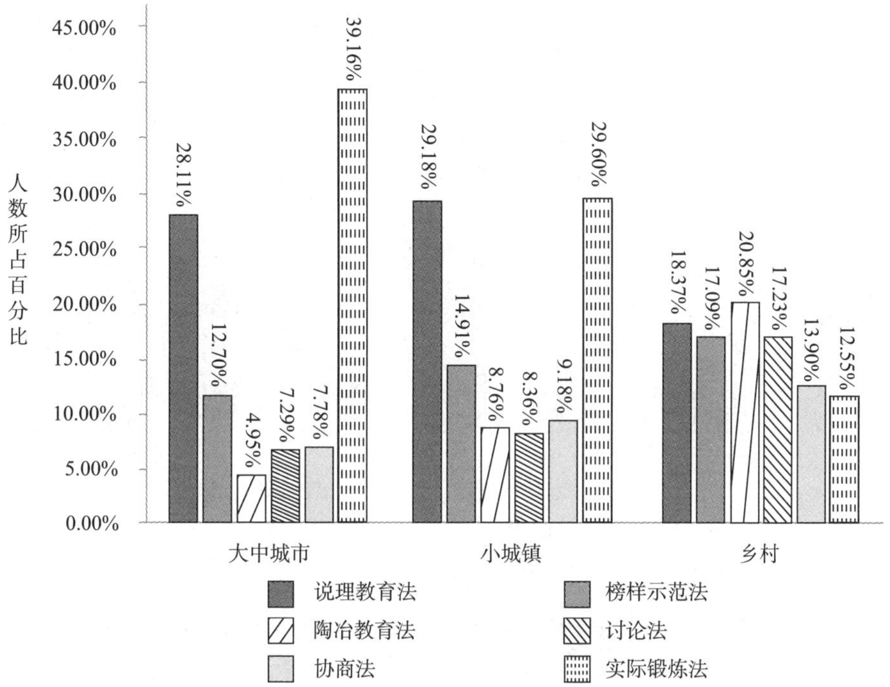

图 5－5　愿意接受道德教育方式与儿童城乡分布图

(4) 生活满意度差异。

对不同生活满意度的儿童愿意接受的道德教育方式的结果进行差异检验发现，总体差异非常显著（卡方值＝332.990，$P\leqslant 0.01$）。

不同生活满意度的儿童各选项百分比如图 5－6 所示，经进一步统计分析发现：

对生活很满意的儿童选择实际锻炼法的人数比例高于对生活基本满意的儿童和对生活不满意的儿童，且差异非常显著（$|AR|>2.58$）。对生活很满意的儿童选择说理教育法的人数比例高于对生活基本满意的儿童和对生活不满意的儿童，且差异非常显著（$|AR|>2.58$）。对生活不满意的儿童选择榜样示范法的人数比例高于对生活基本满意的儿童和对生活很满意的儿童，且差异非常显著（$|AR|>2.58$）。对生活不满意的儿童选择陶冶教育法的人数比例高于对生活基本满意的儿童和对生活很满意的儿童，且差异非常显著（$|AR|>2.58$）。对生活不满意的儿童选择讨论法的人数比例高于对生活基本满意的儿童和对生活很满意的儿童，且差异非常显著（$|AR|>2.58$）。

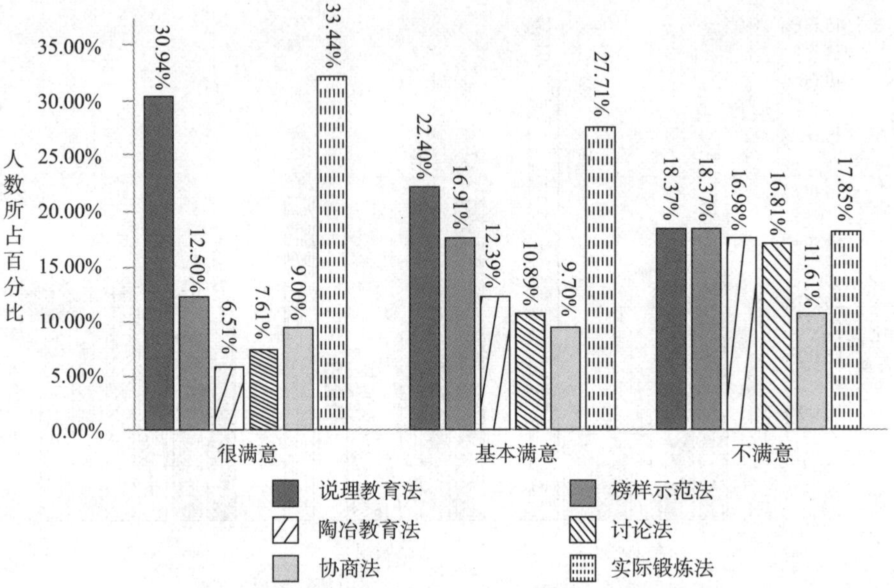

图 5－6　愿意接受的道德教育方式与儿童生活满意度分布图

(5) 家庭生活方式差异。

对不同家庭生活方式的儿童愿意接受的道德教育方式的结果进行差异检验发现，总体差异非常显著（卡方值$=147.901, P \leqslant 0.01$）。

不同家庭生活方式的儿童各选项百分比如图 5－7 所示，经进一步统计分析发现：

无论是主干家庭（“和爸妈、爷爷奶奶经常住在一起”）、核心家庭（“和爸妈经常在一起”）、单亲家庭、离异再组合家庭的儿童，还是“父母（1 人或 2 人）常年在外打工”的儿童，在选择实际锻炼法和说理教育法的人数中所占的百分比均高于他们选择其他几种道德教育方式所占的比例。

“和爸妈经常在一起”的儿童选择实际锻炼法的人数比例高于“父母（1 人或 2 人）常年在外打工”的儿童、单亲家庭儿童和离异再组合家庭儿童，且差异非常显著（$|AR|>2.58$）。“和爸妈、爷爷奶奶经常住在一起”的儿童选择说理教育法的人数比例高于“父母（1 人或 2 人）常年在外打工”的儿童和单亲家庭儿童，且差异非常显著（$|AR|>2.58$）。单亲家庭儿童选择陶冶教育法的人数比例高于“和爸妈经常在一起”的儿童、“父母（1 人或 2 人）常年在外打工”的儿童和离

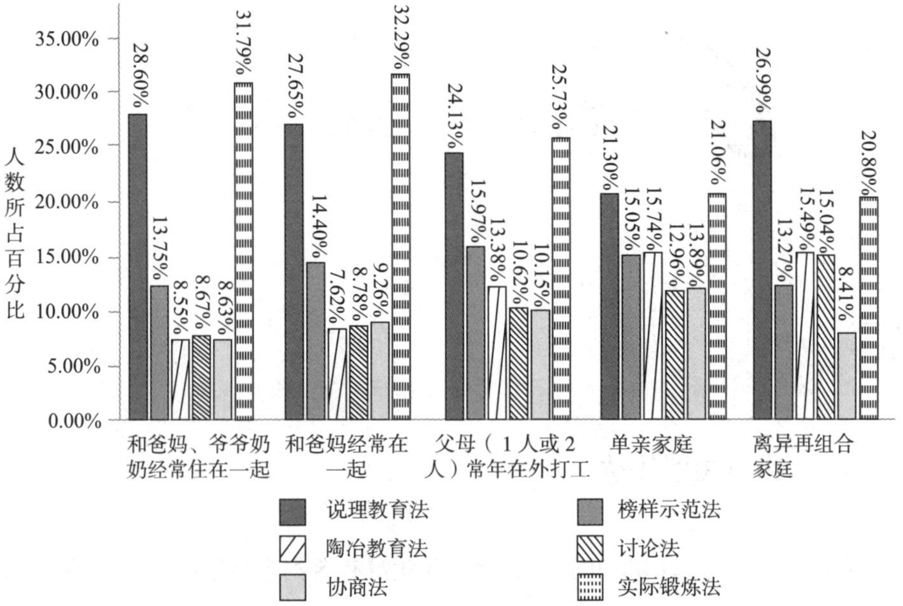

图 5-7　愿意接受的道德教育方式与儿童家庭生活方式分布图

异再组合家庭的儿童，且差异非常显著（$|AR|>2.58$）。

6 湖北省儿童成长的困扰

6.1 家庭生活困扰

在家庭生活中，有 38.30%的湖北省儿童没有遇到来自家庭生活的困扰，在有家庭困扰的儿童中，家长给予他们的学习压力是他们主要的家庭困扰，占 27.47%，有 16.30%的湖北省儿童因为家庭关系不和谐而感到苦恼，8.35%的儿童表示家里缺钱用，有 7.55%的湖北省儿童在家里受到严厉的批评甚至体罚并为之困扰，其他家庭问题占 2.04%。通过对儿童其他的家庭困扰回答进行数据整理，删除与前面几个选择类似的重复回答，主要问题还涉及家人健康问题和家人疏于子女教育的问题。（见图 6-1）

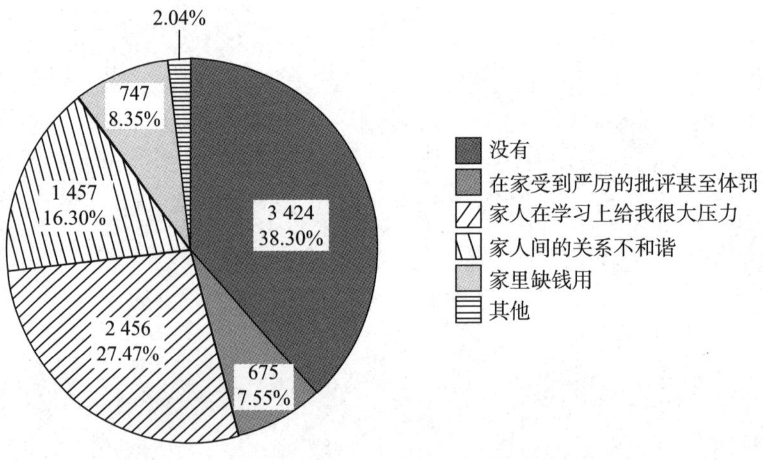

图 6-1　家庭生活困扰与儿童人数百分比分布图

(1) 年段差异。

对不同年段儿童的结果进行差异检验发现，总体差异非常显著(卡方值＝533.919，$P\leqslant 0.01$)。

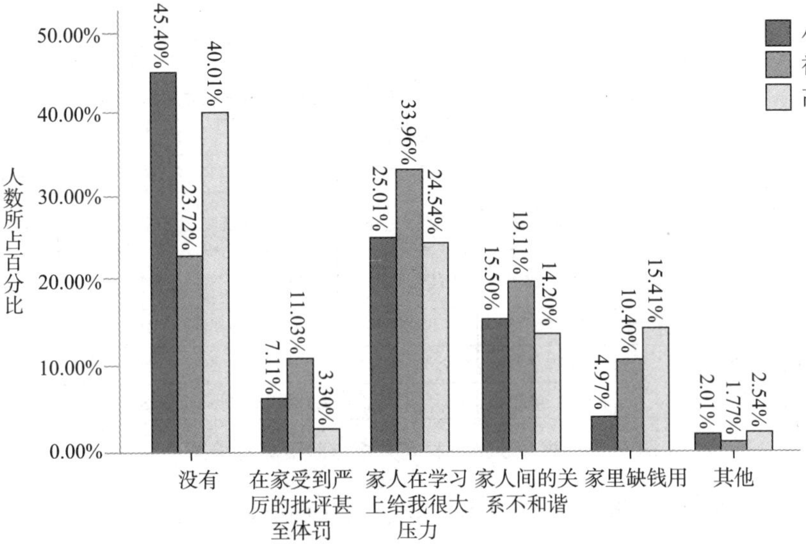

图 6-2 家庭生活困扰与儿童年段分布图

不同年段的儿童各选项百分比如图 6-2 所示，经进一步统计分析发现：

小学儿童选择“没有”家庭生活困扰的人数比例高于初中和高中的儿童，小学和初中儿童之间差异非常显著($|AR|>2.58$)。初中儿童在家受到严厉批评的人数比例高于小学和高中儿童，初中与高中儿童之间差异非常显著($|AR|>2.58$)。小学、初中、高中的儿童在家庭的学习压力、家人关系不和、家庭经济有困难上差异均非常显著($|AR|>2.58$)。

对不同年级的儿童进行差异检验发现，总体差异非常显著(卡方值＝736.420，$P\leqslant 0.01$)。

相对于小学高段与高中儿童，初中儿童有更多来自于家庭生活的困扰。初中儿童中回答没有家庭困扰的人数比例小于小学和高中儿童，且与小学四、五年级儿童间的差异非常显著($|AR|>2.58$)。初中儿童正值青春发育期，这一时期的孩子正处于身心快速发展变化时期，他们比较敏感、易怒，与父母之间也容易出现摩擦与争执，这可能也导致了初中儿童有更多的家庭困扰。

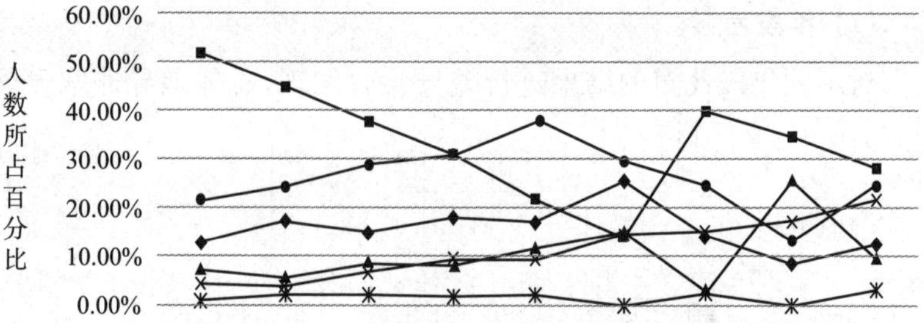

	四年级	五年级	六年级	初一	初二	初三	高一	高二	高三
—■— 没有	51.95%	45.42%	37.46%	30.87%	21.62%	13.93%	40.34%	34.78%	28.13%
—▲— 在家受到严厉的批评甚至体罚	7.30%	5.83%	8.74%	8.46%	11.60%	15.06%	2.83%	26.09%	9.38%
—●— 家人在学习上给我很大压力	21.70%	24.84%	29.26%	31.29%	37.75%	29.89%	24.70%	13.04%	25.00%
—◆— 家人间的关系不和谐	13.33%	17.50%	15.20%	17.86%	17.44%	26.07%	14.32%	8.70%	12.50%
—×— 家里缺钱用	4.34%	4.11%	6.99%	9.41%	9.42%	15.06%	15.24%	17.39%	21.88%
—✱— 其他	1.38%	2.29%	2.36%	2.11%	2.18%	0.00%	2.56%	0.00%	3.13%

图 6－3　家庭生活困扰与儿童年级变化趋势图

在“家人在学习上给我很大压力”选项上，从四年级开始，选择该项的人数比例呈现逐年上升的趋势，初中儿童选择该项的人数比例高于其他年级儿童，到高中又有较明显的下降，高二儿童是最低的，六年级、初一、初二、初三儿童的比例高于其他各年级，且小学四、五年级儿童与初一、初二、高一儿童之间的差异非常显著($|AR|>2.58$)。因此，总的来看，目前初中儿童承受着最为明显的来自家庭的学业压力。在“家里缺钱用”选项上，选择该项的人数比例大致呈现随着儿童年级上升而上升的情况，高中儿童有此困扰的比例高于小学和初中儿童，小学四、五年级儿童与初三、高一儿童之间的差异非常显著($|AR|>2.58$)。(见图 6－3)

(2) 性别差异。

对不同性别的儿童的结果进行差异检验发现，总体差异非常显著（卡方值＝18.126，$P\leqslant 0.01$）。

不同性别的儿童各选项百分比如图 6－4 所示，经进一步统计分析发现：

女生没有家庭困扰的人数比例高于男生，且差异非常显著($|AR|>2.58$)。女生选择“家人在学习上给我很大压力”和“其他”项的比例略高于男生，其余选项上男生比例均高于女生。男女生在选择“在家受到严厉的惩罚甚至体罚”上

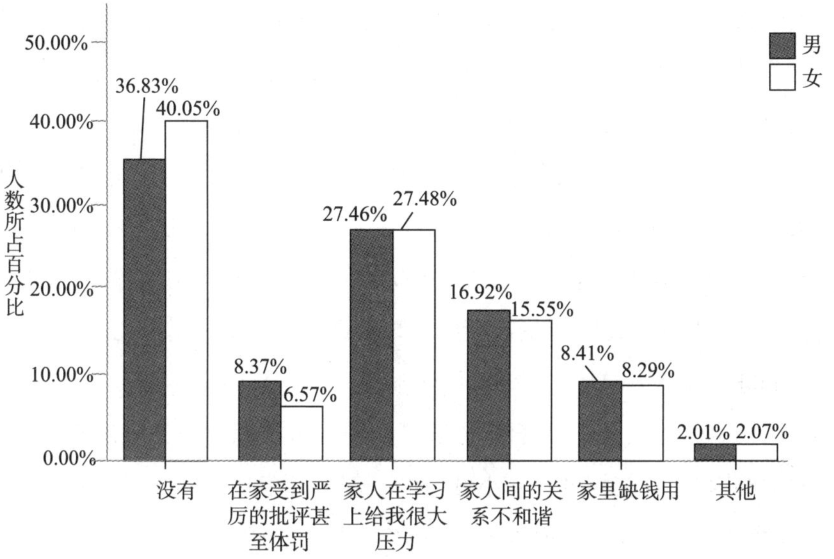

图 6-4　家庭生活困扰与儿童性别分布图

差异非常显著(|*AR*|>2.58),在其他几项上差异不显著(|*AR*|≤1.96)。

(3) 城乡差异。

对城乡儿童的结果进行差异检验发现,总体差异非常显著(卡方值=699.124,$P\leqslant0.01$)。

城乡儿童各选项百分比如图 6-5 所示,经进一步统计分析发现:

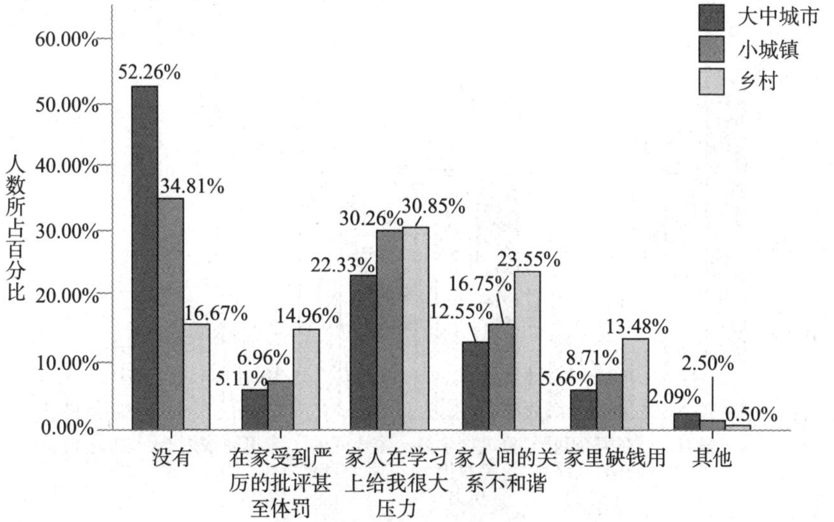

图 6-5　家庭生活困扰与儿童城乡分布图

大中城市儿童表示没有家庭困扰的人数比例高于小城镇和乡村的儿童，三者之间差异非常显著（$|AR|>2.58$）。乡村儿童在家受到严厉的批评甚至体罚的人数比例最高，小城镇儿童次之，且大中城市和乡村的儿童之间差异非常显著（$|AR|>2.58$）。乡村儿童选择“家人间的关系不和谐”和“家里缺钱用”两项的人数比例最高，小城镇儿童次之，都高于大中城市儿童，且大中城市与乡村的儿童之间差异均非常显著（$|AR|>2.58$）。乡村儿童选择“家人在学习上给我很大压力”的人数比例最高，小城镇儿童次之，大中城市儿童随后，三者间的差异非常显著（$|AR|>2.58$）。

由图6-5可见，家人所给予的学习上的压力是湖北省儿童所承受的来自家庭的主要困扰。同时，乡村和小城镇的一部分儿童还承受比大中城市儿童更为明显的家人关系、经济状况等各方面的家庭压力与困扰。

(4) 家庭生活方式差异。

对不同家庭生活方式的儿童的结果进行差异检验发现，总体差异非常显著（卡方值$=216.126$，$P\leqslant 0.01$）。

不同家庭生活方式的儿童各选项百分比如图6-6所示，经进一步统计分析发现：

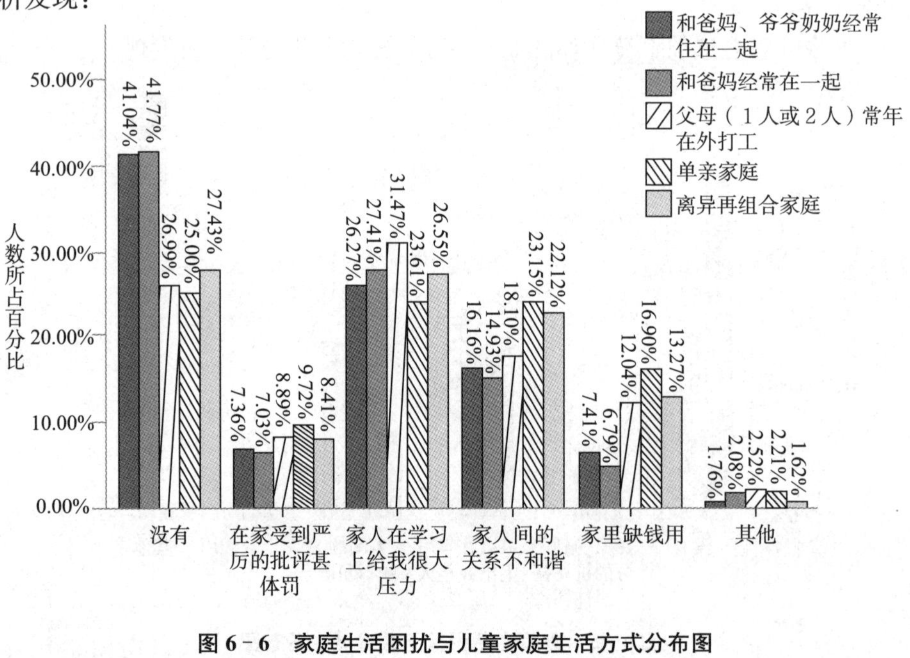

图6-6　家庭生活困扰与儿童家庭生活方式分布图

“和爸妈经常在一起”的儿童没有家庭困扰的比例最高，其次是“和爸妈、爷爷奶奶经常住在一起”的儿童，其他三种类型的儿童中没有家庭困扰的人数比例较低，且五者差异非常显著($|AR|>2.58$)。单亲家庭儿童有“家人间的关系不和谐”问题的比例最高，其次是离异再组合家庭儿童和“父母(1 人或 2 人)常年在外打工”的儿童，高于其他家庭的儿童，且“和爸妈经常在一起”的儿童和单亲家庭儿童间的差异非常显著($|AR|>2.58$)。单亲家庭儿童、离异再组合家庭儿童和“父母(1 人或 2 人)常年在外打工”的儿童、“和爸妈经常在一起”的儿童之间在“家里缺钱用”选项上的差异非常显著($|AR|>2.58$)。

单亲家庭儿童和离异再组合家庭儿童在“家里缺钱用”选项上的比例较其他家庭的儿童高，单亲家庭儿童、离异再组合家庭儿童和“和爸妈、爷爷奶奶经常住在一起”的儿童之间差异比较显著($1.96<|AR|<2.58$)。

单亲家庭儿童受到严厉批判甚至体罚的比例最高，与其他家庭的儿童差异不显著($|AR|\leqslant 1.96$)。“父母(1 人或 2 人)常年在外打工”的儿童与“和爸妈经常在一起”的儿童在家人给予很大学习压力选项上的比例略高于其他几种家庭的儿童，但差异不显著($|AR|\leqslant 1.96$)。

可见，家庭生活方式是影响儿童家庭困扰的重要因素，拥有圆满、稳定的家庭教育环境的儿童比家庭不健全或父母常年不在家的儿童有更良好的家庭生活的感受，也更少受到家庭问题的困扰。单亲家庭的儿童相比其他儿童遇到的家庭问题更多、更广泛，尤其在“在家受到严厉的批评甚至体罚”上尤为突出。“父母(1 人或 2 人)常年在外打工”的儿童在“家人间的关系不和谐”问题上最为突出。来自家庭的学习压力，是各种类型家庭的儿童反映的较为普遍的问题。

(5) 生活满意度差异。

对不同生活满意度的儿童进行差异检验发现，总体差异非常显著(卡方值$=579.259$，$P\leqslant 0.01$)。

不同生活满意度的儿童各选项百分比如图 6－7 所示，经进一步统计分析发现：

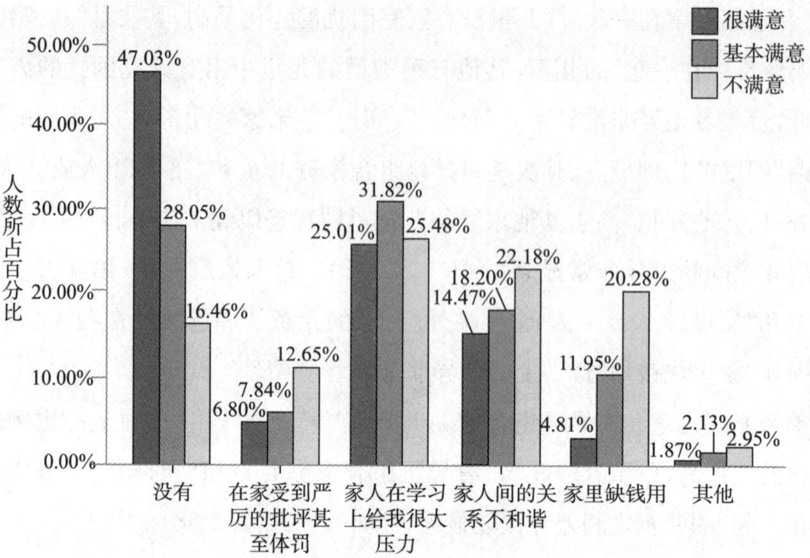

图 6-7　家庭生活困扰与儿童生活满意度分布图

对生活很满意的儿童没有家庭问题的困扰的人数比例高于对生活基本满意和对生活不满意的儿童，且差异非常显著（$|AR|>2.58$）。对生活不满意的儿童"在家受到严厉的批评甚至体罚"的比例最高，对生活基本满意的儿童次之，对生活很满意的儿童最低，且对生活不满意与对生活很满意的儿童之间的差异非常显著（$|AR|>2.58$）。对生活基本满意的儿童认为家人给予很大的学习压力的比例最高，对生活很满意的儿童比例最低，两者之间差异非常显著（$|AR|>2.58$）。对生活不满意的儿童觉得"家人间的关系不和谐"的比例最高，对生活基本满意的儿童次之，对生活很满意的儿童最低，差异均非常显著（$|AR|>2.58$）。对生活不满意的儿童"家里缺钱用"的比例最高，对生活基本满意的儿童次之，对生活很满意的儿童最低，差异均非常显著（$|AR|>2.58$）。

6.2　学校生活困扰

29.17%的湖北省儿童没有学校生活困扰，人数比例远低于没有家庭生活困扰的儿童比例，说明湖北省儿童来自学校的困扰要多于来自家庭的困扰。学校中困扰儿童最多的事情是教师教学的趣味性，20.55%的湖北省儿童明确表示“希望老师上课有趣些”；其次是同学关系问题，18.88%的湖北省儿童表示“渴望改善同学关系”；接着是学习环境问题，占了14.95%；受到学校处理事件公平程度困扰的湖北省儿童占了13.99%。存在其他学校“大事”困扰的湖北省儿童占了2.46%。在其他部分，剔除与前几个选项的重复项，小学儿童的学校问题还有“师生关系问题”“作业问题”“成绩问题”等，中学儿童困扰的还有“提高成绩问题”“师生关系问题”“考试压力问题”等。（见图6－8）

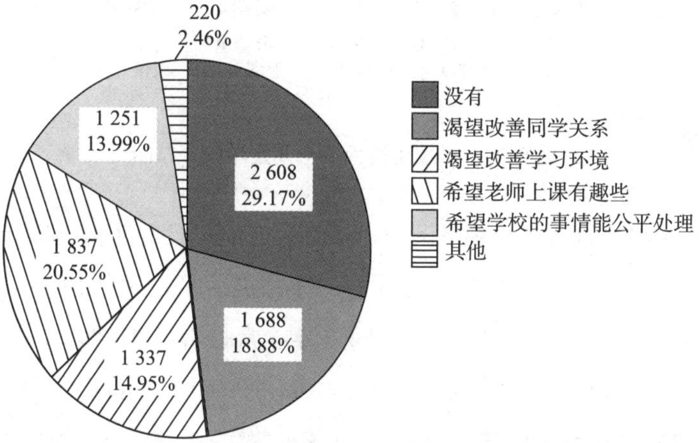

图6－8　学校生活困扰与儿童人数百分比分布图

(1) 年段差异。

对不同年段儿童进行差异检验发现，总体差异非常显著（卡方值＝519.565，$P\leqslant 0.01$）。

不同年段的儿童各选项百分比如图6－9所示，经进一步统计分析发现：

在“没有”选项上，各年段比例呈V形分布，小学儿童“没有”学校问题困扰的比例高于初中儿童和高中儿童，三个年段的儿童之间差异非常显著（$|AR|>2.58$）。小学儿童“渴望改善同学关系”的人数比例高于初中儿童和高中儿童，三者呈V形分布，小学和初中的儿童之间差异非常显著（$|AR|>2.58$）。小学、初中、高中的儿童“渴望改善学习环境”的人数比例呈倒V形分布，小学、初中、高中的儿童之间差异均非常显著（$|AR|>2.58$）。小学、初中、高中的儿童“希望

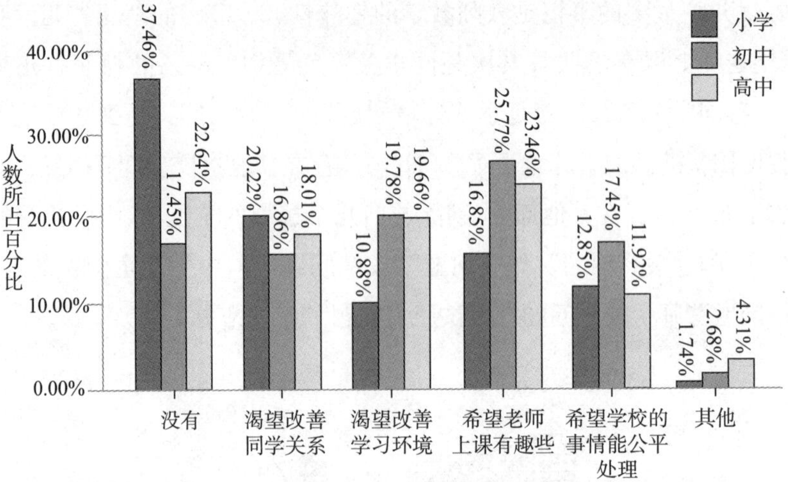

图 6－9　学校生活困扰与儿童年段分布图

老师上课有趣些”的人数比例呈倒 V 形分布，三个年段的儿童之间差异非常显著（$|AR|>2.58$）。初中儿童“希望学校的事情能公平处理”的人数比例高于小学和高中的儿童，三个年段的儿童之间差异非常显著（$|AR|>2.58$）。高中儿童在“其他”选项上的人数比例明显高于小学和初中的儿童，小学和高中的儿童之间差异非常显著（$|AR|>2.58$）。

对不同年级儿童的结果进行差异检验发现，总体差异非常显著（卡方值＝689.419，$P\leqslant 0.01$）。

没有学校生活困扰的儿童有随年级先下降后上升的整体趋势，比例最高的是四年级儿童，初三儿童没有学校生活困扰的比例是所有被测年级中最低的，高一、高二儿童比例有所回升，其中小学高段儿童的比例明显高于初中和高中儿童，且除了六年级、高二和高三的儿童之间差异不显著（$|AR|\leqslant 1.96$）外，其他年段儿童之间差异非常显著（$|AR|>2.58$）。教师上课的趣味问题是困扰几乎所有年级儿童的核心问题之一，平均每个年级都约有五分之一的儿童有这样的困扰，其中比例较高的是初三、高三和高一儿童。有“渴望改善同学关系”需求的儿童人数比例大致呈现随年级升高而逐渐下降的趋势，小学阶段儿童比例较高，最高为五年级儿童，从六年级开始就逐年下降，初三到达最低，高一开始回升，五年级与初三儿童之间的差异非常显著（$|AR|>2.58$）。“渴望改善学习

环境”的儿童比例呈现随年级升高而上升的趋势，到高三出现下滑，比例比较高的是初三、高一和高二儿童，高于其他年级，且除了初一、高二和高三儿童外，其余年级的儿童之间的差异非常显著(|AR|>2.58)。可见随着年级的升高，儿童总体受到学校生活的困扰比例越来越高，但是不同年级的儿童面临的具体困扰事件有所区别，小学阶段的儿童面临较多困扰的学校事件是同学关系和教师的授课方式，初中阶段最为明显的问题是教师的授课方式，到了高中，除了教师的授课方式外，学校的学习环境问题也成为困扰他们较为突出的问题之一。(见图 6－10)

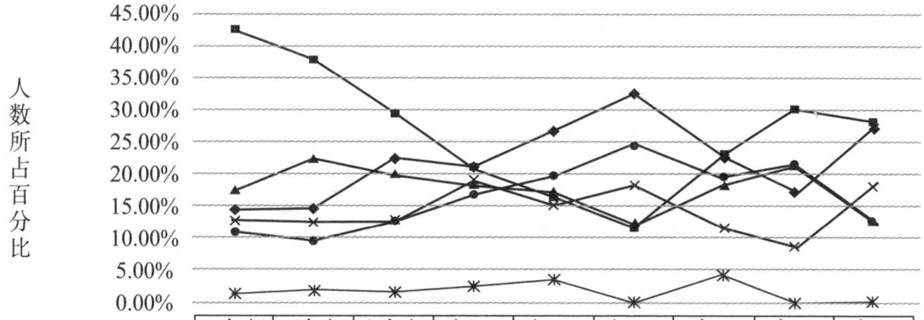

	四年级	五年级	六年级	初一	初二	初三	高一	高二	高三
没有	42.83%	38.13%	30.02%	21.14%	16.65%	11.69%	22.40%	30.43%	28.13%
渴望改善同学关系	17.48%	22.55%	20.14%	18.50%	17.26%	12.36%	18.07%	21.74%	12.50%
渴望改善学习环境	10.94%	9.69%	12.54%	17.12%	19.97%	24.94%	19.78%	21.74%	12.50%
希望老师上课有趣些	14.47%	14.79%	22.72%	21.46%	26.68%	32.58%	23.46%	17.39%	28.13%
希望学校的事情能公平处理	13.02%	12.71%	12.84%	19.13%	15.69%	18.43%	11.83%	8.70%	18.75%
其他	1.26%	2.14%	1.75%	2.64%	3.75%	0.00%	4.47%	0.00%	0.00%

图 6－10　学校生活困扰与儿童年级变化趋势图

(2) 性别差异。

对不同性别的儿童在校问题进行差异检验发现，总体差异非常显著(卡方值=37.938，$P\leqslant 0.01$)。

不同性别的儿童各选项百分比如图 6－11 所示，经进一步统计分析发现：

男生“渴望改善同学关系”的人数比例低于女生，且男女生之间差异非常显著(|AR|>2.58)。男生“希望学校的事情能公平处理”的人数比例高于女生，且差异非常显著(|AR|>2.58)。

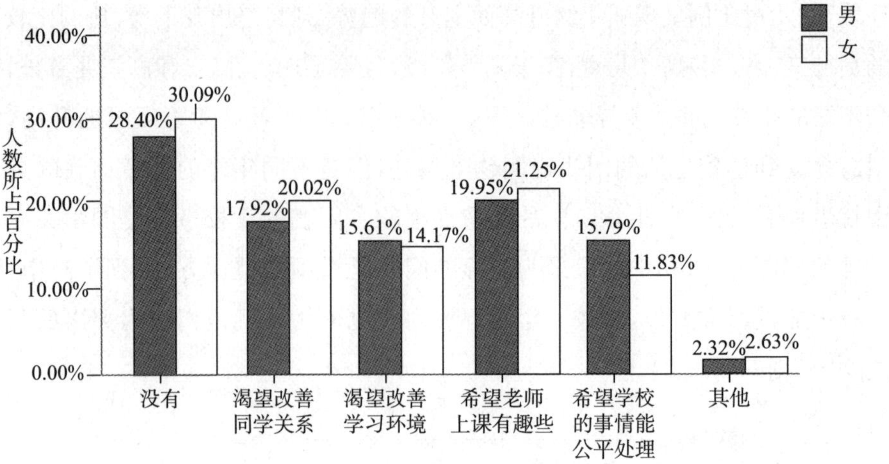

图 6－11　学校生活困扰与儿童性别分布图

女生没有学校生活困扰的人数比例高于男生，但差异不显著（$|AR|\leqslant 1.96$）。男女生在其他各项上的差异不显著（$|AR|\leqslant 1.96$）。

(3) 城乡差异。

对城乡儿童进行差异检验发现，总体差异非常显著（卡方值＝537.184，$P\leqslant 0.01$）。

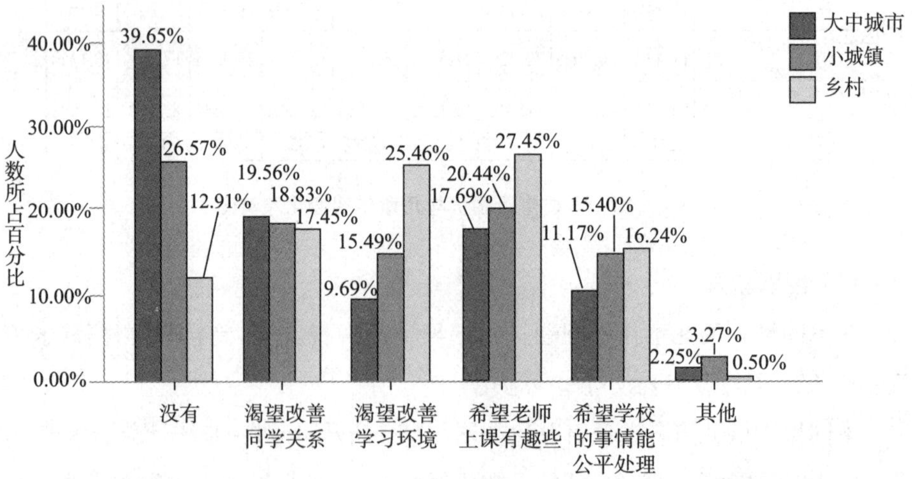

图 6－12　学校生活困扰与儿童城乡分布图

城乡儿童各选项百分比如图 6－12 所示，经进一步统计分析发现：

乡村和小城镇的儿童没有学校生活困扰的比例低于大中城市儿童，且三者之间差异非常显著（$|AR|>2.58$）。乡村儿童面临着比大中城市和小城镇的儿童更为明显的学习环境问题，且与大中城市儿童之间的差异非常显著（$|AR|>2.58$）。乡村儿童比大中城市和小城镇的儿童更多受学校处事公正性的问题的困扰，且三者之间差异非常显著（$|AR|>2.58$）。在“其他”项上，小城镇儿童有其他学校问题困扰的儿童比例高于大中城市和乡村的儿童，且与乡村儿童之间差异非常显著（$|AR|>2.58$）。

大中城市儿童“渴望改善同学关系”的人数比例最高，其次是小城镇和乡村的儿童，三者之间差异不显著（$|AR|\leqslant 1.96$）。

可见，城乡儿童面临的学校生活的困扰差异很明显，乡村儿童面临着更多学校学习环境和学校对问题处理的公正性等方面的困扰。

(4) 家庭生活方式差异。

对不同家庭生活方式下的儿童进行差异检验发现，总体差异非常显著（卡方值＝158.170，$P\leqslant 0.01$）。

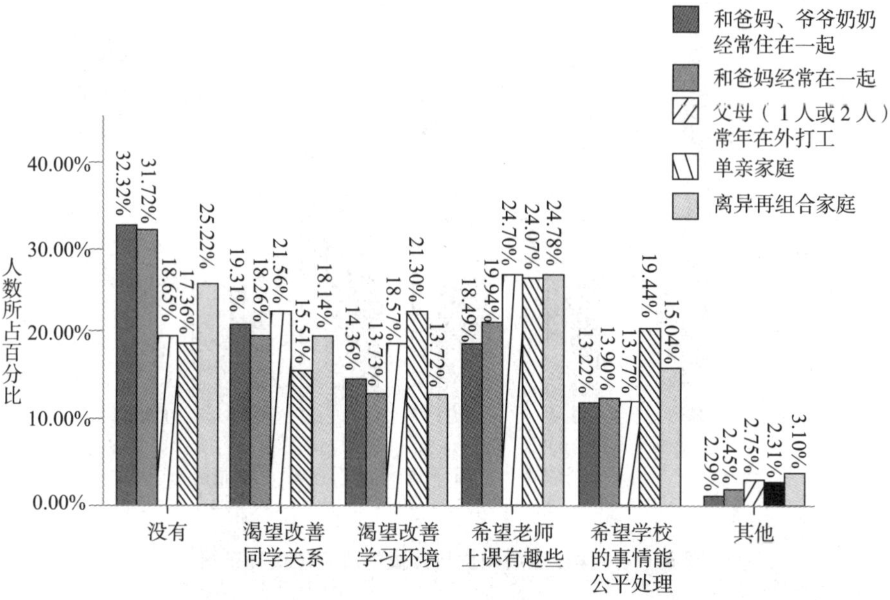

图 6－13 学校生活困扰与儿童家庭生活方式分布图

不同家庭生活方式的儿童各选项百分比如图 6－13 所示，经进一步统计分析发现：

“和爸妈、爷爷奶奶经常住在一起”的儿童或“和爸妈经常在一起”的儿童比其他家庭儿童对学校生活有更高的满意度，他们中没有学校“大事”困扰的人数比例高于其他三种家庭儿童，在后三种家庭儿童中，单亲家庭儿童对学校生活的满意度相对最低，其次是“父母（1 人或 2 人）常年在外打工”的儿童和离异再组合家庭儿童，单亲家庭儿童和“父母（1 人或 2 人）常年在外打工”的儿童之间的差异非常显著（$|AR|>2.58$）。“父母（1 人或 2 人）常年在外打工”的儿童“渴望改善同学关系”的比例最高。单亲家庭的儿童“渴望改善学习环境”的比例最高。离异再组合家庭的儿童“希望老师上课有趣些”的比例最高。单亲家庭的儿童“希望学校的事情能公平处理”的比例最高。“和爸妈经常在一起”的儿童比“和爸妈、爷爷奶奶经常住在一起”的儿童有更好的学校适应能力，可能与核心家庭的教育影响力更为集中有关。

(5) 生活满意度差异。

对不同生活满意度的儿童进行差异检验发现，总体差异非常显著（卡方值＝516.163，$P\leqslant 0.01$）。

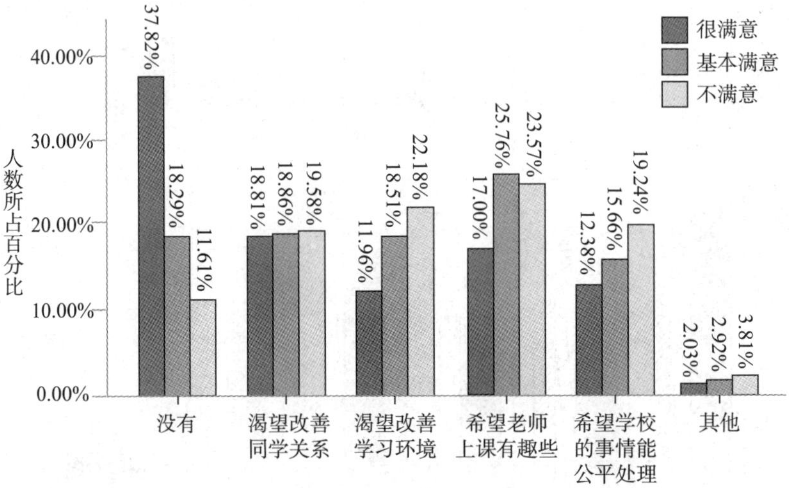

图 6－14　学校生活困扰与儿童生活满意度分布图

不同生活满意度的儿童各选项百分比如图 6－14 所示，经进一步统计分析发现：

对生活很满意的儿童选择“没有”项的人数比例最高，对生活基本满意的儿童次之，对生活不满意的儿童最低，且差异非常显著（$|AR|>2.58$）。对生活不满意的儿童“渴望改善学习环境”的人数比例最高，对生活基本满意的儿童次之，对生活很满意的儿童最低，且三者之间差异非常显著（$|AR|>2.58$）。对生活基本满意的儿童“希望老师上课有趣些”的人数比例最高，对生活不满意的儿童次之，对生活很满意的儿童最低，对生活很满意与对生活基本满意的儿童之间差异非常显著（$|AR|>2.58$）。对生活不满意的儿童认为“希望学校的事情能公平处理”的人数比例高于对生活基本满意和对生活很满意的儿童，且差异均非常显著（$|AR|>2.58$）。

三种生活满意度的儿童在“其他”项上，差异比较显著（$1.96<|AR|\leqslant 2.58$）。

对生活不满意的儿童“渴望改善同学关系”的人数比例最高，对生活基本满意的儿童次之，对生活很满意的儿童最低，但三者差异不显著（$|AR|\leqslant 1.96$）。